EL SERMON EFICAZ

POR
JAMES D. CRANE

CASA BAUTISTA DE PUBLICACIONES

CASA BAUTISTA DE PUBLICACIONES

7000 Alabama Street, El Paso, TX 79904, EE. UU. de A.

www.casabautista.org

Nuestra pasión: Comunicar el mensaje de Jesucristo y facilitar la formación de discípulos por medios impresos y electrónicos.

Ediciones: 1961, 1964, 1968, 1971, 1974, 1976, 1979, 1981, 1983, 1985, (revisada), 1986, 1987, 1989, 1991, 1993, 1995, 1996, 1997, 1998, 2000, 2002, 2004, 2006
Vigesimocuarta edición: 2008

Clasificación Decimal Dewey: 251

Tema: Predicación

ISBN: 978-0-311-42032-2
C.B.P. Art. No. 42032

5 M 5 08

Impreso en Colombia
Printed in Colombia

EL SERMON EFICAZ

A la memoria de

JOHN MAC EARLS

a cuyos pies aprendí a hacer mis primeros sermones y quien me enseñó con su ejemplo lo que significa amar en verdad a las almas perdidas, dedico, agradecido, este libro.

PREFACIO

Este libro no es obra de ningún Abraham, sino más bien de un Isaac. No pretende el autor haber cavado nuevos pozos de saber homilético. Espera solamente haber tenido algún grado de buen éxito en abrir de nuevo los pozos antiguos. En otras palabras, la originalidad de este libro no es absoluta, sino relativa; es la originalidad del descubrimiento, de la asimilación y de la adaptación, pero de ninguna manera la de una nueva creación. Los principios homiléticos son tan antiguos como antigua es la predicación. Lo único que se ha procurado hacer ha sido descubrir estos principios, asimilarlos bien y adaptar su presentación a las necesidades de nuestro medio cristiano latinoamericano actual.

Tampoco pretende el autor ser el héroe de su historia. Nadie puede ser más consciente que él de los defectos de su propia predicación. Pero tal consciencia no hace más que profundizar en su corazón el anhelo de predicar mejor. Y confía en que su experiencia no es única. Confía en que muchos de sus hermanos comparten el mismo anhelo. Para los tales ha sido escrito *El Sermón Eficaz*. Si el estudio de este libro contribuye a ahondar más el deseo de predicar sermones que traigan almas perdidas a Cristo y que edifiquen la fe de los redimidos; y si sirve para impartir alguna orientación práctica respecto a la mejor manera de lograr tan apremiante fin, el autor dará por contestadas sus oraciones al Señor.

El lector no tardará en advertir que el libro consigna numerosas citas de escritores que son reconocidos como autoridades en materia homilética. Se ha procedido así con el fin de reforzar la confianza del estudiante en la validez de los principios que el libro sustenta. En cada caso la fuente de la cita ha sido indicada fielmente en las notas que aparecen al calce de la página respectiva. A las casas editoras que bondadosamente dieron permiso para que estos materiales fuesen empleados, el autor desea hacer patente su más sincero agradecimiento.

De manera especial deseo manifestar mi gratitud por la ayuda recibida del doctor H. C. Brown, Jr., Profesor de Homilética del Seminario Teológico Bautista del Suroeste en Fort Worth, Texas, EE. UU. de A. Había empezado ya a trabajar en mi libro cuando tuve el privilegio, en 1956, de hacer algunos estudios especiales de postgraduado en el mencionado seminario. Aprovechando la ocasión, asistí también, en calidad de oyente, a las clases de homilética que el doctor Brown impartía a los alumnos de primer año. Mucho me impresionó su método de enseñanza, el cual consistió en la presentación de los principios homiléticos en el mismo orden *en que el predicador necesita utilizarlos en la preparación de un sermón dado.* Que sepa yo, ningún texto de homilética que ha aparecido hasta esta fecha está escrito con estricto apego a este principio pedagógico. Y como el doctor Brown, en cooperación con el doctor Jesse Northcutt, está escribiendo un texto en inglés que seguirá este plan de enseñanza, no creí justo incorporar idea tan novedosa en mi propio trabajo sin conseguir formal autorización de él. Con mucho gusto me la dio. Hago la aclaración que en *la aplicación* de este principio he trabajado en una forma completamente independiente de cualquier otro autor. Pero sí quiero dar crédito al doctor Brown por el principio mismo.

Hago patente también mi agradecimiento para con el profesor José Rivas, mi predecesor en la cátedra de homilética del Seminario Teológico Bautista Mexicano y actual profesor de Griego y Educación Religiosa en la Universidad Bautista Howard Payne, por su valiosa ayuda en la revisión del español de los primeros capítulos del libro.

Al profesor Alfredo C. Müller, por su bondad en concederme parte de su valioso tiempo para numerosas consultas respecto a la terminología castellana más propia para la expresión de ciertos conceptos técnicos de la homilética; al profesor Juan Arellano Guerrero y a la señorita Angelina Pérez Trujillo por su ayuda en la preparación del manuscrito; y al hermano David Rodríguez Lara, uno de mis propios alumnos, quien me hizo el favor de preparar los diagramas que aparecen en los Apéndices B y C, deseo expresar también mis más sinceras gracias.

Y no puedo concluir sin manifestar la tremenda deuda de gratitud que tengo para con mi esposa, la cual, amén de librarme de un gran cúmulo de detalles administrativos y de esforzarse constantemente para guardarme de interrupciones innecesarias para que pudiera dar fin a esta labor, me hizo varias sugestiones valiosas que han sido incorporadas en el manuscrito.

—*James D. Crane*

Torreón, Coah., México
a 23 de octubre de 1959

PREFACIO A LA EDICION REVISADA

En Juan 15:16 el Señor Jesús indica que su propósito en llamarnos a la salvación es que produzcamos fruto espiritual permanente. Desde la perspectiva divina, "permanencia" tiene que significar mucho más que veinticinco años. Pero cuando a un frágil ser humano le es permitido hacer algo que durante cinco lustros sigue siendo útil, es motivo de profunda gratitud a Dios.

Doy gracias también a la Casa Bautista de Publicaciones porque al sacar a luz esta décima impresión de *El Sermón Eficaz*, me permite hacer algunas revisiones. Llamo la atención particularmente al *Apéndice C*, que ha sido totalmente modificado, y a la *Bibliografía*, que ha sido actualizada.

Quiera el Señor seguir utilizando esta sencilla herramienta para contribuir a la evangelización de los perdidos, a la edificación de los creyentes y a la glorificación de "nuestro gran Dios y Salvador Jesucristo".

Fort Worth, Texas, E.U.A.
a 19 de octubre de 1984

—*James D. Crane*

CONTENIDO

(1) Participación congregacional en un reverente culto de adoración
  a. El canto congregacional
  b. La oración pública
  c. La lectura interpretativa de las Escrituras
  d. La ofrenda
(2) Una sabia atención a ciertos detalles físicos
  a. Limpieza y orden en el santuario
  b. La acomodación de los oyentes en el grupo más compacto posible
  c. Una temperatura no extremada
  d. Buena ventilación
  e. Iluminación adecuada
  f. La eliminación de los defectos acústicos

1. La Necesidad de la Variedad en la Predicación
2. La Posibilidad de la Variedad en la Predicación
3. El Gran Secreto de la Variedad en la Predicación
4. Sugestiones Prácticas Respecto a la Proyección de un Plan de Trabajo para el Púlpito

Capítulo I

INTRODUCCION

1. La Primacía de la Predicación

Corría el año sesenta y seis. Desde la húmeda celda romana en que aguardaba su proceso final, el anciano Pablo escribía a Timoteo, su hijo en la fe. Era su última carta, y en ella vertía el alma en palabras de consejo, de estímulo, de exhortación y de advertencia. Ya para terminar, reunió la esencia de todo lo dicho en un gran encargo final:

> "Requiero yo pues delante de Dios, y del Señor Jesucristo, que ha de juzgar a los vivos y los muertos en su manifestación y en su reino, que prediques la palabra; que instes a tiempo y fuera de tiempo; redarguye, reprende, exhorta con toda paciencia y doctrina. Porque vendrá tiempo cuando no sufrirán la sana doctrina; antes, teniendo comezón de oír, se amontonarán maestros conforme a sus concupiscencias, y apartarán de la verdad el oído, y se volverán a las fábulas. Pero tú vela en todo, soporta las aflicciones, haz la obra de evangelista, cumple tu ministerio. Porque yo ya estoy para ser ofrecido, y el tiempo de mi partida está cercano".[1]

¡El deber principal de Timoteo era el de predicar! Los motivos más solemnes lo impulsaban a ello. Pablo pronto dejaría de existir. Callada la voz de aquel que "desde Jerusalén, y por los alrededores hasta Ilírico" había "llenado todo del evangelio de Cristo"[2] era menester que otra voz anunciara las buenas nuevas. Además, la oportunidad pasaba. Se divisaban ya los tiempos en que los hombres no prestarían atención al mensaje de vida sino que buscarían a maestros que halagaran sus oídos con palabras melifluas de una falsa paz. Por tanto había que aprovechar la oportunidad presente. Otro motivo era el hecho de estar actuando constantemente "delante de

---

[1] 2 Timoteo 4:1-6. Cuando no hay indicio al contrario, se entenderá que las citas bíblicas son tomadas de la Versión de Valera.

[2] Romanos 15:19.

Dios". El ojo divino lo vigilaba, tomando nota de su labor. Por último, la perspectiva de juicio final en que el Señor Jesús, "el Príncipe de los pastores", premiaría con "corona incorruptible de gloria"[3] a los que hubieran desempeñado su comisión con fidelidad, le animaba a ser constante y cumplido en su ministerio de la predicación.

Las palabras dirigidas a Timoteo tienen una aplicación perenne a la iglesia del Señor. Su tarea principal es la predicación. Cuando Cristo subió al monte y llamó a sí a los que quiso y estableció a los doce como cuerpo apostólico, su propósito fue "para que estuviesen con él, y para enviarlos a predicar, y que tuviesen potestad de sanar enfermedades, y de echar fuera demonios".[4] La comunión con Cristo sería su preparación; los milagros de sanidad serían credenciales para su mensaje en el tiempo transitorio de la cimentación de la causa cristiana en un mundo hostil; la obra central había de ser la de predicar. Cuando los doce fueron enviados de dos en dos a recorrer la provincia de Galilea, sus instrucciones fueron: "Y yendo, predicad..."[5] Cuando los apóstoles pidieron una señal de la futura venida del Señor y del fin del mundo, les indicó que sería "predicado este evangelio del reino en todo el mundo, por testimonio a todos los gentiles; y entonces vendrá el fin".[6] Y cuando el Maestro quiso reducir a la forma más breve posible su gran comisión, la expresó en estas palabras: "Id por todo el mundo; predicad el evangelio a toda criatura".[7]

La primacía de la predicación fue bien entendida por la iglesia primitiva. Cuando Felipe descendió a la ciudad de Samaria, "les predicaba..."[8] Cuando Pedro se presentó ante el centurión romano en Cesarea, le dijo que el Señor "nos mandó que predicásemos..."[9] Cuando los filósofos atenienses quisieron describir a Pablo, dijeron: "Parece que es predicador ..."[10] Y tuvieron mucha razón porque el mismo apóstol consideraba que la predicación era su tarea principal, como vemos en su declaración a la iglesia de Corinto, cuando dijo:

---

[3] 1 Pedro 5:4.
[4] Marcos 3:14, 15.
[5] Mateo 10:7.
[6] Mateo 24:14.
[7] Marcos 16:15.
[8] Hechos 8:5.
[9] Hechos 10:42.
[10] Hechos 17:18.

"Porque no me envió Cristo a bautizar, sino a predicar el evangelio".[11] Tan así era que Pablo conceptuaba como una imposibilidad el que las gentes creyesen "sin haber quien les predique".[12] "Así predicamos," dijo, "y así habéis creído".[13]

Por esto el doctor E. C. Dargan, en su monumental *Historia de la Predicación*, ha dicho lo siguiente:

> El Fundador del cristianismo fue a la vez el primero entre sus predicadores; pero fue anticipado por su precursor y seguido de sus apóstoles, y en la predicación de éstos la proclamación y enseñanza de la Palabra de Dios por medio del discurso público fue convertida en rasgo esencial y permanente de la religión cristiana.[14]

La historia confirma esta declaración. Al través de los siglos es notable el hecho de que el mayor extendimiento del Reino de Dios en la tierra ha coincidido precisamente con las épocas en que más ha florecido la predicación de la Palabra.

2. La Predicación Definida

Pero, ¿qué es lo que entendemos por predicación? Entre las muchas definiciones que han sido elaboradas, la mejor conocida, sin duda, es aquella que expuso el obispo Phillips Brooks en 1876 en una serie de conferencias ante los estudiantes para el ministerio en la Universidad de Yale.

> La predicación es la comunicación de la verdad por un hombre a los hombres. Tiene en sí dos elementos: la verdad y la personalidad. No puede prescindir de ninguno de estos dos elementos y ser todavía la predicación. La verdad más cierta, la declaración más autoritativa de la voluntad divina, si es comunicada a los hombres de cualquier otro modo que no sea a través de la personalidad de un hombre hermano, no es una verdad predicada. Supóngase que esta verdad esté escrita sobre los cielos, o supóngala como incorporada en un libro que ha sido tenido por una pronunciación directa de Dios durante tantos años que la viva personalidad de los hombres que lo escribieron ha quedado casi borrada, en ninguno de estos casos hay predicación. Por otra parte, si los hombres comunican a los demás hombres algo que no pretenden que sea la verdad, si emplean sus poderes de persuasión o de entretenimiento para lograr que se preste atención a sus propias especulaciones, o con el fin de que sea hecha su propia voluntad, o que sean aplaudidos sus propios talentos; eso tampoco es pre-

[11] 1 Corintios 1:17.
[12] Romanos 10:14.
[13] 1 Corintios 15:11.
[14] E. C. Dargan, *A History of Preaching*, (2 vols.; Grand Rapids: Baker Book House, 1954), II, p. 7.

dicación. Lo primero carece de la personalidad, y lo segundo de
la verdad. Y la predicación es la presentación de la verdad a través de la personalidad. Forzosamente ha menester de ambos elementos.[15]

Sin restar ningún mérito a esta clásica definición, podemos sugerir la conveniencia de agregarle cuando menos dos
elementos más. Por una parte, debe ser especificado que la
verdad que constituye el material de la predicación cristiana
es preeminentemente de índole religiosa y que tiene por su
centro de referencia al Cristo crucificado y resucitado. A este
respecto es mejor la definición de Bernardo Manning. "La
predicación es una manifestación del Verbo Encarnado desde
el Verbo escrito y por medio del verbo hablado".[16] Reconocemos el hecho de que toda verdad es de Dios, y admitimos el
derecho, y aun la obligación, del predicador de utilizar toda
clase de conocimiento en la elaboración de sus mensajes. A
semejanza de Eliú tomará su noticia de lejos, y atribuirá
justicia a su Hacedor.[17] Pero no es por demás insistir en que
la provincia peculiar del púlpito cristiano es la verdad divina
así como ésta se ha dado a conocer en Cristo Jesús y así como
ha sido conservada en las Sagradas Escrituras.

También tenemos que notar que la definición de Brooks
deja de mencionar el propósito de la predicación. Es ésta una
falta de serias proporciones, aunque en justicia hay que decir
que en el curso de sus conferencias, al tratar del sermón,
Brooks sí abordó el asunto del propósito con claridad y acierto.
"Un sermón," dijo, "existe por su propósito y para su propósito,
a saber, el de persuadir y mover las almas de los hombres".[18]
Es de lamentarse que este elemento no haya sido incorporado
desde un principio en la famosa definición de la predicación.
Transcribimos en seguida tres definiciones que, a nuestro juicio, son mejores que las dos antes anotadas. En ellas se deja
ver un debido hincapié sobre el propósito de la predicación.

Según el doctor A. E. Garvie, la predicación es "la verdad
divina al través de la personalidad humana para vida
eterna".[19]

---

[15] Phillips Brooks, *Lectures on Preaching,* (Grand Rapids: Zondervan Publishing House, n. d.), p. 5.

[16] W. E. Sangster, *The Craft of Sermon Construction,* (Philadelphia: The West-minster Press, Copyright 1951 by W. L. Jenkins), pp. 14.

[17] Job 36:3.

[18] Brooks, *op. cit.,* p. 110.

[19] Alfred Ernest Garvie, *The Christian Preacher,* (Edinburgh: T. & T. Clark, 1920), p. 9.

Andrés W. Blackwood se ha expresado en estos términos: "¿Qué es lo que entendemos por la predicación? Significa la verdad divina comunicada al través de la personalidad, o sea la verdad de Dios proclamada por una personalidad escogida con el fin de satisfacer las necesidades humanas".[20]

Por su admirable brevedad y simetría, el que esto escribe prefiere la definición dada por Pattison: "La predicación es la comunicación verbal de la verdad divina con el fin de persuadir".[21]

3. La Definición Analizada

Vale la pena detenernos aquí para hacer un análisis de esta última definición.

(1) Observemos en primer lugar cuál es *el material* de la predicación. Es "la verdad divina". En un sentido puede decirse que toda verdad es "verdad divina", puesto que Dios es verdad[22] y que al crear cuanto existe imprimió en todo el sello de su propia veracidad. Y como la verdad, siendo fundamentalmente una, no puede contradecirse a sí misma, una verdad científica o comercial puede ser considerada como una verdad divina. Sin embargo, una conferencia sobre la desintegración del átomo o sobre las ventajas del comercio internacional no sería, de ninguna manera, una predicación.

Dargan nos cuenta cómo en Alemania, hacia fines del siglo dieciocho cuando el racionalismo estaba en su apogeo, partiendo de la discusión de temas morales, desprovistos de una sólida base doctrinal, el púlpito degeneró cada vez más hasta quedar en la vergüenza de presentar "sermones" sobre temas como los siguientes: "El Peligro de Ser Sepultado Vivo" (un sermón para el domingo de Resurrección); "El Temor a los Fantasmas"; "La Preferencia de la Alimentación del Ganado en el Establo Sobre la Práctica de Pastarlos en el Campo"; y "La Bendición Inefable del Cultivo de la Patata". También discutieron el valor del café como bebida y la importancia de la vacunación contra la viruela.[23]

[20] Andrew Watterson Blackwood, *The Preparation of Sermons*, (Nashville: Abingdon - Cokesbury Press, 1948), p. 13.
[21] T. Harwood Pattison, *The Making of the Sermon*, (Philadelphia: The American Baptist Publication Society, 1941), p. 3.
[22] Deuteronomio 32:4.
[23] Dargan, *op. cit.*, II., p. 210.

Semejantes temas constituyen nada menos que una prostitución del púlpito. La verdad de que legítimamente se ocupa la predicación cristiana es netamente religiosa y esencialmente bíblica. Es religiosa porque tiene que ver con las grandes realidades acerca de Dios y el hombre, del pecado y la salvación, del tiempo y la eternidad, del cielo y el infierno. Es bíblica porque toma de la fuente pura de las Sagradas Escrituras sus temas y los contornos generales del desarrollo de ellos.

(2) Veamos en seguida cuál es *el método* de la predicación. Es "la comunicación verbal". Aquí cabe la declaración de un gran maestro de homilética del siglo pasado: "Por predicación no se quiere significar simple y principalmente el acto de repartir Biblias impresas, el vivir santamente, ni el uso del canto llano y del ritual en el culto, sino la proclamación personal, pública y autoritativa de la verdad de Dios a los hombres por medio de un hombre."[24] Esta idea fundamental de "la comunicación verbal" se revela claramente al examinar los diferentes verbos griegos traducidos por la voz "predicar" en la Versión de Valera. Dos veces[25] ésta representa la traducción de *laleo,* verbo que significa simple y llanamente "hablar", como puede verificarse por una referencia a otros pasajes en que la misma palabra griega es empleada.[26] Siete veces[27] la palabra "predicar" es la traducción de *euaggelizo,* vocablo que significa "traer buenas noticias" o "anunciar alegres nuevas" o "proclamar las buenas nuevas". El mismo verbo aparece en otros cuarenta pasajes más donde es traducido generalmente "anunciar". El otro verbo griego traducido "predicar" es *kerusso,* que significa "proclamar públicamente como un heraldo" con la sugestión siempre de "formalidad, gravedad y de una autoridad que demanda atención y obediencia".[28] Este verbo aparece sesenta y una veces en el Nuevo Testamento. Cincuenta y cinco veces es traducido "predicar"; tres veces "publicar", dos veces "pregonar" y una vez "divulgar".

[24] Herrick Johnson, *El Ministerio Ideal,* (México: Casa de Publicaciones El Faro 1940), p. 23.
[25] Marcos 2:2 y Hechos 14:25.
[26] Hechos 11:19; 13:42; 16:6.
[27] Hechos 5:42; 17:18; 1 Cor. 15:1, 2; 2 Cor. 11:7; Gálatas 1:16 y Apoc. 14;6.
[28] Joseph Henry Thayer, *A Greek-English Lexicon of the New Testament,* (New York American Book Company, 1889), p. 346. Cuando no hay indicio al contrario, se entenderá que todas las definiciones de vocablos griegos son tomadas de este léxico.

Lo dicho hasta aquí basta para comprobar que "la comunicación verbal" de la verdad divina es el método divinamente ordenado para la predicación del evangelio. Pero es necesario hacer constar que dentro de este método existe una saludable variedad. Aparte de los términos mencionados ya, existen varias otras expresiones en el Nuevo Testamento que describen los discursos cristianos. Sólo en el libro de Los Hechos se encuentran veinticuatro de ellas, tales como "exhortar", "testificar", "disputar", "afirmar", "persuadir", "amonestar", "profetizar", "disertar", "enseñar", "alegar" y otras más. En términos generales podemos decir que había cuatro tipos principales de discurso en la predicación apostólica.

a. En primer lugar encontramos el discurso informal o familiar. De esto tenemos evidencia en Marcos 2:2; Hechos 4:1, 31 y 14:25, donde se emplea la palabra "hablar", y en Hechos 20:11, donde la expresión del original *(jomileo)* significa "platicar". En este último pasaje se trata del discurso de Pablo ante los creyentes de Troas cuando el apóstol "alargó el discurso hasta la media noche... y disputaba largamente". La palabra traducida "disputaba" da la idea de un discurso argumentativo de pensamientos bien ponderados. Tal discurso adormeció a cuando menos uno de los hermanos, pues leemos que "un mancebo llamado Euticho... tomado de un sueño profundo... postrado del sueño cayó del tercer piso abajo". Cuando el pobre de Euticho fue restaurado a sus cabales, leemos que Pablo "habló largamente hasta el alba". Pero aquí la palabra es "platicó". Aunque el susto que todos llevaron con el descalabro de Euticho fue suficiente, sin duda, para quitarles el sueño, creo no hacer violencia a la recta interpretación bíblica al sugerir que el cambio en el tipo de discurso ayudó también para mantener despierta a la congregación durante el resto de la noche. Tal vez en esta experiencia apostólica podrán encontrar una fructífera sugestión algunos predicadores de la actualidad. Indica que el discurso informal o familiar es más fácilmente seguido por las mentes cansadas o poco disciplinadas, y aconseja la práctica de variar la intensidad del discurso, aun dentro de los límites de un solo sermón, para proporcionar descansos mentales a los oyentes.

b. El segundo tipo de discurso empleado por los apóstoles fue el explicativo. Dieciseis veces en Los Hechos se emplea el verbo "enseñar" para describir los discursos apostólicos. Esto en sí sería suficiente para indicar la existencia del discurso explicativo, pero tenemos evidencia todavía más clara. En Hechos 17:1-4 hallamos la historia de la actividad del apóstol Pablo en Tesalónica. Siguiendo su plan acostumbrado de trabajo, al llegar a la nueva ciudad se dirigió primero a la sinagoga judía, y por tres sábados consecutivos "disputó con ellos de las Escrituras, declarando y proponiendo que convenía que el Cristo padeciese, y resucitase de los muertos; y que Jesús, al cual yo os anuncio, decía él, éste era el Cristo".

Por el momento nos interesan en este pasaje dos términos, traducidos "declarando y proponiendo". El primero traduce la palabra griega *dianoigon* que significa literalmente "abriendo por el procedimiento de la separación de las partes constituyentes", o sea "abriendo completamente lo que antes estaba cerrado". Se emplea en las Escrituras en el relato del milagro de Jesús cuando abrió los oídos al sordo[29] y del descorrer del velo celestial que permitió a Esteban ver "la gloria de Dios... y al Hijo del Hombre en pie a la diestra de Dios".[30] Es el mismo término que usaron los discípulos del camino de Emmaús al exclamar: "¿No ardía nuestro corazón en nosotros, mientras nos hablaba en el camino, y cuando nos abría las Escrituras?"[31] Esta palabra, pues, que la Versión de Valera traduce "declarando", indica un procedimiento completamente pedagógico mediante el cual el predicador apostólico analizaba las Escrituras, profundizándose en ellas y descubriendo su hondo y verdadero significado. Indica todo aquello que cabe legítimamente en el término "exégesis".

El segundo término, "proponiendo", es una traducción más fiel de la palabra que aparece en el griego del Nuevo Testamento. Esta palabra es *paratithémenos* y significa literalmente "colocando delante de", como, por ejemplo, cuando la comida es colocada delante de los que están a la mesa. En su sentido figurado significa "explicar" e indica un proceso de síntesis, dando a entender todo aquello que legítimamente cabe en el uso homilético de la palabra "exposición". Vemos, entonces, que la exposición presupone la exégesis, y que ésta es el fundamento indispensable de aquélla, cosa que sugiere un

[29] Marcos 7:34, 35.
[30] Hechos 7:55, 56, según la Versión Hispano-Americana.
[31] Lucas 24:32.

pensamiento adicional que no aparece tal vez en nuestro pasaje, pero que sí constituye una legítima inferencia, a saber: que la exégesis pertenece principalmente al cuarto de estudio del predicador, mientras que la exposición es provincia peculiar del púlpito.

c. Otro tipo de discurso empleado por los apóstoles fue el argumentativo. Ya hemos hecho alusión a él en los párrafos anteriores. Su uso es indicado de dos maneras. Por una parte, por el término *dialégomai*, traducido "disputar" en Hechos 20: 9 y "disertar" en Hechos 24:25. Esta voz griega significa "pensar uno cosas diferentes consigo mismo; mezclar pensamiento con pensamiento; ponderar; revolver en la mente; argumentar o discutir". En el primer pasaje mencionado describe el discurso de Pablo en la ocasión del accidente sufrido por Eutico, y que ha sido comentado ya. En el segundo pasaje describe el discurso de Pablo ante Félix, el gobernador romano, hombre cuya preparación intelectual le capacitaba para seguir el curso de un argumento lógico.

La segunda manera de saber que el discurso argumentativo ocupaba un lugar prominente en el repertorio de los predicadores apostólicos es por la lectura de sus sermones. En la introducción de su sermón del Día de Pentecostés, Pedro empleó la refutación, y más adelante, sobre la base del hecho de la muerte y sepultura de David, fundó un argumento para probar que en el Salmo 16 David había profetizado la resurrección de Cristo.[32] La defensa de Esteban ante el sanedrín[33] es un continuo argumento de analogía histórica en que refuta la acusación hecha en su contra de haber hablado "palabras blasfemas contra este lugar santo (el templo) y la ley", demostrando paralelamente dos cosas. Primero, que él no blasfemaba al hablar de la destrucción del templo, puesto que Dios nunca había limitado la revelación de sí mismo al templo; se había manifestado a Abraham en Ur de los Caldeos, a José en Egipto, y a Moisés en el desierto de Madián; y cuando Salomón por fin le edificó un templo, en su oración dedicatoria había confesado que "el Altísimo no habita en templos hechos de mano". En segundo lugar, no pecaba él, sino sus mismos acusadores, puesto que exactamente como

---

[32] Hechos 2:14, 15; 2:29-31.
[33] Hechos 7:2-53.

Abraham había demorado en Charán hasta la muerte de su padre; así como los hermanos de José lo vendieron a él a la esclavitud; de la misma manera en que los hebreos habían desechado la primera vez a Moisés; así también ellos habían sido rebeldes a Dios al rechazar a Jesús como su Mesías y Salvador. Todo el sermón es un poderoso argumento, basado en una serie de analogías.

Es demasiado vasto el material de que disponemos en el libro de Los Hechos para que lo mencionemos todo aquí. Bastará con un ejemplo más. Refiriéndonos otra vez al incidente consignado en Hechos 17:2, 3, vemos un hermoso ejemplo del argumento deductivo en forma silogística. Dice el versículo 3: "...declarando y proponiendo que convenía que el Cristo padeciese, y resucitase de los muertos; y que Jesús, el cual yo os anuncio, decía él, éste era el Cristo". Este argumento es propiamente un entimema, es decir, un silogismo incompleto en que una de las proposiciones queda sobreentendida, pero podemos reconstruirlo en la siguiente forma:

Premisa Mayor: "Convenía que el Cristo padeciese y resucitase de los muertos".

Premisa Menor: "Jesús padeció y resucitó de los muertos". (Esta premisa queda sobreentendida por el tenor general del argumento.)

Conclusión: Por tanto, "Jesús, el cual yo os anuncio, éste es el Cristo".

d. Por último tenemos el discurso declarativo. Aquí tenemos el tipo de discurso que más que cualquier otro indica la índole esencial de la predicación verdadera. Es el tipo indicado por dos verbos muy comunes en el Nuevo Testamento: *euaggelizo* y *kerusso*. El primero significa "traer buenas noticias; anunciar alegres nuevas; o proclamar las buenas nuevas". El segundo significa "pregonar públicamente como un heraldo, siempre con la sugestión de formalidad, gravedad y de una autoridad que demanda atención y obediencia". Como se ve por estas definiciones, se trata de un discurso cuya idea característica es la de un anuncio, de una proclamación, de un pregón. No se trata de probar, sino simplemente de manifestar. No es cuestión de emitir un juicio respecto al significado de algún hecho, sino más bien de dar testimonio del hecho mismo. Esa fue la tarea de los cristianos primitivos: ser testigos.

Pero, ¿qué era aquello que habían de atestiguar? Habían de ser testigos de la Persona más gloriosa y de la obra más grande de que jamás hubo noticia. ¡Habían de anunciar a Jesús y la resurrección! Siendo tal el tema de su pregón, podemos entender el fervor, la pasión, el celo con que se consagraron a la tarea. Había perdón para los pecados más viles; había pureza para el más corrompido corazón. Había poder y victoria para los derrotados; había consuelo y paz para los tristes y afligidos. Con razón dijeron los apóstoles: "No podemos dejar de decir lo que hemos visto y oído".[34] Proclamaron como heraldos la regia venida del Mesías Salvador. Anunciaron la buena nueva de que en Jesús el Reino de Dios se hacía una realidad en el corazón arrepentido y creyente. ¡Y esto es, hasta hoy, la esencia de la predicación cristiana!

Entendemos, pues, por qué Pattison, después de referirse a los diferentes tipos de discurso empleados por los apóstoles, terminó su discusión con estas palabras: "La predicación apostólica era una combinación de todos estos procedimientos, saturada con oraciones y con lágrimas".[35]

(3) Volviendo ahora al análisis de la definición de la predicación, recordamos que hemos discutido sus primeras dos partes: el material y el método de la predicación. Resta considerar cuál es su *meta*. Es la de persuadir. La persuasión era nota característica de la predicación apostólica. Lo vemos tanto en el tono urgente de sus discursos como en los resultados que obtuvieron.

El apóstol Pedro predicaba para persuadir. Al final de su sermón en el Día de Pentecostés leemos que "con otras muchas palabras testificaba y exhortaba, diciendo: Sed salvos de esta perversa generación".[36] Lo mismo puede decirse del apóstol Pablo. Cuando estuvo con los ancianos de la iglesia de Efeso en Mileto les recordó cómo por tres años de día y de noche no había cesado de amonestar con lágrimas a cada uno.[37] Ante la mofa incrédula del rey Agripa reveló cuán profundo era su anhelo de persuadir, clamando: "¡Plu-

[34] Hechos 4:20.
[35] Pattison, *op. cit.*, p. 18.
[36] Hechos 2:40.
[37] Hechos 20:31.

guiese a Dios que por poco o por mucho, no solamente tú, mas también todos los que hoy me oyen, fueseis hechos tales cual yo soy, excepto estas prisiones".[38] Y en su carta a la iglesia de Corinto descubrió las fuentes de su pasión, diciendo: "Estando pues poseídos del temor del Señor, persuadimos a los hombres... Porque el amor de Cristo nos constriñe... como si Dios rogase por medio nuestro".[39] Por último, Judas, el medio hermano del Señor, da cima a este sentimiento de persuasión con su ferviente exhortación: "Mas haced salvos a los otros por temor, arrebatándolos del fuego".[40]

Tal espíritu de urgencia no dejó de tener su efecto. En Jerusalem leemos que "fueron compungidos de corazón y dijeron a Pedro y a los otros apóstoles: "Varones hermanos, ¿qué haremos?... Y fueron añadidas a ellos aquel día como tres mil personas".[41] En Iconio los apóstoles "hablaron de tal manera que creyó una grande multitud de Judíos, y asimismo de Griegos".[42] En Tesalónica los judíos dieron testimonio de la efectividad de la predicación apostólica, diciendo: "Estos que alborotan el mundo, también han venido acá".[43] Y en Efeso el platero Demetrio desahogó su resentimiento por causa de las pérdidas sufridas en el negocio de la fabricación de ídolos, diciendo: "Y veis y oís que este Pablo, no solamente en Efeso, sino a muchas gentes de casi toda el Asia, ha apartado con persuasión, diciendo, que no son dioses los que se hacen con las manos".[44]

Los apóstoles predicaban para persuadir. Esta es la meta de la predicación. Como dijo G. Campbell Morgan:

> Toda predicación tiene un solo fin, a saber: el de tomar cautiva la ciudadela central del alma humana, o sea la voluntad. El intelecto y las emociones constituyen vías de acercamiento que debemos utilizar. Pero lo que tenemos que recordar siempre es que no hemos logrado el verdadero fin de la predicación hasta no haber alcanzado la voluntad, constriñéndola a hacer sus elecciones de acuerdo con la Verdad que proclamamos.[45]

---

[38] Hechos 26:29.
[39] 2 Corintios 5:11, 14, 20.
[40] Judas 23.
[41] Hechos 2:37, 41.
[42] Hechos 14:1.
[43] Hechos 17:6.
[44] Hechos 19:26.
[45] G. Campbell Morgan, *The Ministry of the Word*, (New York: Fleming H. Revell Co., 1919), p. 207.

4. Nuestro Plan de Estudio

(1) Nuestro móvil. El sermón ha sido definido por Johnson como "un discurso religioso formal, fundado en la Palabra de Dios, y que tiene por objeto salvar a los hombres".[46] Un buen sermón es aquel que logra su propósito. Es un sermón eficaz. En estas definiciones encontramos el móvil que nos impulsa a emprender el estudio que en páginas subsiguientes nos ha de ocupar. Queremos aprender a predicar sermones eficaces. Es decir, queremos predicar sermones que muevan a los hombres a amar a Dios y a hacer su voluntad, sermones que persuadan a los perdidos a creer en Cristo como Salvador y que impulsen a los creyentes a crecer en Cristo como Señor. Este es nuestro móvil.

(2) Nuestro método. Este está sugerido por el análisis hecho de la definición de la predicación. Dicho análisis nos manifiesta que la naturaleza de la predicación es revelada por medio del estudio de los sermones predicados. ¿Cómo sabemos que la predicación trata de "la verdad divina"? Por el examen del contenido de los sermones que han sido bendecidos por el Señor. ¿Por qué decimos que el método de la predicación es "la comunicación verbal"? Porque ésta es la manera en que los apóstoles daban a conocer la verdad cuando predicaban, y porque al través de los siglos ha sido el método más eficaz. ¿Cuál es la razón para insistir en que la predicación tiene "el fin de persuadir"? Porque tanto el espíritu como el efecto de los sermones eficaces — los que encontramos en el Nuevo Testamento así como los que hallamos en los siglos subsiguientes, — revelan este propósito.

En otras palabras, la naturaleza de la predicación ha sido descubierta por medio del examen de los sermones eficaces. Lo mismo es cierto en cuanto a las reglas de la homilética. Estas fueron derivadas del estudio cuidadoso de sermones que surtieron efecto en sus oyentes. Es de suma importancia comprender esta relación entre la práctica y la teoría de la predicación. Primero es la práctica. Luego viene un examen de la práctica con el fin de analizarla y saber en qué consisten tanto sus excelencias como sus faltas. Del estudio hecho se formulan las conclusiones, y éstas se convierten en reglas o

---

[46] Johnson, op. cit., p. 255.

principios útiles para la instrucción de los que quieren predicar bien. La práctica da origen a la teoría, y ésta influye en la práctica subsiguiente.

No se ha hecho sobre esta verdad el énfasis que merece. Es un hecho histórico que la enseñanza de la retórica entre los griegos (los primeros maestros de esta ciencia) tuvo su origen en el análisis de los discursos eficaces. Es igualmente cierto que al través de los siglos de la historia cristiana, la enseñanza de la teoría de la predicación ha seguido siempre al estudio de los sermones que conmovían y edificaban a sus oyentes. En otras palabras, el arte y la ciencia de la predicación se aprenden por medio del estudio de los buenos sermones.

Así es que nuestro plan de estudio será el de presentar los requisitos esenciales del sermón eficaz, así como éstos han sido observados por competentes estudiantes de la predicación, y de presentarlos en el orden en que el predicador necesita dominarlos en la preparación de sus propios sermones. Estos requisitos son siete, a saber:

> a. Un predicador idóneo;
> b. Un propósito definido;
> c. Un mensaje bíblico;
> d. Un buen arreglo;
> e. Una elaboración adecuada;
> f. Una comunicación persuasiva; y
> g. La variedad de semana en semana.

A medida que lleguemos a comprender estos requisitos y a ponerlos en práctica, aprenderemos a predicar con poder.

Capítulo II

EL SERMON EFICAZ DEMANDA UN PREDICADOR IDONEO

Como vimos en el capítulo anterior, la personalidad del predicador constituye uno de los elementos imprescindibles de la predicación. Es importante que hagamos hincapié a este elemento. La relación entre el predicador y su mensaje no es mecánica sino vital. Una relación mecánica podría ser ilustrada por la obra del telegrafista. No importa si el carácter moral de éste es bueno o malo. Mientras toque con exactitud sobre la llave de su aparato, el mensaje que le ha sido encomendado será transmitido con entera fidelidad. No así con el predicador. Sostiene con su mensaje una relación vital. Exactamente como la limpieza del vaso influye en la pureza de su contenido líquido, de la misma manera el carácter del predicador afecta la pureza y el poder de su mensaje. "Este hecho fue el que hizo decir a Emerson que lo importante no es lo que se aprende, sino con quién se aprende".[1] Por esto, entre los requisitos del sermón eficaz hemos puesto en primer lugar la idoneidad del predicador. En nuestra discusión veremos que el predicador idóneo se caracteriza por cuatro rasgos fundamentales.

1. El Predicador Idóneo Es Convertido

A personas bien cimentadas en las enseñanzas neotestamentarias, esta declaración podría parecer demasiado evidente para necesitar discusión. Pero la historia de la predicación registra tantos casos de hombres irredentos ocupando púlpitos "cristianos" que no nos atrevemos a omitir el punto. Sin detenernos a enumerar las funestas consecuencias producidas por la predicación de hombres no salvos,[2] consideraremos

[1] J. M. Price, *Jesús el Maestro*, (El Paso: Casa Bautista de Publicaciones, 1950), p. 12.
[2] Para una buena discusión de este aspecto del asunto, véase C. H. Spurgeon, *Discursos a Mis Estudiantes*, (El Paso: Casa Bautista de Publicaciones, 1950), pp. 9-16.

desde un punto de vista positivo la razón principal para insistir en que el que predica el evangelio debe ser antes convertido, a saber: la naturaleza de la obra lo demanda.

(1) La naturaleza de su obra como *testigo* lo demanda. En el capítulo veintiséis de Los Hechos encontramos el discurso de Pablo ante el rey Agripa. Entre otras cosas, el apóstol relata su experiencia en el camino de Damasco. Nos interesan aquí las palabras de Cristo, consignadas en el versículo dieciséis: "Mas levántate, y ponte sobre tus pies; porque para esto te he aparecido, para ponerte por ministro y testigo de las cosas que has visto, y de aquellas en que apareceré a ti". Estas palabras constituyen, no sólo la comisión divina de Pablo, sino un indicio claro de la naturaleza fundamental de la obra de todo predicador verdadero. Esta obra es de índole doble: es un testimonio y un ministerio. Y tanto lo uno como lo otro presupone la conversión del predicador.

El predicador es un testigo. A semejanza de su Salvador declara que "lo que sabemos hablamos, y lo que hemos visto, testificamos".[3] Con Pedro insiste en que "no os hemos dado a conocer la potencia y la venida de nuestro Señor Jesucristo, siguiendo fábulas por arte compuestas; sino como habiendo con nuestros propios ojos visto su majestad".[4] Y con Juan afirma que "lo que hemos visto y oído, eso os anunciamos".[5] Pero el hecho de ser testigo presupone una experiencia personal de aquello que constituye el tema del testimonio. Lo que el predicador proclama tiene que haber sido experimentado primero. Y como el mensaje básico de todo predicador es la proclamación de la buena nueva de la salvación en Cristo, se sigue que la condición más elemental para ser predicador del evangelio es ser convertido.

(2) La naturaleza de su obra como *ministro* lo demanda.

a. En relación con este punto, debemos entender en primer lugar cuál es el significado del término "ministro". Y cuando entendamos lo que esto significa, comprenderemos que solamente una experiencia de regeneración espiritual puede hacerlo posible. La palabra "ministro" en el pasaje que estamos comentando es la traducción de la voz griega *juperetes*,

---

[3] Juan 3:11.
[4] 2 Pedro 1:16.
[5] 1 Juan 1:3.

vocablo que aparece veinte veces en el Nuevo Testamento[6] y que significa "un remero subordinado; cualquiera que sirve con las manos; un criado; cualquiera que ayuda a otro en algún trabajo; un ayudante". Trench nos dice que es un término militar que designaba originalmente al remero que tripulaba una galera de guerra. Luego llegó a significar aquel que ejecutaba cualquier trabajo físico arduo y difícil, y finalmente vino a designar al oficial militar subordinado (el ordenanza) que aguardaba y ejecutaba las órdenes de su superior".[7] En la Versión de Valera este término es traducido "ministro" diez veces; cinco veces es traducido "servidor"; dos veces, respectivamente, "ministril" y "criado"; y una vez "alguacil". De manera que cuando hablamos de "ministerio" estamos hablando de servicio y de subordinación. Morgan dice:

> La idea de dignidad, o de importancia oficial, o de prerrogativa es completamente ajena a la palabra. Por supuesto, hay dignidad en todo servicio, y hay prerrogativas inherentes al servicio; pero éstas resultan de la naturaleza del trabajo que tiene que ser hecho, y existen únicamente para que éste sea hecho cabalmente. La palabra "ministerio" connota la subordinación, la sumisión; e implica necesariamente la diligencia y la fidelidad.[8]

Todo esto es contrario al espíritu del hombre natural. El tal es egoísta y rebelde a la voluntad de Dios.[9] Sólo por el milagro del nuevo nacimiento puede llegar a ser un ministro en el verdadero sentido de la palabra.

b. En segundo lugar, debemos recordar que hay un sentido verdadero en que todo creyente es un "ministro". Todos los que somos salvos hemos sido llamados para servir. La noche antes de su crucifixión el Salvador dijo a sus apóstoles: "Yo os elegí a vosotros; y os he puesto para que vayáis y llevéis fruto..."[10] Pedro, hablando de todo el pueblo del Señor, dice: "Mas vosotros sois linaje escogido, real sacerdocio, gente santa, pueblo adquirido, para que anunciéis las virtudes de aquel que os ha llamado de las tinieblas a su luz admirable".[11] Pablo explica que somos "criados en Cristo Jesús para buenas obras,

[6] Mateo 5:25; 26:53; Marcos 14:54, 65; Lucas 1:2; 4:20; Juan 7:32, 45, 46; 18:3, 12, 18, 22, 36; 19:6; Hechos 5:22, 26; 13:5; 26:16; 1 Corintios 4:1.
[7] Richard Chenevix Trench, *Synonyms of the New Testament*, (London: Kegan Paul, Trench, Trübner & Co. Ltd., 1915), p. 32.
[8] Morgan, *op cit.* p. 23.
[9] Romanos 8:7.
[10] Juan 15:16.
[11] 1 Pedro 2:9.

las cuales Dios preparó para que anduviésemos en ellas."[12] Santiago declara enérgicamente "que la fe sin obras es muerta".[13] Juan insiste en que "no amemos de palabra ni de lengua, sino de obra y en verdad".[14] Y el autor de la Epístola a los Hebreos dice: "Y de hacer bien y de la comunicación no os olvidéis: porque de tales sacrificios se agrada Dios."[15] En este sentido todo cristiano es un "ministro".

c. Pero dentro de este ministerio cristiano común existe una grande diversidad. No todos somos llamados para servir en la misma capacidad. Las Escrituras afirman que "a cada uno le es dada la manifestación del Espíritu para el bien general", indicando que todos somos aptos para algún servicio. Pero afirman también que "hay diversidad de dones... hay diversidad de ministerios... y hay diversidad de operaciones", indicando que tanto la capacidad individual de cada creyente como la esfera particular de su servicio y los resultados específicos de su labor, serán distintos y de acuerdo con la soberana dirección del Trino Dios.[16]

"Hay diversidad de ministerios", pero en todos ellos la idea fundamental es la de servicio y de subordinación. Por tanto, cuando la iglesia primitiva nombró a siete hermanos "de buen testimonio, llenos de Espíritu Santo y de sabiduría" para encargarse del "ministerio cotidiano", permitiendo de esta manera que los apóstoles persistieran "en la oración, y en el ministerio de la palabra",[17] no fue con el fin de establecer una jerarquía eclesiástica, sino simplemente de hacer un reparto de responsabilidades para facilitar el desarrollo del programa total de la iglesia. Al hacer este reparto se estableció que la prosperidad de la iglesia exige, entre otras cosas, que haya un "ministerio de la palabra". A este ministerio volveremos ahora nuestra atención.

d. La descripción más completa de este ministerio especializado del predicador (el ministerio de la Palabra) se encuentra en Efesios 4:8-12. Indica el pasaje que cuando Cristo ascendió al cielo, dio dones a su iglesia con el fin de equipar a cada creyente para su servicio particular y así lograr la

[12] Efesios 2:10.
[13] Santiago 2:20.
[14] 1 Juan 3:18.
[15] Hebreos 13:16.
[16] 1 Corintios 12:4-11, según la Versión Hispano-Americana.
[17] Hechos 6:1-7.

edificación de todo el cuerpo. Estos dones consistieron "en que algunos fuesen apóstoles, otros profetas, otros evangelistas, otros pastores y maestros".[18]

(a) Los apóstoles fueron llamados para estar con Cristo en íntima comunión y para dar testimonio autoritativo de la verdad de Dios, así como ésta era revelada en Jesús.[19] Habían visto al Señor y fueron testigos de su resurrección.[20] Constituyeron, juntamente con los profetas de la nueva dispensación, el fundamento de la iglesia, siendo Cristo mismo la principal piedra del ángulo.[21] Y su enseñanza formaba parte esencial del vínculo cuádruple que mantenía a los creyentes primitivos unidos entre sí.[22] Su labor permanece como el fundamento inalterable sobre el cual todos los que actúen en el ministerio de la Palabra han de edificar.[23] En este sentido no tuvieron sucesores.

(b) Para apreciar la función de los profetas neotestamentarios, necesitamos conocer el significado de su nombre y examinar la historia de sus acciones. El profeta es "aquel que da a conocer el consejo de Dios con la claridad, la energía y la autoridad que dimanan de la conciencia de estar hablando en nombre de Dios, y de haber recibido directamente de él un mensaje que entregar... Del profeta, tanto del Antiguo Testamento como del Nuevo, podemos con la misma confianza afirmar que no es principal sino incidentalmente uno que predice cosas futuras, siendo más bien uno que ha sido enseñado de Dios y que da a conocer su voluntad (Deut. 18:18; Isaías 1; Ezequiel 2; 1 Cor. 14:3)".[24] Thayer define al profeta como "un intérprete o vocero de Dios; uno por medio de quien Dios habla; uno que habla por inspiración divina".

Cuando examinamos la historia de su actuación descubrimos que a veces predecían eventos futuros,[25] pero que más comúnmente hablaban bajo la influencia directa del Espíritu de Dios (aunque sin perder el dominio propio) para expresar en lenguaje apasionado (pero inteligible) lo que el Espíritu les

---

[18] Según la Versión Latinoamericana.
[19] Marcos 3:14, 15.
[20] 1 Corintios 9:1.
[21] Efesios 2:20.
[22] Hechos 2:42.
[23] Judas 3.
[24] Trench, *op. cit.*, p. 20.
[25] Hechos 11:27, 28; 21:10, 11.

enseñaba, con el propósito de instruir, consolar, estimular, reprender, redargüir e inspirar a sus oyentes.[26]

(c) El evangelista, como su nombre lo indica, se ocupaba en el anuncio de las buenas nuevas de salvación. Thayer dice que en el Nuevo Testamento el nombre es dado a aquellos que sin ser apóstoles fueron heraldos de la salvación por medio de Cristo. La verdad es que sólo tres veces es mencionado el nombre en el Nuevo Testamento: en el pasaje que estamos comentando; en Hechos 21:8, donde Felipe es llamado "evangelista"; y en 2 Timoteo 4:5, donde Pablo exhorta a Timoteo a que haga "la obra de evangelista". Pero la idea es bastante clara. El evangelista es pregonero de la buena nueva de la salvación en Cristo al mundo inconverso. Podría ser llamado también un misionero.

(d) La expresión "pastores y maestros" parece designar a una sola clase de obreros. Fueron los mismos que en otros pasajes del Nuevo Testamento son llamados "ancianos"[27] u "obispos".[28] Se encargaban principalmente de la edificación de los creyentes por medio de la enseñanza y la vigilancia del desarrollo de su vida espiritual.

Pero, ¿qué significa todo esto para nosotros? Nos hace ver con claridad, no sólo lo que "el ministerio de la Palabra" fue en los tiempos neotestamentarios, sino lo que debe ser hoy y siempre. Este ministerio ha de ser apostólico, profético, evangelístico y pastoral. Ha de ser apostólico en el sentido de basar su mensaje en "la fe entregada una vez para siempre a los santos".[29] Ha de ser profético en el sentido de entregar su mensaje bajo el impulso directo del Espíritu Santo y con el fin de satisfacer las necesidades espirituales de los oyentes. Ha de ser evangelístico o misionero en su urgencia de traer las almas perdidas a Cristo como Salvador. Ha de ser pastoral en su empeño constante y abnegado de edificar a los creyentes en Cristo como Señor.

[26] 1 Corintios 14:3, 24. 32. Este resumen es tomado esencialmente de Thayer.
[27] Hechos 14:23; 20:17; 1 Timoteo 5:17; Tito 1:5; Santiago 5:14; 1 Pedro 5:1.
[28] Filipenses 1:1; 1 Timoteo 3:1; Tito 1:7; Hechos 20:28.
[29] Judas 3, según la Versión Latinoamericana.

2. El Predicador Idóneo Tiene las Cualidades Personales Indispensables Para el Buen Desempeño del Ministerio de la Palabra

El desempeño de un ministerio especializado como el que acabamos de describir exige la posesión de ciertas cualidades personales indispensables. La lista más completa de éstas se encuentra en 1 Timoteo 3:2-7.[30] Un estudio cuidadoso de las quince consideraciones allí expuestas revela que el apóstol hace hincapié en tres cosas fundamentales, a saber: la conducta moral, la madurez espiritual y la aptitud para enseñar.

(1) La conducta moral del predicador ha de ser "irre-prochable". Esta es una expresión muy fuerte. Significa no sólo que no debe haber acusación en su contra, sino que debe ser imposible formularle una acusación que pudiera resistir la investigación. Su conducta debe ser tal que no le deje al adversario ninguna base posible para vituperar su vocación. Tan así ha de ser que aun entre los extraños "es necesario que goce de buen nombre". El predicador ha de ser un "modelo a los que creen, en palabra, en comportamiento, en amor, en fe y en pureza".[31] Es cierto que todo hijo de Dios tiene la misma obligación de andar como es digno de la vocación con que ha sido llamado,[32] pero la posición prominente del predicador aumenta grandemente su responsabilidad a este respecto.

Spurgeon ilustró el punto como sigue:

> Sucede con nosotros y nuestros oyentes lo que con los relojes de bolsillo y el reloj público: si el de nuestro propio uso anduviese mal, pocos se engañarían por su causa, con excepción de su dueño; pero si el de un edificio público, tenido como cronómetro, llegase a desarreglarse, una buena parte de su vecindario desatinaría en la medida del tiempo. No es otra cosa lo que pasa con el ministro: él es el reloj de su congregación; muchos regulan su tiempo por las indicaciones que él hace y si fuere inexacto, cual más, cual menos, todos se extraviarán siendo él en gran manera responsable de los pecados a que haya dado ocasión.[33]

a. Tan vital es esta cuestión de la conducta que el após-tol especifica algunos de sus aspectos más importantes. En primer lugar, habla de la vida doméstica del predicador, tra-

[30] Véase también: 1 Timoteo 4:12-16; 5:22 y Tito 1:5-9.
[31] 1 Timoteo 4:12, según la Versión Hispano-Americana.
[32] Efesios 4:1.
[33] Spurgeon, op. cit. p. 20.

tando de la fidelidad conyugal, de la dirección de los hijos y del espíritu hospitalario que el hogar debe manifestar.

El predicador debe ser "marido de una mujer". Esto, por supuesto, no quiere decir que es obligatorio que sea hombre casado (aunque sí indica que en los tiempos neotestamentarios tal era la costumbre), sino que no debe ser casado con más de una mujer. La ocurrencia común de la poligamia en la sociedad pagana que rodeaba las iglesias neotestamentarias, así como la facilidad con que el divorcio era conseguido, hacían necesaria esta estipulación. Sigue en pie la misma demanda. El predicador del evangelio debe ser "marido de una sola mujer".[34] No pueden ser tolerados en él ni la infidelidad conyugal ni el divorcio. Es cierto que existe base bíblica para el divorcio en el caso de la infidelidad de uno de los esposos.[35] Y aunque el punto es discutido, algunos intérpretes insisten en que el cónyuge inocente hasta tiene derecho a segundas nupcias. Pero sea esto como fuere, en el caso de un pastor el divorcio es fatal para su ministerio. Lo deja encerrado en el siguiente dilema: o se casó con una mujer no idónea o con una mujer idónea. Si se casó con una mujer no idónea, esto indica una de dos cosas: o que fue incapaz de discernir la voluntad de Dios en una de las más serias decisiones de toda la vida; o que, discerniéndola, no tuvo voluntad para acatarla. Si se casó con una mujer idónea y ésta llegó a serle infiel después, esto indica que no supo cultivar y conservar su cariño, lo cual es indicio de su incapacidad para gobernar bien su casa. En cualquier caso, resulta descalificado para ejercer la delicada labor del ministerio de la Palabra.

Además, el pastor ha de tener en sujeción a sus hijos, criándolos "en disciplina y amonestación del Señor".[36] Si fracasa en esto, hace patente su incapacidad para "cuidar de la iglesia de Dios". Por último, su hogar ha de ser caracterizado por un espíritu hospitalario que lo convierta en un verdadero oasis de refrigerio físico y espiritual para los que sean invitados a encontrar albergue en él.

b. En segundo lugar, la conducta del predicador ha de ser irreprochable fuera del hogar. El apóstol se limita aquí a dos clases de relaciones: los tratos sociales y los tratos comerciales.

---

[34] Tito 1:6, según la Versión Hispano-Americana.
[35] Mateo 19:3-9.
[36] Efesios 6:4.

En cuanto a los primeros nos hace ver que el ministro debe ser "no dado al vino, no violento, sino amable, no pendenciero".[37] En todas estas expresiones se hace hincapié en la necesidad de tener lo que a veces llamamos "el don de gentes". El predicador ha de saber congeniar con las personas que lo rodean, pero sin participar de sus vicios. Para mantener relaciones cordiales con el prójimo se necesita, por una parte, una disposición no violenta. La idea es que no debe ser fácilmente ofendido. Por otra parte, no debe insistir siempre en sus derechos legales, sino tener más bien la disposición de sufrir la injuria y dejarla pasar, no dando pábulo a la contienda. Esto es el significado de la palabra traducida "amable". Si ha de demostrar estas dos actitudes, claro está que necesitará abstenerse por completo del vino, el cual inflama las pasiones y convierte hasta a los apacibles en pendencieros.

En cuanto a los tratos comerciales, tenemos la expresión "ajeno a la avaricia", y en la Epístola a Tito la expresión adicional, no "codicioso de torpes ganancias".[38] Con esto el apóstol toca sobre una cuerda sensible y señala la razón del fracaso de muchos ministros. "Porque el amor al dinero es la raíz de toda clase de males, por ambición del cual algunos se desviaron de la fe y se vieron acribillados de muchos dolores".[39] El predicador que acostumbra gastar más de lo que gana, tomando prestado sin poder liquidar sus compromisos con puntualidad, está incurriendo en la falta denunciada por el apóstol en este pasaje. Aparte de la impureza sexual, quizá no hay pecado que desacredite más al ministerio que el de faltar a la más completa honradez en cuanto al dinero. El sueldo del pastor suele ser raquítico, y sus exigencias generalmente son numerosas. Pero si con todas las veras de su alma busca "primeramente el reino de Dios y su justicia",[40] el Señor le ayudará a saldar todos sus compromisos, con tal de que aprenda a distinguir entre lo deseable y lo necesario.

(2) Además, el buen desempeño del ministerio de la Palabra exige la madurez espiritual. "No un neófito, no sea que envaneciéndose caiga en la misma condenación que el diablo".[41] En la Versión Latinoamericana la palabra "neófito"

---

37 1 Timoteo 3:3, según la Versión Latinoamericana.
38 Tito 1:7.
39 1 Timoteo 6:10, según la Versión Latinoamericana.
40 Mateo 6:33.
41 1 Timoteo 3:6, según la Versión Hispano-Americana.

es traducida "recién convertido". Pero no hemos de creer que el hecho de haber transcurrido mucho tiempo desde que alguien se convirtió a Cristo es indicio infalible de madurez espiritual. Ejemplo de lo contrario fueron los cristianos hebreos, a quienes el autor inspirado tuvo que decir: "Porque debiendo ser ya maestros a causa del tiempo, tenéis necesidad de volver a ser enseñados cuáles sean los primeros rudimentos de las palabras de Dios; y habéis llegado a ser tales que tengáis necesidad de leche, y no de manjar sólido. Que cualquiera que participa de la leche, es inhábil para la palabra de la justicia, porque es niño; mas la vianda firme es para los perfectos, para los que por la costumbre tienen los sentidos ejercitados en el discernimiento del bien y del mal".[42]

Esta cuestión de la madurez espiritual envuelve la posesión y el desarrollo de las cualidades indicadas por el apóstol con los adjetivos "sobrio", "prudente" y "decoroso". Estos podrían, con igual propiedad, ser traducidos "moderado", "juicioso" y "ordenado". El primero indica que el predicador no debe ser dado a excesos de ninguna naturaleza. Es decir, que no debe ser de un temperamento extremoso. El segundo entraña dos ideas: la posesión de lo que a veces llamamos "sentido común"; y el ejercicio del dominio propio. El último señala la necesidad, no sólo de un comportamiento decente, sino de una disciplina de regularidad y de buenos hábitos en todos los aspectos de la vida tanto en lo físico, como en lo intelectual y espiritual. A medida que el siervo de Dios entregue su sér al dominio del Espíritu de Cristo, estas virtudes serán acrecentadas en él.

Juntamente con el aumento de la madurez espiritual del predicador va un correspondiente aumento de eficacia en su predicación. La madurez espiritual significa que las verdades divinas han sido apropiadas por el predicador y hechas suyas por la experiencia, y que él es testigo de lo que predica. A la verdad divina, cuando así pasa al través de la experiencia personal del predicador, le sucede lo mismo que a los rayos de luz solar cuando pasan al través de un prisma triangular o de un lente convexo. El prisma recibe los rayos del sol y los separa en sus partes constituyentes, o sea los siete colores del arco iris, produciendo un fenómeno de hermosura incompa-

42 Hebreos 5:12-14.

rable. El lente recoge los rayos del sol y los enfoca, concentrando toda su energía en un solo punto pequeño y produciendo un calor intenso. Así el predicador recoge las verdades divinas y las hace suyas por la experiencia. Y cuando predica después, su mensaje tiene poder para atraer la atención y para penetrar las conciencias, y hay frutos para la gloria de Dios.

(3) Por último el buen desempeño del ministerio de la Palabra exige la posesión de lo que el apóstol llama "aptitud para enseñar". En esta aptitud están implícitas dos cosas: primera, la posesión de cierta capacidad natural, y segunda, la adquisición de conocimientos.

En relación con lo primero caben las acertadas palabras de Spurgeon: "Dios ciertamente no ha criado al hipopótamo para que vuele: y aunque el leviatán tuviese un fuerte deseo de remontarse con la alondra, sería ésa evidentemente una inspiración insensata, puesto que no está provisto de alas".[43] Las "alas" de que necesita ser provisto el predicador son: "Raciocinio claro, fuertes sentimientos y vigorosa imaginación como también capacidad para expresarse y poder de enunciación".[44]

En cuanto a los conocimientos que el predicador necesita adquirir tendremos que poner en primer lugar el conocimiento de Dios en una experiencia personal de salvación. Pero además de éste, necesita el más amplio y sólido conocimiento posible de cuando menos tres cosas: las Escrituras, la naturaleza humana y la cultura general del pueblo al cual predica, incluyendo su historia, su idioma, su literatura, sus costumbres y su psicología particular.

3. El Predicador Idóneo Es Llamado de Dios Para Dedicarse al Ministerio de la Palabra

Además de poseer las cualidades personales enumeradas en la sección anterior, el que se dedique al ministerio de la Palabra necesita ser llamado de Dios para ello.

(1) Hay poderosas razones que exigen un llamamiento divino especial. La existencia de tal llamamiento divino espe-

[43] Spurgeon, op. cit., p. 45.
[44] Juan A. Broadus, Tratado Sobre la Predicación, (El Paso; Casa Bautista de Publicaciones, 1951). p. 23.

cial para los que han de asumir la responsabilidad de esta obra queda patentizada por las siguientes consideraciones:

a. En primer lugar, la naturaleza del caso exige un llamamiento divino especial. El ministro de la Palabra es llamado por dos nombres significativos en los escritos del apóstol Pablo: dispensador[45] y embajador.[46] La palabra traducida "dispensador" es *oikonomos* y significa, según Thayer, "el que maneja los asuntos domésticos; un mayordomo, gerente, superintendente; un sobrestante o inspector". Claro está que nadie puede ejercer las funciones de mayordomo, gerente, sobrestante o inspector sin ser comisionado para ello por el dueño de aquello que necesita ser vigilado, dirigido o inspeccionado. Y es igualmente claro que el que es nombrado para tal puesto tendrá que desempeñar su cometido con fidelidad y con la mira de adelantar los intereses, no suyos, sino del que lo nombró. Siendo el ministro de la Palabra un "dispensador de los misterios de Dios" tenemos que concluir que lo es por nombramiento divino. El mismo razonamiento es válido en cuanto al embajador. Si el ministro de la Palabra es "embajador en nombre de Cristo", lo es, no por voluntad propia, sino por la designación de Dios.

b. La necesidad de un llamamiento divino especial de parte de los que se dediquen al ministerio de la Palabra puede ser establecida también por la analogía de los profetas de la antigua dispensación. Cada uno de ellos asumió su responsabilidad bajo la convicción de que Dios se la exigía. Si hacemos un estudio de las experiencias de Moisés,[47] de Samuel,[48] de Isaías,[49] de Jeremías[50] o de Amós,[51] encontraremos que aunque estos hombres diferían entre sí en cuanto a cultura, temperamento y talento natural, había una cosa que tenían en común y que constituía un baluarte inexpugnable en contra de los desalientos y las decepciones inherentes a su tarea: una experiencia positiva de llamamiento divino. Moisés podía recordar la zarza que ardía sin ser consumida por las llamas. Samuel podía hacer memoria de la voz apacible que le ha-

[45] 1 Corintios 4:1, 2.
[46] 2 Corintios 5:18-20.
[47] Exodo 3:1-4:17.
[48] 1 Samuel 3:1-10.
[49] Isaías 6:1-10.
[50] Jeremías 1:4-10.
[51] Amós 7:12-15.

blaba en el silencio nocturno del tabernáculo. Isaías podía tener presente la visión del serafín que purificó sus labios con
brasas tomadas del altar celestial, y de la voz divina que pre-
guntaba: "¿Y quién nos irá?" Y Amós pudo decir, cuando
con desprecio le ordenaban que saliera de Bethel: "No soy profeta, ni soy hijo de profeta, sino que soy boyero, y cogedor de
cabrahigos: y Jehová me tomó de tras el ganado, y díjome
Jehová: Ve, y profetiza a mi pueblo Israel". Si los que anun-
ciaban la promesa necesitaban ser llamados de Dios, ¡con
cuánta más razón los que proclaman el cumplimiento!

c. Además, y esto es de especial importancia, el Nuevo
Testamento revela claramente la existencia de un llamamiento
divino especial para el ministerio de la Palabra. Dos veces durante su vida terrenal el Señor dio a sus discípulos este mandamiento: "Rogad, pues, al Señor de la mies, que envíe obreros a su mies".[52] Tal oración reconoce tanto la soberanía divina en la elección de los obreros, como la necesidad de la
sabiduría divina en su colocación. Pablo dirigió a los ancianos
de la iglesia de Efeso esta exhortación: "...mirad por vosotros, y por todo el rebaño en que el Espíritu Santo os ha
puesto por obispos, para apacentar la iglesia del Señor".[53] Estas palabras manifiestan la intervención positiva del Espíritu de Dios en el llamamiento de los pastores. La misma intervención es patentizada en cuanto a la comisión de los predicadores en general en la pregunta que el apóstol dirige a la
iglesia de Roma: "¿Y cómo predicarán si no fueren enviados?"[54] Todos los apóstoles fueron llamados directamente por
el Señor,[55] y hasta hoy no ha habido ningunas noticias de
la suspensión de este requisito para poder dedicar la vida al
ministerio de la Palabra.

d. Por último, podemos decir que la necesidad de un llamamiento divino especial para este ministerio se ve al considerar las funestas consecuencias de acometer la tarea sin ser
llamado.

(a) En primer lugar, quien lo haga descubrirá muy pronto
que no tiene mensaje. Le sucederá lo mismo que a los profetas
falsos en el tiempo de Miqueas. "Por tanto, de la profecía se

52 Mateo 9:38 y Lucas 10:2.
53 Hechos 20:28.
54 Romanos 10:15.
55 Marcos 3:13-15 y Hechos 26:16-18.

os hará noche, y oscuridad del adivinar; y sobre los profetas se pondrá el sol, y el día se entenebrecerá sobre ellos. Y serán avergonzados los profetas, y confundiránse los adivinos; y ellos todos cubrirán su labio, porque no hay respuesta de Dios".[56] Un mensajero sin mensaje es tan inútil como una lámpara sin aceite. Si el tal persiste en querer desempeñar un oficio que no le corresponde, tendrá que ser puesto a un lado, como Ahimaas el hijo de Sadoc,[57] para dar lugar a otro.

(b) Además de esto, el ministerio de un hombre no llamado será estéril. Si el tal tiene algo de talento natural, no niego la posibilidad de que al principio parezca ser una lumbrera en el firmamento ministerial. Pero con el correr del tiempo se opacará su brillo y se verá que no era sino un meteoro fugaz. Y lo que es peor, las gentes que tuvieron la desdicha de ser pastoreadas por él descubrirán que lo que recibían por alimento no era sino rastrojo y espuma. Se repetirá lo que dijo Dios por boca de Jeremías: "...yo no los envié, ni les mandé; y ningún provecho hicieron a este pueblo."[58]

(c) Otra consecuencia será la inestabilidad del hombre no llamado en el tiempo de la prueba. Verá venir al lobo y abandonará las ovejas por carecer de la convicción de que Dios lo ha colocado en el sitio donde está.[59] La vida ministerial es difícil. Tiene muchas exigencias y escasa remuneración material. El ministro, más que cualquier otro hombre, es blanco de las saetas del tentador. Sostiene una lucha continua "contra principados, contra potestades, contra señores del mundo, gobernadores de estas tinieblas, contra malicias espirituales en los aires".[60] Si no es llamado, no podrá hacer otra cosa que fracasar.

(d) Para terminar, es menester advertir que el que se meta al ministerio de la Palabra sin ser llamado tendrá que sufrir la descarga de la ira de Dios por causa de su pecaminosa presunción. ¿Qué no se hará al falsario que pretende ser embajador sin tener las debidas credenciales? ¿Qué cuentas no se exigirán al que usurpa el puesto de mayordomo en la hacienda del Señor? He aquí la respuesta. "Empero el profeta

[56] Miqueas 3:6, 7.
[57] 2 Samuel 18:19-31.
[58] Jeremías 23:32.
[59] Juan 10:12, 13.
[60] Efesios 6:12.

que presumiere hablar palabra en mi nombre, que yo no le haya mandado hablar, o que hablare en nombre de dioses ajenos, el tal profeta morirá"[61] "Por tanto así ha dicho Jehová sobre los profetas que profetizan en mi nombre, los cuales yo no envié. . . Con cuchillo y con hambre serán consumidos esos profetas".[62]

(2) Consideremos en seguida las evidencias de una vocación divina especial para el ministerio de la Palabra. En vista de las consideraciones expuestas arriba, el creyente concienzudo bien podría sentirse como encerrado en un dilema. Por una parte, siendo salvo, participa de un llamamiento al servicio cristiano que debería ser la cosa más importante en su vida. En conjunto con todo el pueblo del Señor su obligación es buscar "primeramente el reino de Dios y su justicia".[63] Y aunque hay diversas maneras de cumplir con esta obligación — todas ellas buenas y necesarias en su lugar —, no cabe duda de que la mejor y la más necesaria es "la proclamación personal, pública y autoritativa de la verdad de Dios a los hombres por medio de un hombre". Por otra parte, el peso de las responsabilidades, así como el cúmulo de los peligros inherentes al ministerio de la Palabra, constituyen una fuerza desanimadora de no pequeñas proporciones.

¿Qué, pues, debe uno hacer? Debe examinar el corazón y su experiencia para determinar cuál es la voluntad de Dios en el asunto. Si existe un llamamiento divino especial para el ministerio de la Palabra, y si éste es tan esencial como lo indican los párrafos anteriores, entonces debe haber manera de saber si Dios está llamando a uno para este ministerio o no. Debe haber ciertas evidencias bien definidas para indicar que Dios está llamando a su hijo para ser pastor de almas y heraldo de su Verdad.

Hay cuando menos cinco evidencias que atestiguan la realidad de la vocación divina para el ministerio de la Palabra.

a. Quizá la primera que se presenta en la experiencia de la persona llamada es el deseo de emprender esta obra. Dice Pablo en su Primera Epístola a Timoteo, "Si alguno apetece obispado, buena obra desea",[64] indicando que tal deseo puede existir, y que de hecho existe, como indicio de la dirección de

[61] Deuteronomio 18:20.
[62] Jeremías 14:15.
[63] Mateo 6:33.
[64] 1 Timoteo 3:1.

Dios. Pero, como insiste Spurgeon, este deseo debe ser meditado, desinteresado y persistente.[65] Debe ser templado por la seria consideración de todas las dificultades comprendidas en la tarea. Debe ser un deseo desprovisto de toda ambición egoísta, — un deseo por el ministerio como tal, y no por las ventajas sociales o intelectuales que éste podría acarrear. Debe ser un deseo que como un fuego ardiente metido en los huesos[66] persiste a pesar del desaliento producido por la oposición del mundo.

b. Pero debe haber más que un deseo. Debe haber una convicción del deber de predicar. Ya aludimos a esta convicción en la experiencia de los profetas de Israel. No es menos característica de los verdaderos predicadores del evangelio. Cuando el sanedrín prohibió a los apóstoles que "en ninguna manera hablasen ni enseñasen en el nombre de Jesús", leemos que "Pedro y Juan, respondiendo, les dijeron: Juzgad si es justo delante de Dios obedecer antes a vosotros que a Dios. Porque no podemos dejar de decir lo que hemos visto y oído".[67] La misma convicción de un deber imperativo fue expresada por Pablo en su carta a la iglesia de Corinto: "Pues bien que anuncio el evangelio, no tengo por qué gloriarme; porque me es impuesta necesidad; y ¡ay de mí si no anunciare el evangelio!"[68] Se ve también en su carta a los creyentes en Roma cuando dice "a Griegos y a bárbaros, a sabios y a no sabios soy deudor".[69] Y se ve en su súplica encarecida a los cristianos de Efeso: "Orando... por mí... que resueltamente hable de él, como *debo* hablar".[70] El que es llamado de Dios para el ministerio de la Palabra tendrá esta suprema convicción: *tengo que predicar.* No es asunto de una mera preferencia particular. Es cuestión de un sentido ineludible de obligación, producido por el impacto directo del Espíritu Santo sobre el corazón.

c. Si Dios ha inspirado a su hijo con el deseo de dedicarse a la proclamación de las buenas nuevas, y si ha intensificado este deseo hasta convertirlo en una apremiante convicción de deber, podemos estar seguros de que juntamente con estos

65 C. H Spurgeon, *op. cit.,* pp. 41-44.
66 Jeremías 20:9.
67 Hechos 4:18-20.
68 1 Corintios 9:16.
69 Romanos 1:14.
70 Efesios 6:18-20.

dos indicios subjetivos, concederá también evidencias de índole externa. Una de éstas se encontrará en los movimientos misteriosos de la providencia divina. Digo misteriosos, porque sucede que a menudo el creyente se halla confuso y perplejo ante el curso de los acontecimientos en su vida, y de momento no los sabe interpretar. Pero si Dios lo está llamando para alguna tarea especial, llegará el día en que comprenderá que por todo el camino la mano divina lo estaba conduciendo, aunque él no lo sabía. Algo parecido les sucedió a Pablo y a Silas cuando "les fue prohibido por el Espíritu Santo hablar la palabra en Asia. Y como vinieron a Misia, tentaron de ir a Bithynia; mas el Espíritu no les dejó".[71] Bien podemos figurarnos el desaliento y la perplejidad que invadían sus respectivos espíritus cuando llegaron a Troas. Pero allí recibieron la visión, y su camino se despejó.

Esto no quiere decir que el hecho de haber fracasado en todo cuanto se haya emprendido constituya una dirección providencial de Dios hacia el ministerio de la Palabra. Dios necesita a hombres de talento y de capacidad, y no hay ninguna evidencia de que haya llamado jamás a un hombre que no hubiera podido tener buen éxito en alguna ocupación secular. Pero cuando Dios llama, también guía por medio de su dominio sobre los sucesos ordinarios de la vida.

d. Además, cuando Dios extiende su llamamiento a alguien para que dedique su vida al pregón del evangelio, otorga su sello de aprobación sobre los esfuerzos que el llamado haga por traer almas a los pies de Cristo. Cuando en Corinto sus enemigos ponían en tela de duda el apostolado de Pablo, éste contestó así: "Si a los otros no soy apóstol, a vosotros ciertamente lo soy: porque el sello de mi apostolado sois vosotros en el Señor".[72] La noche antes de su crucifixión el Señor dijo a sus discípulos: "...yo os elegí a vosotros; y os he puesto para que vayáis y llevéis fruto, y vuestro fruto permanezca".[73] El llamamiento divino constituye una garantía de que habrá algún fruto como premio de nuestra labor.

En relación con este punto no puedo hacer nada mejor que citar un párrafo entero del discurso de Spurgeon sobre este mismo tema.

---

[71] Hechos 16:6, 7.
[72] 1 Corintios 9:2.
[73] Juan 15:16.

Es para mí una maravilla el que haya hombres que se hallen a gusto predicando año tras año sin lograr una conversión. ¿No tienen entrañas que los muevan a compadecerse de los demás? ¿Carecen del sentimiento de responsabilidad? ¿Se atreven por una vana y falsa representación de la soberanía Divina, a dejar que caiga el vituperio sobre su Señor? ¿O tienen la creencia de que Pablo planta, Apolos riega, y Dios no da aumento alguno? En vano son sus talentos, su filosofía, su retórica y aun su ortodoxia, sin las señales que les deben seguir. Profetas cuyas palabras carecen de poder, sembradores cuyas semillas todas se secan, pescadores que no cogen peces, soldados que no combaten, ¿son éstos hombres de Dios? Seguramente valdría más ser rastrillo de lodo o escoba de chimenea, antes que hallarse en el ministerio como un árbol enteramente infecundo. La ocupación más baja proporciona algún beneficio a la humanidad; pero el hombre miserable que ocupa un púlpito y no glorifica a Dios haciendo conversiones, es un cero social, un borrón, un mal de ojos, una calamidad. Es caro por la sal que se come, y mucho más por su pan; y si llegara a quejarse de la pequeñez de su salario, su conciencia, si tiene alguna, podría bien contestarle: "ni aun lo que tienes mereces". Puede haber tiempos de sequía, y ¡ay! años de amargura pueden consumir lo adquirido en años anteriores; pero con todo, habrá frutos de qué echar mano, y frutos para la gloria de Dios; y en el entretanto, la esterilidad transitoria hallará al alma presa de angustia indecible. Hermanos, si el Señor no os da celo por las almas, dedicaos a cualquiera cosa que no sea el púlpito; tomad el banco de zapatero o la cuchara del albañil, por ejemplo, si es que estimáis en algo la paz de vuestro corazón y vuestra futura salvación.[74]

e. Por fin, el llamamiento divino al ministerio de la Palabra será atestiguado por la opinión favorable de la iglesia. No basta la opinión de uno mismo respecto a sus cualidades e idoneidad para esta obra. Es necesario que, como el diácono, "sea antes probado", y con el fin de facilitar el fallo de la iglesia el apóstol Pablo ha dado una larga lista de las virtudes que debe manifestar el que es llamado por el Señor.[75]

No se quiere decir con esto que es menester que haya una aprobación unánime del candidato, porque algunas veces el joven es víctima de cierto menosprecio entre aquellos que lo han visto crecer desde su niñez. "No hay profeta sin honra sino en su tierra y en su casa".[76] Pero es un hecho comprobado por la experiencia cristiana general que cuando el Espíritu Santo llama a un obrero, comunica este hecho también a otros hermanos de vida consagrada y de discernimiento espiritual. Cuando dos arpas perfectamente afinadas son colocadas juntas, y se le toca fuertemente a una sobre la cuer-

[74] Spurgeon, op. cit., pp. 51-52.
[75] 1 Timoteo 3:2-7; 4:12-16; 5:22; Tito 1:5-9.
[76] Mateo 13:57.

da de do, las ondas de sonido así puestas en movimientos pondrán en ligera vibración la cuerda de do del otro instrumento. Así sucede con la obra del Espíritu de Dios en el llamamiento de obreros para su viña.

Ejemplo dramático de esta verdad lo tenemos en la experiencia del doctor Jorge W. Truett, una vez Presidente de la Alianza Mundial Bautista, y durante cuarenta y siete años pastor de la Primera Iglesia Bautista de Dallas, Texas. Oigamos su propio testimonio:

Desde el tiempo de mi conversión en adelante, dondequiera que iba, hombres y mujeres piadosos me llamaban a un lado para dirigirme esta pregunta: "¿No deberías estar predicando?" Desde la niñez yo había ambicionado ser abogado... Todos mis planes apuntaban hacia ese fin... Estaba dispuesto a hablar por Cristo, con tal de que no fuese detrás de un púlpito.

Siguiendo a mis padres, que se habían cambiado al estado de Texas, llegué al pueblo de Whitewright. Muy pronto fui escogido como superintendente de la escuela dominical de la iglesia bautista de ese lugar. Con frecuencia dirigía los cultos, teniendo cuidado siempre de pararme enfrente del púlpito por sentirme indigno de estar detrás de él. Todavía acariciaba la ambición de ser abogado.

Acostumbraba la iglesia de Whitewright celebrar sus sesiones de negocios los sábados por la mañana. Cierto sábado, en el año de 1890, hubo una asistencia enorme a la sesión de negocios. Pensé para mí: "¡Qué cosa tan rara. El templo está lleno!"

Cuando habían terminado con los demás asuntos, y después del sermón, el diácono más anciano, hombre de delicada salud, se levantó y empezó a hablar pausada y solemnemente. Pensé para mí: "¡Qué plática tan inusitada! Tal vez piensa que es la última vez que tomará la palabra en la iglesia." De repente me sentí perturbado por sus palabras, pues dijo a la iglesia lo siguiente.

"Hay deberes colectivos que exigen la acción de toda la iglesia en conjunto. Hay también deberes particulares que demandan que el individuo, aislado de todos los demás, haga frente a su responsabilidad y actúe. Pero es mi profunda convicción, así como lo es de vosotros también, porque hemos hablado mucho de este asunto, que esta iglesia tiene un deber que cumplir, y que hemos demorado ya demasiado en acometerlo. Por tanto, propongo que esta iglesia convoque un presbiterio para ordenar al hermano Jorge W. Truett a la obra cumplida del ministerio del evangelio."

Fue secundada la moción, e inmediatamente me puse en pie y les imploraba que desistiesen. "Me habéis asombrado; sencillamente me habéis asombrado", les decía. Luego, uno tras otro, los hermanos hablaron, y las lágrimas se deslizaban por sus mejillas mientras me decían: "Hermano Jorge, tenemos la profunda convicción de que tú deberías estar predicando". Otra vez les supliqué, diciendo: "Esperadme seis meses; dadme seis meses de plazo". Y me contestaron: "Ni seis horas te esperaremos. Somos llamados para hacer esto ahora mismo, y vamos a llevar a cabo el propósito. Somos movidos por una convicción profunda de que ésta es la voluntad de Dios. No nos atrevemos a esperar. Tenemos que actuar de acuerdo con nuestras convicciones". Allí me encontraba, oponiéndome a toda la iglesia, y a una iglesia profundamente conmovida. No hubo ojo seco en todo el templo... Fui echado a la corriente, y no hubo más remedio que nadar.

A la mañana siguiente, después del relato de su conversión y de un examen sustentado ante la iglesia, el hermano Truett fue ordenado al ministerio sagrado. Y como sello de la aprobación divina sobre todo lo acaecido, dispuso el Señor que el impacto de aquel culto solemne y conmovedor trajese a los pies de Cristo a uno de los ciudadanos más malvados de la comunidad.[77]

No hemos de esperar que cada caso sea tan dramático como el que acabamos de presentar. Pero el principio básico de la aprobación de la iglesia sí debe encontrarse en la experiencia de todo aquel que es llamado de Dios para el ministerio de la Palabra.

Cuando estas cinco evidencias atestiguan la realidad de su vocación divina, el predicador puede con confianza emprender su tarea. Pero aun entonces será consciente de que el mayor buen éxito posible demanda una cosa más.

4. El Predicador Idóneo Actúa en la Plenitud del Poder del Espíritu Santo

(1) El modelo de los tiempos apostólicos nos hace ver que así debe ser. Antes de ascender al cielo el Señor dijo a sus discípulos: "Y he aquí, yo enviaré la promesa de mi Padre sobre vosotros: mas vosotros asentad en la ciudad de Jerusalem, hasta que seáis investidos de potencia de lo alto".[78] En obediencia al mandato divino esperaron, perseverando "unánimes en oración y ruego... Y como se cumplieron los días de Pentecostés... fueron todos llenos del Espíritu Santo",[79] y en consecuencia, tres mil almas fueron agregadas al Señor. Después de una noche de encarcelamiento, Pedro y Juan fueron interrogados por el sanedrín respecto a la curación del cojo de la puerta Hermosa del templo. Pedro respondió, es-

[77] Powhatan E. James, *George W. Truett*, (New York: The Macmillan Company, 1945), pp. 47-50.
[78] Lucas 24:49.
[79] Hechos 1:14; 2:1, 4.

tando "lleno del Espíritu Santo"[80] y el impacto de su discurso fue tal que las autoridades "se maravillaban; y les conocían que habían estado con Jesús".[81] Ante las amenazas del concilio y la prohibición terminante de que "en ninguna manera hablasen ni enseñasen en el nombre de Jesús", los apóstoles reunieron a la iglesia, y en conjunto presentaron la situación al Señor. "Y como hubieron orado, el lugar en que estaban congregados tembló; y todos fueron llenos del Espíritu Santo, y hablaron la palabra de Dios con confianza".[82]

Esteban fue hombre "lleno de Espíritu Santo y de sabiduría",[83] y cuando discutía con los judíos en las sinagogas de Jerusalem, "no podían resistir a la sabiduría y al Espíritu con que hablaba".[84] No pudiendo ganarle en la discusión, sus enemigos lo lapidaron. Pero en medio de la lluvia de piedras, "estando lleno de Espíritu Santo",[85] vio la gloria de Dios y oró por sus asesinos, y el poder de su testimonio a la hora de morir dejó enclavado en el corazón de Saulo un aguijón de convicción que a la larga lo trajo a los pies de Cristo Jesús.

Bernabé también "era varón bueno, y lleno de Espíritu Santo y de fe" y en virtud de ello "mucha compañía fue agregada al Señor".[86] Y cuando la obra misionera fue estorbada en Chipre por Elimas, leemos que el apóstol Pablo, "lleno del Espíritu Santo" reprendió al encantador, y la mano castigadora de Dios cayó sobre él, dejándolo ciego, y la causa de Cristo prosperó en la conversión del procónsul romano.[87]

La conversión de las almas perdidas; el valor para testificar; la sabiduría para responder a los que contradecían; y el poder para confundir y deshacer las tretas traicioneras del enemigo, todo se debió a la plenitud del poder del Espíritu de Dios. "No con ejército, ni con fuerza, sino con mi Espíritu, ha dicho Jehová de los ejércitos".[88]

(2) También el mandato apostólico nos *inculca* este deber. En vista de tales resultados, podemos comprender la razón del mandato inequívoco del Señor: "Y no os embriaguéis

[80] Hechos 4:8.
[81] Hechos 4:13.
[82] Hechos 4:31.
[83] Hechos 6:3.
[84] Hechos 6:10.
[85] Hechos 7:55.
[86] Hechos 11:24.
[87] Hechos 13:9-12.
[88] Zacarías 4:6.

de vino, en lo cual hay disolución: mas sed llenos de Espíritu".[89]

a. Todo verdadero creyente tiene el Espíritu Santo. Todos los que somos salvos tenemos el Espíritu de Dios.[90] Somos regenerados con su poder,[91] y sellados por él para el día de la redención.[92] Su testimonio en el corazón nos asegura de la calidad de hijos de Dios,[93] a la vez que nos da un anticipo de las glorias inefables que nos esperan en la presencia del Señor.[94] Pero a pesar de todo esto, muchas veces no estamos "llenos del Espíritu", y la razón no es difícil de encontrar.

b. Hay ciertos pecados que el creyente puede cometer en contra del Espíritu Santo. Son dos: Lo puede "contristar"[95] y lo puede "apagar".[96]

(a) De acuerdo con el contexto, entendemos que el primero consiste en ceder "al viejo hombre que está viciado conforme a los deseos de error". La mentira, la ira, el hurto, la pereza, el egoísmo, las palabras torpes y el espíritu no perdonador son las manifestaciones del "viejo hombre" que el pasaje consigna. La lista es sugestiva solamente. Estos pecados se manifiestan en la vida del creyente cuando "da lugar al diablo". El Espíritu Santo mora en su corazón. Tiene derecho a ser el único inquilino de él. Pero cuando el creyente da lugar al diablo, cediéndole cabida en su corazón, comete en efecto adulterio espiritual,[97] y el Espíritu de Dios es contristado e impedido en su deseo de manifestarse con poder.

(b) Pero, ¿qué es lo que entendemos por "apagar el Espíritu"? Claro está que no significa extirparlo del todo de nuestro corazón, puesto que eso significaría la pérdida de nuestra salvación y sería una contradicción absoluta del tenor general de la enseñanza neotestamentaria.[98] Hemos de entender la expresión, pues, en un sentido relativo y no absoluto. Nos ayuda a entenderla el contexto en que aparece, así como otros dos pasajes del Nuevo Testamento.

En Romanos 14:17 leemos que "el reino de Dios no es

---

[89] Efesios 5:18.
[90] Romanos 8:9; 1 Corintios 3:16; 6:19; 12:13.
[91] Juan 3:5-8; Tito 3:5; 1 Pedro 1:2.
[92] Efesios 1:13; 4:30.
[93] Romanos 8:15, 16; Gálatas 4:6.
[94] Romanos 8:23; 2 Corintios 1:22; 5:5; Efesios 1:14.
[95] Efesios 4:30.
[96] 1 Tesalonicenses 5:19.
[97] Santiago 4:4.
[98] Filipenses 1:6; Efesios 1:13, 14; Romanos 8:9-11.

comida ni bebida, sino justicia y paz y gozo por el Espíritu Santo". Y en Efesios 5:9 tenemos la declaración: "Porque el fruto del Espíritu es en toda bondad, y justicia, y verdad". En ambos textos la palabra "justicia" se refiere, no a la justicia de Cristo, la cual es la base de nuestra salvación, sino a los actos justos del creyente individual, los cuales constituyen la evidencia y la manifestación de su condición de persona regenerada. Además, estos textos declaran que tales actos de justicia son "por el Espíritu" y "el fruto del Espíritu".

Ahora bien, a la luz de estas verdades, examinemos el contexto de 1 Tesalonicenses 5:19. En el pasaje el apóstol Pablo está indicando a los creyentes de Tesalónica cuáles son sus obligaciones en el Señor. Especifica unos catorce deberes particulares, y cerca del fin de la lista dice, "no apaguéis el Espíritu". Por la lectura de la Palabra de Dios conocemos cuáles son nuestros deberes. Pero es el Espíritu Santo quien nos encarece el cumplimiento de ellos. Si obedecemos, todo está bien. Pero si nos resistimos a cumplir con una obligación conocida, hemos "apagado el Espíritu", amortiguando la intensidad de su llama en nuestro corazón e impidiendo la manifestación de su poder en nuestra vida.

c. Hay también condiciones positivas para ser llenos del Espíritu Santo. El predicador, así como cualquier creyente, necesita tener cuidado de no incurrir en los dos pecados que acabamos de discutir. Pero la mejor manera de evitarlo es por medio de un programa de acción positiva.

(a) En primer lugar, debe haber una entrega sin reserva de todo su ser a la soberanía absoluta de Cristo. Sus talentos necesitan ser dedicados a la gloria de Cristo. Sus ambiciones necesitan ser sublimadas por la devoción a Cristo. Sus móviles íntimos necesitan ser purificados por el escrutinio constante de Cristo el Señor. Tal entrega puede ser consumada en el instante mismo en que Cristo es recibido como Salvador. Eso sería lo ideal, y no hay nada en la naturaleza del caso que impida que así sea. Sin embargo, en la mayoría de los casos, esta entrega incondicional suele hacer crisis en una experiencia de dedicación que es posterior a la conversión. Pero sea esto como fuere, es necesario que la decisión inicial sea sostenida por una actitud continua de dedicación. Exactamente como tenemos que pedir por el pan cotidiano, tenemos que entregarnos de día en día sobre el altar de nuestro Dios.

(b) Además, el predicador necesita mantener una comunión ininterrumpida con su Señor mediante una disciplina diaria de lectura bíblica devocional y de oración. La Biblia es su pan y la oración el aire que su alma respira. No puede prosperar espiritualmente sin alimento y sin respiración. En la frescura matutina el predicador tiene que abrir su oído a la voz de Dios dejando que el Espíritu le hable al través de la página sagrada. Sin pensar en sermones que predicar a los demás, buscará el sustento de su propio corazón. Y luego, a semejanza de su Salvador,[99] postrará su alma ante el Padre en adoración, en súplica intercesora y en la búsqueda de socorro para sus propias necesidades.

Semejante disciplina espiritual cuesta trabajo. El diablo prefiere ver al predicador haciendo cualquier cosa que no sea ésta. Pero tenemos que recordar que sólo una vida devocional vigorosa puede sostener un ministerio público eficaz. Necesitamos estar con Cristo antes de ser enviados a predicar.[100]

(c) Por último, el predicador necesita acometer cada responsabilidad con esta actitud: "La tarea que tengo por delante merece lo mejor de que soy capaz". Debemos hacer una preparación completa para cada ocasión sean cuales fuesen el número o la condición de nuestros oyentes. Además, debemos tener por indigno de nuestra vocación celestial el predicar sermones ajenos. A semejanza del rey David digamos: "No tomaré para Jehová lo que es tuyo, ni sacrificaré holocausto que nada me cueste".[101] Si lo hacemos así nuestro esfuerzo será coronado con algo de aquella hermosura que caracterizó la acción de María de Bethania cuando ungió la cabeza y los pies de su Señor con un "ungüento de nardo espique de mucho precio".[102]

> Siempre me sentiré agradecido para con Judas por la molestia que se tomó en calcular el precio de aquel ungüento costoso... La dádiva de María fue costosa, y el Señor Jesús merece ser servido de la mejor manera y con el mayor precio... No sé cuánto dinero tenía María, pero estoy persuadido de que ese ungüento representaba cerca del total de sus posesiones, y que todo lo que ella podía reunir

[99] Marcos 1:35; Lucas 5:16.
[100] Marcos 3:14.
[101] 1 Crónicas 21:25.
[102] Marcos 14:3.

le parecía todavía poca cosa que dar a su Señor. Aceite ordinario habría podido conseguir en abundancia, puesto que Bethania estaba cerca del monte de las Olivas. Pero la idea de ungir a Jesús con aceite común le hubiera parecido menospreciable. Era necesario encontrarle un ungüento imperial, uno que el mismo César habría aceptado... La gloria del servicio a Cristo consiste en servirle con lo mejor de lo mejor. Si le servimos con sermones, él merece que prediquemos el mejor discurso que la mente sea capaz de elaborar y la lengua de proclamar. Si le servimos con la enseñanza de una clase, él merece que enseñemos con la mayor solicitud y que alimentemos a los corderos con los mejores pastos. O si le servimos con la pluma, que no escribamos una sola línea que tendrá que ser borrada. Y si le servimos con dinero, que demos liberalmente de lo mejor que tenemos. En todo debemos ver que nunca sirvamos a Cristo con lo flaco del rebaño o con aquél que esté herido o perniquebrado o desgarrado de las fieras, sino que él tenga la grosura de nuestras ofrendas... Démosle a nuestro Bien Amado lo mejor que tengamos, y él lo llamará hermoso.[103]

Dada la completa dedicación de sí mismo, una comunión ininterrumpida con Cristo y un esfuerzo concienzudo por tener la preparación más completa posible, el predicador puede estar seguro de que cuando entregue su mensaje al pueblo, el fuego descenderá de los cielos y consumirá el holocausto, y la gloria de Jehová henchirá la casa.[104]

---

[103] C. H. Spurgeon, *Sermons* (New York: Funk & Wagnalls Company, n. d.). XVI, pp. 185-186.
[104] 2 Crónicas 7:1.

Capítulo III

EL SERMON EFICAZ DEMANDA UN PROPOSITO DEFINIDO

Después de la idoneidad personal del predicador no hay factor de mayor importancia en la preparación de un sermón eficaz que la determinación del propósito específico que el predicador se propone lograr con su mensaje. Esta verdad ha sido recalcada por muchos de los príncipes del púlpito cristiano. Las siguientes citas son muestras de la opinión general de los que han escrito sobre el particular.

> Analizando las cualidades que contribuyen a la efectividad del sermón... pongo en primer lugar la precisión de propósito. Cada sermón debe tener a la vista una meta clara... Antes de sentarse a preparar su discurso, el predicador siempre debe preguntarse a sí mismo: ¿Cuál es mi propósito en este sermón? Y no debe dar un solo paso más sino hasta haber formulado en su mente una contestación definida a esta pregunta.[1]
>
> El primer requisito del sermón eficaz es que tenga un propósito definido... En la preparación de un sermón el ministro debe determinar su propósito antes de formular su tema o de escoger su texto. ¿Qué es lo que quiero lograr este domingo próximo por la mañana en esta congregación mediante este discurso? Esta es la primera pregunta que el predicador debe hacerse.[2]
>
> Antes de subir al púlpito es preciso que definamos nuestro propósito en términos sencillos y exactos. Formulemos con claridad el fin que perseguimos... Empuñemos la pluma, y para desterrar todo peligro de ambigüedad, anotemos en el papel cuál es nuestro propósito y nuestra ambición para el día. Démosle toda la objetividad de una carta de marinero: examinemos nuestra ruta y contemplemos constantemente el puerto al cual queremos arribar. Si en el momento de ascender al púlpito nos detuviese un ángel, exigiéndonos la declaración de nuestra misión, debemos ser capaces de contestarle inmediatamente, sin demora ni titubeos, diciendo: "Esto o estotro es el mandado urgente que desempeño hoy por mi Señor".[3]

1. El Valor de la Determinación del Propósito del Sermón

La determinación del propósito definido del sermón apor-

---

[1] William M. Taylor, *The Ministry of the Word*, (New York: Anson D. F. Randolph & Co., 1876), pp. 110-111.
[2] Lyman Abbott, *The Christian Ministry*, (London: Archibald Constable & Company, Ltd., 1905), p. 208.
[3] J. H. Jowett, *The Preacher His Life and Work*, (New York: Harper & Brothers Publishers, 1912), pp. 148-149.

ta grandes beneficios tanto para el mismo predicador como para su congregación.

(1) En primer lugar, la práctica de empezar la preparación de cada mensaje con la formulación del propósito específico que debe ser logrado, constituye un recuerdo oportuno al predicador de que su sermón es un medio y no un fin. "Los sermones son herramientas".[4] Este concepto es de capital importancia. El sermón es una herramienta; nada más y nada menos. En esto vemos tanto su pequeñez como su grandeza. Siendo solamente una herramienta, comprendemos que su importancia descansa solamente en su adaptación para su fin. Siendo toda una herramienta, entendemos cuán necesario es que sea perfectamente adaptado para su fin. Lo primero nos libra de la insensatez de pavonearnos por causa de las excelencias de nuestros sermones. Lo segundo nos previene en contra del crimen de ser negligentes en la preparación de nuestros mensajes.

(2) Además, el hecho de fijar un propósito definido para cada sermón obliga al predicador a depender de Dios. Su tarea es difícil y fugaz su oportunidad. Sólo cuenta con el momento presente, y en el breve lapso de treinta o cuarenta minutos tiene que despertar el interés, iluminar el entendimiento, convencer la razón, redargüir la conciencia y cautivar la voluntad, todo con relación a una cosa determinada, a saber: el propósito del sermón. Ante semejante responsabilidad no puede menos que sentir su incapacidad. Con Pablo tiene que clamar: "Y para estas cosas ¿quién es suficiente?"[5] Y con el mismo apóstol tendrá que responder: "Nuestra suficiencia es de Dios".[6]

(3) Se puede decir también que la determinación del propósito específico del sermón constituye una guía indispensable en la preparación del mensaje. El propósito gobierna la elección del texto; influye en la formulación del tema; indica cuáles materiales de elaboración son idóneos y cuáles no lo son; aconseja el mejor orden para las divisiones del plan; y determina la forma en que el mensaje debe ser concluido. Sin exageración alguna se puede decir que desde el punto de vista

---

[4] Johnson, *op. cit.*, p. 288.
[5] 2 Corintios 2:16.
[6] 2 Corintios 3:5.

estructural, no hay nada que sea tan importante para el sermón como la determinación de su propósito.

(4) Por último, la determinación del propósito del sermón da motivo poderoso para esperar frutos de él para la gloria de Dios. "Demasiadas veces el predicador a nada le apunta, ni da en el blanco".[7] H. W. Beecher, generalmente considerado como uno de los mejores predicadores evangélicos del siglo diecinueve, dio testimonio de la transformación obrada en su propia predicación cuando aprendió a "hacer puntería" con sus sermones. Había estado predicando por unos dos años y medio, pero sin resultados. La esterilidad de su ministerio le causaba grande preocupación. Se acentuaba su descontento a medida que meditaba en el contraste marcado entre los resultados obtenidos por los sermones de los apóstoles y la nulidad de efecto producida por sus propios discursos. Se resolvió a saber en qué consistía la diferencia. Después de un análisis de los sermones registrados en el libro de Los Hechos, llegó a la siguiente conclusión: que los apóstoles adaptaban la presentación de sus mensajes a la condición y a las necesidades de sus oyentes. Por primera vez comprendió la necesidad de "hacer puntería" con sus sermones. De acuerdo con esta idea Beecher preparó su mensaje para el domingo siguiente. Diecisiete hombres fueron "despertados" por el impacto de aquel sermón. De su experiencia dijo después: "Nunca en la vida había sentido tal sensación de triunfo. Lloré durante todo el camino a mi casa y me decía: 'Ahora sé predicar' ".[8]

Cuando el predicador ora y cuando analiza la condición de su congregación; cuando enfoca toda su energía intelectual y espiritual sobre la preparación de un sermón que utilice la Palabra de Dios con el fin de satisfacer la más apremiante necesidad espiritual del momento, puede descansar en la plena confianza de que Dios cumplirá su promesa: "Así será mi palabra que sale de mi boca: no volverá a mí vacía, antes hará lo que yo quiero, y será prosperada en aquello para que la envié".[9]

---

[7] Ilion T. Jones, *Principles and Practice of Preaching*, (Nashville: Abingdon Press, 1956), p. 34.
[8] Henry Ward Beecher, *Yale Lectures on Preaching*, (Boston: The Pilgrim Press, 1902), I, pp. 10-12.
[9] Isaías 55:11.

2. *Los Propósitos Generales de la Predicación*

En páginas anteriores vimos que es posible definir la predicación como "la verdad de Dios proclamada por una personalidad escogida con el fin de satisfacer las necesidades humanas".[10] Esta definición equipara el propósito total de la predicación con la esfera de las necesidades humanas. Conviene preguntar, pues, en qué consisten estas necesidades, porque de la contestación a esta pregunta depende la definición de los propósitos generales de la predicación cristiana.

Indudablemente, la respuesta más concisa sería decir que las necesidades humanas pueden ser reducidas esencialmente a una sola cosa, a saber: la necesidad de vida espiritual. Pero la humanidad está dividida en dos grandes campos. Parte de ella es salva, y parte no lo es. Gran parte anda "conforme a la condición de este mundo, conforme al príncipe de la potestad del aire, el espíritu que ahora obra en los hijos de desobediencia" siendo "por naturaleza hijos de ira".[11] Otros han sido "hechos cercanos por la sangre de Cristo", teniendo "entrada por un mismo Espíritu al Padre", no siendo ya "extranjeros ni advenedizos, sino juntamente ciudadanos con los santos, y domésticos de Dios".[12] Ambos grupos tienen necesidad de vida espiritual, pero con los primeros es la necesidad de adquisición, y con los segundos, la de desenvolvimiento. Los primeros necesitan ser regenerados,[13] los segundos necesitan crecer "en la gracia y conocimiento de nuestro Señor y Salvador Jesucristo".[14] Tanto los unos como los otros están incluidos en la declaración de Cristo: "Yo he venido para que tengan vida, y para que la tengan en abundancia".[15]

Vemos, por tanto, que es menester establecer un mínimo de dos propósitos generales para la predicación cristiana: la evangelización de los perdidos y la edificación de los creyentes. El doctor Blackwood, generalmente reconocido como el mejor maestro contemporáneo de la homilética, hizo recientemente la siguiente declaración:

Los mejores predicadores de otros días presentaban dos clases de

[10] Blackwood, op. cit., p. 13.
[11] Efesios 2:1-3.
[12] Efesios 2:13-20.
[13] Juan 3:5.
[14] 2 Pedro 3:18.
[15] Juan 10:10.

mensajes: a los inconversos...; y a los seguidores activos de Cristo. Aun cuando variaba la proporción respectiva de las dos clases de sermones, a menudo la relación parece haber sido de mitad y mitad. En los mensajes impresos de predicadores tan distintos entre sí como lo fueron Spurgeon,[16] Moody,[17] y Brooks,[18] se observa esta proporción como norma de trabajo. Examinad sus tomos de sermones, y os sorprenderá, como a mí me sorprendió, la uniformidad de los resultados. Tomad, por ejemplo, a Phillips Brooks... y estudiad los diez volúmenes de sus sermones para determinar el propósito de cada mensaje. Hallaréis que, aproximadamente en la mitad de ellos, Brooks estaba procurando ganar para Cristo al oyente que aún no lo había aceptado, y que en los demás se esforzaba en fortalecer la fe del hombre que había creído ya. Considerad, por otra parte, a Dwight L. Moody... Partiendo de un punto de vista distinto del de Brooks, Moody, evangelista decidido como era, gastó como la mitad de sus horas en el púlpito predicando a los creyentes.[19]

Semejante distribución de énfasis es sumamente saludable, tanto para el desarrollo del poder del predicador como para el vigor de la vida de su congregación.

La división doble que acabamos de hacer es necesaria e importante, pero no es del todo satisfactoria como una clasificación de los propósitos generales de la predicación. Su defecto consiste en su sencillez. Deja de especificar la diversidad de las necesidades espirituales del creyente. El hombre inconverso, aunque necesita muchas cosas, tiene que empezar por una sola: el nuevo nacimiento. Pero el hombre regenerado tiene necesidades espirituales muy diversas, y cualquiera clasificación útil de los propósitos generales de la predicación cristiana debe tener en cuenta esta diversidad.

Para el que esto escribe, el mejor análisis de las necesidades espirituales del hombre es el que hace el profesor Weatherspoon en su edición revisada (en inglés) del bien conocido libro de Broadus, *Tratado Sobre la Predicación*. Las cataloga como sigue:

> ...la necesidad de ser introducido al compañerismo con Dios, de crecer en el conocimiento de Dios y en la devoción al Reino de Dios, de ser instruido en justicia en medio de situaciones morales complejas, y de ser guiado a dar expresión apropiada a la fe y vida cristianas.[20]

16 C. H. Spurgeon (1834-1892), pastor bautista inglés.
17 Dwight L. Moody (1837-1899), evangelista congregacional norteamericano.
18 Phillips Brooks (1835-1893), pastor y obispo episcopal norteamericano.
19 Andrew W. Blackwood, "Marks of Great Evangelical Preaching," *Christianity Today*, I (November 12, 1956), p. 5.
20 John A. Broadus, *On the Preparation and Delivery of Sermons*, (revisada por el doctor Weatherspoon (New York: Harper & Brothers, 1944), p. 58. Véase también p. 115.

Tomando como base este análisis, podemos decir que la predicación, si ha de ser fiel a su misión de "satisfacer las necesidades humanas" necesita cumplir con seis propósitos generales.

(1) *El propósito evangelístico.* Este es el de persuadir a los perdidos a recibir a Cristo Jesús como su Salvador personal. Los sermones que tienen este fin principal son clasificados como *sermones evangelísticos.*

La predicación evangelística es caracterizada por cuatro rasgos fundamentales. En primer lugar, declara el hecho de la condición perdida del hombre natural.

> Toda la naturaleza del hombre, todo elemento y facultad de su ser, ha sido debilitado y depravado por el pecado. Cuerpo, alma y espíritu han caído bajo el poder de él. La mente del hombre ha sido obscurecida, su corazón depravado, su voluntad pervertida, por el pecado.[21]

El hombre

> está en tinieblas morales y necesita iluminación espiritual; se halla en un estado de condenación y necesita justificación; es un cautivo de Satanás y necesita libertad; tiene un corazón pervertido y necesita regeneración.[22]

Las Escrituras confirman la exactitud de este cuadro sombrío. Según ellas el hombre nació en pecado,[23] su inclinación natural es perversa;[24] por voluntad y culpa propias se ha descarriado del buen camino;[25] vive bajo la ira y condenación divinas;[26] y es totalmente incapaz de salvarse a sí mismo.[27]

Además, la predicación evangelística proclama los hechos verídicos de la obra redentora de Cristo e interpreta el significado de ellos. El cristianismo es una religión histórica. Su vida brota de ciertos hechos históricos y con éstos está de tal manera identificada que aparte de ellos no puede permanecer en pie. Estos hechos constituyen el evangelio — las buenas

[21] W. T. Conner, *El Evangelio de la Redención,* (El Paso: Casa Bautista de Publicaciones, 1954), p. 36.
[22] J. M. Pendleton. *Compendio de Teología Cristiana,* (El Paso: Casa Bautista de Publicaciones, 1928), p. 180.
[23] Salmo 51:5.
[24] Génesis 6:5; 8:21; Salmo 58:3; Jeremías 17:9; Romanos 7:18.
[25] Isaías 53:6; Ecclesiastés 7:20; Romanos 3:9-18, 23; 11:32; Gálatas 3:22.
[26] Juan 3:18, 36; Romanos 5:12, 18; 6:23; Efesios 2:1-3; 5:6 Colosenses 3:6.
[27] Romanos 3:24-28; 6:23; Gálatas 2:16; 3:10; Efesios 2:8, 9; Tito 3.5, 7.

nuevas de la intervención de Dios en el curso de la historia humana para redimir al hombre y restaurarle al compañerismo con su Creador. Encontramos la narración de estos hechos en el Nuevo Testamento. Son como sigue:

> **Las profecías han sido cumplidas y un Nuevo Día fue inaugurado por el advenimiento de Cristo; éste nació de la simiente de David; murió de acuerdo con las Escrituras para redimirnos de este presente siglo malo; fue sepultado; resucitó al tercer día conforme a las Escrituras; ha sido exaltado a la diestra de Dios como Hijo de Dios y Juez de los vivos y de los muertos; y vendrá otra vez como Juez y Salvador.[28]**

El significado de estos hechos es que Dios, en la persona de su Hijo, de manera sobrenatural entró en el curso de la historia humana para identificarse plenamente con el hombre, cumpliendo con todas las demandas de la ley divina. Luego asumiendo voluntariamente la culpa ajena, y pagando con su muerte en la cruz el precio completo de la redención del hombre, triunfó sobre la muerte en el hecho positivo de su resurrección. Y habiendo ascendido a la diestra de Dios, sostiene por su Espíritu a los suyos, capacitándolos para vencer en medio de todas las pruebas de la vida. Desde allá vendrá corporal y visiblemente, en gloria inefable, para resucitar a los muertos, juzgar al mundo e inaugurar el reino eterno. En otras palabras, Dios ha provisto perdón para nuestro pasado, poder para nuestro presente, y pureza y perfección para nuestro porvenir.

La predicación evangelística pregona también cuáles son las condiciones de acuerdo con las cuales el hombre puede obtener beneficio de la obra perfecta y cumplida del Salvador. Estas condiciones son pocas y sencillas y dentro del alcance de todo aquel que quiere ser salvo. Son "arrepentimiento para con Dios, y la fe en nuestro Señor Jesucristo".[29]

El arrepentimiento es un cambio interno con relación al pecado; cambio efectuado por el Espíritu de Dios y que afecta toda la personalidad.[30] Es un cambio intelectual: un cambio de parecer. Abarca una comprensión de la enormidad del pecado;

[28] C. H. Dodd, *The Apostolic Preaching and its Developments*, (London: Hodder & Stoughton Limited), p. 17. Dodd funda su resumen en las siguientes citas: 1 Corintios 15:1, 11; Gálatas 3:1, 1:4; Romanos 10:8, 9; 2 Corintios 4:4; 5:10; Romanos 14:9, 10; 2:16: 1 Corintios 4:5; 1 Tesalonicenses 1:9, 10; Romanos 8:31-34; Colosenses 3:1 y Efesios 1:20.
[29] Hechos 20:20, 21.
[30] Conner, *op. cit.*, pp. 216-221.

comprensión de que el pecado brota de una naturaleza perversa; de que se manifiesta en una actitud de rebeldía e ingratitud para con Dios; y de que redunda en el fracaso, en dejar de alcanzar las metas de la justicia y de la felicidad verdaderas. Es también un cambio emocional: un cambio de sentimiento. No es un simple temor al castigo ni un remordimiento de conciencia, sino un pesar sincero por haber ofendido a un Dios de amor y de bondad. Es el "dolor que es según Dios",[31] consistente en un "espíritu quebrantado" y en un "corazón contrito y humillado".[32] Por último, es un cambio volitivo: un cambio de propósito. En una de las parábolas de Cristo leemos que "un hombre tenía dos hijos, y llegando al primero, le dijo: Hijo, ve hoy a trabajar en mi viña. Y respondiendo él, dijo: No quiero; mas después, arrepentido, fue".[33] Su arrepentimiento produjo un cambio de resolución.

Pero cuando el pecador está resuelto a dejar su pecado, encuentra que está atado a él. No por voluntad propia puede romper la cadena que lo detiene. De ahí la necesidad de la fe en Cristo. Esta fe no es un simple asentimiento intelectual[34] (aunque sí tiene su aspecto intelectual, puesto que descansa sobre bases históricas), sino una confianza del corazón.[35] Es la recepción de Cristo como Salvador, abriéndole la puerta y dejándole entrar para hacer su obra de transformación espiritual.[36] Es la entrega de nuestra vida en las manos de él dispuestos a arriesgar con él nuestro eterno bienestar.[37] Es la sumisión de nuestra voluntad a la de él, reconociéndolo como soberano Señor, y disponiéndonos a servirle con obediente lealtad.[38]

Por último, la predicación evangelística es caracterizada por una insistencia perentoria en que los pecadores sean "salvos de esta perversa generación",[39] y de que manifiesten su decisión públicamente, procurando el bautismo y uniéndose a la iglesia del Señor para una vida de servicio y de crecimiento espiritual.

---

[31] 2 Corintios 7:10.
[32] Salmo 51:17.
[33] Mateo 21:28-32.
[34] Santiago 2:19.
[35] Romanos 10:8-10.
[36] Juan 1:11, 12; Apocalipsis 3:20.
[37] Juan 2:24; 3:33.
[38] Hechos 22:10.
[39] Hechos 2:40-42.

El sermón que tiene un alma enfrente no debe tener ningún mañana. Su tiempo aceptable es 'ahora'. Ha de significar una rendición
instantánea y absoluta; entregarse desde luego a Cristo; la entrada
inmediata al reino de Dios. Su invitación es actual, urgente, insistente. No hace ni la más pequeña insinuación al alma a quien
busca, de que volverá a buscarla otra vez. No permite evasivas, no
anima a dilaciones, no resfría al pecador con ninguna sugestión
de que está en el buen camino si tiene una mente seria, si piensa
en el asunto de la religión personal, y busca más luz, con la esperanza de que por este camino llegará a la aceptación plena de
Cristo. No le dirá que siga leyendo la Escritura en busca de dirección y más luz; no le enviará a la iglesia para que por sus puertas encuentre al fin al Salvador; ni al culto de oración diciéndole
que allí, en oración continua y en meditación, después de algún
tiempo su ánimo se hará voluntario. ¡No! Con urgencia imperiosa y dominadora al mismo tiempo que amorosa, le dirá que no
hay en esto 'dentro de poco' para que un alma vaya a Cristo, y
señalándole la cruz, le dirá: 'He aquí el Cordero de Dios'. 'Hoy,
HOY, si oyereis su voz, no endurezcáis vuestro corazón'.[40]

(2) *El propósito doctrinal*. Este es el propósito didáctico,
o sea el de instruir a los creyentes, haciéndoles ver el significado de las grandes verdades de la fe cristiana e indicando
cómo éstas tienen aplicación práctica a la vida diaria. Los
sermones que tienen este objeto principal son clasificados como *sermones doctrinales*.

La característica fundamental de la predicación doctrinal
es su énfasis sobre la enseñanza. En esto sigue el ejemplo de
los predicadores neotestamentarios. Jesús mismo dedicaba la
mayor parte de sus energías a la instrucción. Este énfasis está
patentizado en el hecho de que era reconocido generalmente
como Maestro (cuarenta y cinco veces es llamado así en los
cuatro Evangelios) y en que el término favorito con que designaba a sus seguidores era "discípulo", palabra que significa
"alumno" o "estudiante".[41] Lo vemos también en el hecho de
que al ascender al cielo comisionó a su iglesia con una tarea
de evangelización y de enseñanza.[42]

Los apóstoles entendieron bien la importancia de la instrucción. En Jerusalem, después de la predicación evangelística del Día de Pentecostés, leemos que los tres mil creyentes
nuevos fueron bautizados y que "perseveraban en la enseñanza
de los apóstoles".[43] Tan eficaz fue esta enseñanza que los sa-
duceos procuraron suprimirla, tomando presos a Pedro y a

---

[40] Johnson, *op. cit.*, p. 428.
[41] Price, *op. cit.*, pp. 17-19.
[42] Mateo 28:18-20.
[43] Hechos 2:42, según la Versión Latinoamericana.

Juan e intimándoles "que en ninguna manera hablasen ni enseñasen en el nombre de Jesús."[44] Después, encarcelaron a todo el cuerpo apostólico, pero éstos, librados por un ángel, "entraron de mañana en el templo, y enseñaban" y aun cuando fueron amenazados y azotados, "todos los días, en el templo y por las casas, no cesaban de enseñar y predicar a Jesucristo".[45] En Antioquía la labor de Bernabé y de Saulo consistió en que "conversaron todo un año allí con la iglesia, y enseñaron a mucha gente".[46] De su ministerio en Efeso Pablo pudo decir: "nada que fuese útil he rehuído de anunciaros y enseñaros, públicamente y por las casas".[47] Y cuando llegó por fin a Roma, allí también pasó el tiempo "predicando el reino de Dios y enseñando lo que es del Señor Jesús".[48] Así fue, que plenamente convencido de la tremenda importancia de un ministerio docente, al escribir a Timoteo sobre las cualidades que un pastor de almas debe poseer, dijo clara y terminantemente que necesita ser "apto para enseñar".[49]

La predicación doctrinal desempeña cuatro funciones importantes. En primer lugar, responde al deseo de aprender que existe en el corazón de cada creyente. Este deseo es mucho más fuerte de lo que parecen pensar algunos predicadores. Los hermanos quieren saber. Y el predicador que sepa satisfacer esta demanda no tendrá que predicar a bancas vacías. Además, esta clase de predicación previene a la iglesia en contra de los estragos de la doctrina falsa. Abundan las herejías. Y una de las razones porque abundan es precisamente porque hacen énfasis sobre la enseñanza. La mejor manera de evitar que los hermanos se alimenten de las algarrobas del error es ofrecerles sistemática y constantemente el pan abundante que hay en casa de su Padre. En tercer lugar, la predicación doctrinal anima a la actividad. Por regla general, una iglesia que sabe es una iglesia que actúa. Gran parte de la indiferencia espiritual que se halla en nuestras congregaciones se debe a la falta de instrucción. Los hermanos no comprenden la razón de las exigencias e iniciativas de su pastor. Pero cuando ven que existen motivos para el servicio, generalmente res-

---

[44] Hechos 4:1-18.
[45] Hechos 5:17-42.
[46] Hechos 11:26.
[47] Hechos 20:20.
[48] Hechos 28:31.
[49] 1 Timoteo 3:2.

ponderán. Por último, la predicación doctrinal contribuye al crecimiento intelectual y espiritual del predicador. El que predica este tipo de sermones tiene que estudiar. Tiene que conocer su Biblia y saberla interpretar. Y a medida que medite sobre los grandes temas de las Escrituras y se esfuerce en hacer que tengan significado para su congregación, hallará que crece la estatura de su propia alma.

Para terminar, mencionaremos tres cualidades que son indispensables en la predicación doctrinal si ha de cumplir con su importante papel. Debe ser sencilla, tanto en su vocabulario como en su elaboración. Los términos técnicos de la teología no deben ser llevados al púlpito; deben permanecer en el estudio del predicador. El predicador de sermones doctrinales debe tomar por ejemplo al "teólogo Juan" quien en su Evangelio supo presentar los conceptos más profundos en el lenguaje más sencillo. Esta sencillez debe ser manifestada también en la elaboración del pensamiento. De ahí la necesidad especial de suficientes ilustraciones en sermones de este tipo. En segundo lugar, la predicación doctrinal debe ser positiva. Debe hacer hincapié en la verdad y no en el error. La práctica contraria a menudo resulta contraproducente porque da una importancia desmedida al error y porque desafía una ley mental importante, a saber: que las primeras impresiones son frecuentemente las más duraderas. Por último, la predicación doctrinal debe ser práctica. Debe tener una relación clara con las necesidades espirituales de la congregación a la cual es predicada. Si un sermón no tiene aplicación práctica, no debe ocupar el tiempo ni del predicador ni de sus oyentes. Esto fue lo que hizo a Brooks dar la siguiente exhortación a un grupo de aspirantes al ministerio: "Predicad la doctrina, predicad cuanta doctrina sepáis, y procurad aprender siempre más y más doctrina; pero predicadla siempre, no para que los hombres la crean, sino para que creyéndola sean salvos".[50]

(3) *El propósito de devoción.* Este es el propósito de intensificar en los creyentes el sentimiento de amorosa devoción para con Dios, así como de guiarles en la expresión apropiada de la adoración que Dios merece. Los sermones que se proponen este objeto son clasificados como *sermones de devoción.*

"Amarás al Señor tu Dios de todo tu corazón, y de toda tu

---

alma, y de toda tu mente. Este es el primero y el grande mandamiento".[51] El cumplimiento de este mandamiento aseguraría el cumplimiento de todos los demás. De la misma manera, cualquier pecado que sea cometido puede ser atribuido fundamentalmente a la falta de amor para con Dios. Es de suma importancia, por tanto, que la predicación cristiana dedique énfasis al mantenimiento y a la intensificación del amor de Dios en el pecho de cada creyente y que le ayude a expresar su amor en una adoración apropiada.

El amor para con Dios descansa sobre dos fundamentos: el conocimiento de lo que Dios es y el aprecio de lo que ha hecho por nosotros. Así es que los sermones que ensalzan la gloria y la majestad de su ser o que exponen la grandeza y la perfección de la obra que ha hecho a favor de sus hijos, son los sermones que cumplen mejor con el fin de intensificar la llama del amor divino en el corazón redimido.

"Dios es Espíritu; y los que le adoran, en espíritu y en verdad es necesario que adoren".[52] Tal adoración demanda quietud y reverencia, meditación en la Palabra de Dios, alabanza sincera y entusiasta, ferviente acción de gracias, confesión de pecado, intercesión por los demás y petición sencilla y confiada por las necesidades propias. Todas estas actitudes pueden y deben ser inculcadas por la predicación de sermones de devoción.

(4) *El propósito de consagración.* Este es el propósito de estimular al creyente a dedicar sus talentos, tiempo e influencia al servicio de Dios. Los sermones que se proponen lograr este resultado son clasificados como *sermones de consagración.*

Este propósito está estrechamente relacionado con el anterior, pero a la vez es claramente distinto de él. En aquél el énfasis está sobre el amor para con Dios que el creyente abriga en su corazón. En éste el énfasis descansa sobre el servicio cristiano mediante el cual comprueba la sinceridad de su amor. La obra de Cristo demanda diversas actividades. Cada creyente tiene algún don que utilizar para el bien general.[53] Pero demasiadas veces guarda su talento en un pañizuelo[54] o es-

[51] Mateo 22:37,38.
[52] Juan 4:24.
[53] 1 Corintios 12:7.
[54] Lucas 19:20.

conde su luz debajo de algún almud.[55] Este tipo de predicación tiene por objeto sacudir su conciencia, despertarlo de su letargo y conmoverlo de tal manera que se resuelva a actuar, poniéndose a la disposición del Señor en las actividades que el adelanto de su reino demanda. Bajo esta categoría vienen sermones sobre los deberes cristianos personales tales como el deber de diezmar, el de hacer obra personal con los inconversos, el de romper con cualquier práctica en su vida que perjudique su testimonio, el de consagrarse al ministerio o a la obra misionera o el de acometer cualquiera empresa que esté indicada por la voluntad divina. Están incluidos en esta categoría también los sermones que tienen por fin estimular a toda la iglesia a acometer empresas cristianas colectivas, tales como la apertura de nuevas misiones, la celebración de una serie de cultos especiales, la construcción de un nuevo edificio y la aprobación de planes de mejoramiento general.

(5) *El propósito ético o moral.* Este es el propósito de ayudar al creyente a normar su conducta diaria y sus relaciones sociales de acuerdo con los principios cristianos. Los sermones que procuran cumplir con este fin son clasificados como sermones *éticos o morales.*

La atención frecuente dada a asuntos morales en la Biblia, y la variedad de las condiciones sociales encontradas en el mundo contemporáneo se unen para demandar del púlpito cristiano una palabra clara y de provecho sobre temas de la moral. Tales temas se dividen necesariamente en dos clases. Por una parte hay temas sobre los cuales la Biblia tiene una palabra clara y terminante. Entre estos se pueden enumerar, como ejemplos: el matrimonio y el divorcio, las relaciones obrero-patronales, el racismo, el alcoholismo, la veracidad, la honradez y la gratitud. En relación con estos, todo lo que el predicador tiene que hacer es presentar de manera clara y con espíritu de amor lo que la Biblia dice e instar a sus oyentes a acatar la voluntad divina así revelada.

Pero existen muchos problemas morales en el mundo actual que no fueron tratados de manera directa y específica por los autores inspirados en las Santas Escrituras. Podemos mencionar, por ejemplo: el uso del tabaco, el baile entre personas de sexos opuestos, la práctica de apostar sobre las carreras

---

[55] Mateo 5:15.

de caballos y la costumbre de "soplar" en los exámenes escolares. ¿Qué debe el predicador decir respecto a tales cosas? Si está convencido de que éstas u otras cosas semejantes están minando la vida espiritual de una parte considerable de su congregación, debe acercarse al problema desde el punto de vista de los principios cristianos generales que deben ser seguidos en la determinación de la corrección moral de cualquier acto dado. Sobre esta base debe procurar persuadir a sus oyentes a desterrar tales prácticas de sus respectivas vidas.

En la predicación de sermones éticos hay dos peligros que evitar. El primero es el de divorciar la moral de la doctrina, o sea el peligro de dejar la impresión de que una vida moral decente, aparte de la regeneración obrada por el Espíritu Santo, es suficiente para la salvación del alma. El segundo es el peligro de rebajar la dignidad del púlpito con la discusión de temas cuya escasa importancia no justifica un tratamiento formal o cuya naturaleza sugestiva tendería a corromper la mente en vez de edificar el espíritu de la congregación.

(6) *El propósito de dar aliento.* Este es el propósito de fortalecer y de dar aliento al creyente en medio de las pruebas y crisis de su vida personal. Los sermones que tienen esta finalidad son clasificados como *sermones de aliento.*

La descripción más acertada que existe de este tipo de predicación es la que hallamos en las palabras de Pablo a los Corintios: "Mas el que profetiza, habla a los hombres para... exhortación y consolación".[56] La palabra traducida "exhortación" es *paráklesis,* y significa, según Thayer, "exhortación, admonición, aliento".[57] La palabra "consolación" representa la traducción de *paramuthía,* voz que

> trata de la condición del cristiano en este mundo malo y hostil, donde tiene que padecer persecución y aflicción de toda clase. La consolación se propone ayudarle a comprender la naturaleza de lo que tiene que padecer y capacitarle para perseverar con denuedo y buen ánimo hasta el fin.[58]

Los dos términos indican claramente que la predicación cristiana debe ocuparse, entre otras cosas, de mensajes tales

---

[56] 1 Corintios 14:3.
[57] Compárese con la palabra *parácletos,* traducida "Consolador" en Juan 14:16 y "Abogado" en 1 Juan 2:1.
[58] R. C. H. Lenski, *The Interpretation of St. Paul's First and Second Epistles to the Corinthians,* (Columbus: Wartburg Press, 1946), p. 578.

como: "confortad a las manos cansadas, roborad las vacilantes rodillas. Decid a los de corazón apocado: Confortaos, no temáis: he aquí que vuestro Dios viene con venganza, con pago; el mismo Dios vendrá, y os salvará".[59]

Tal predicación es demandada por la multiplicidad de acontecimientos y de circunstancias en la vida del creyente que le afligen y amargan, que le desaniman y decepcionan. Su vida suele ser combatida por la duda, el dolor, la tentación, el temor, las pérdidas, la persecución, la miseria y la muerte misma. A menudo comparte el sentimiento del apóstol Pablo cuando dijo: "...en todo fuimos atribulados: de fuera, cuestiones; de dentro, temores".[60]

Pero Pablo agregó a la cita que acabamos de dar estas palabras significativas: "Mas Dios, que consuela a los humildes, nos consoló..."[61] Y Dios puede consolar a todo su pueblo en sus días de aflicción, y fortalecerlo en sus horas de debilidad, y guiarlo en sus momentos de irresolución. Nuestro Dios puede librar de la tentación,[62] sosegar al pecho temeroso,[63] y suplir toda otra falta que sus hijos lleguen a tener.[64]

Tal es el mensaje de los sermones de aliento. Ponen delante del creyente la grandeza del poder de su Dios. Le recuerdan lo que Dios ha hecho en tiempos pasados. Le advierten de la realidad de su presencia y de su voluntad para actuar ahora. Y le infunden ánimo para confiar en el cumplimiento de las preciosas promesas divinas y para seguir adelante, a pesar de todo.

3. El Propósito Específico del Sermón

Cualquier sermón que sea digno de un púlpito cristiano puede ser clasificado de acuerdo con uno de los propósitos generales que acabamos de discutir. Pero el sermón eficaz demanda *un propósito específico* también. Este será la aplicación particular del propósito general respectivo a la más apremiante necesidad espiritual que una congregación determi-

---

[59] Isaías 35:3, 4. Véase también Génesis 50:21; Isaías 40:1, 2, Lucas 4:18 y Hebreos 12:12.
[60] 2 Corintios 7:5.
[61] 2 Corintios 7:6.
[62] 1 Corintios 10:13.
[63] Génesis 15:1; Exodo 14:13; Números 14:9; Isaías 41:10.
[64] Filipenses 4:6, 19; Efesios 3:20; Jeremías 33:3.

nada pueda tener en un momento dado. Lo que uno hace realmente es formular primero el propósito específico del mensaje para después clasificar el sermón de acuerdo con el correspondiente propósito general.

Por ejemplo, supóngase una congregación pequeña compuesta en gran parte por familias que dependen para su sostén económico de los trabajos de una fábrica de hilados y tejidos que existe en la localidad. Sucede que dicha empresa está cesando a buena parte de sus operarios por estar equipando su planta con maquinaria más moderna. Como consecuencia, varios de los hermanos se ven obligados a salir del lugar en busca de trabajo en otra parte. La perspectiva de esta pérdida es motivo de preocupación para el pastor, el cual ve en la situación un doble peligro. Por una parte, comprende que los hermanos que están por salir, al encontrarse en un ambiente extraño, pueden ser tentados a callar su testimonio cristiano. Por otra parte, sabe que los pocos miembros de la iglesia que van a permanecer en el lugar van a resentir bastante la ausencia de sus hermanos en la fe y que no es difícil que algunos de ellos cedan a la tentación del desaliento. Después de orar, decide preparar dos sermones. El propósito específico del primero será el de inspirar a los hermanos que están por ausentarse a ser fieles en el testimonio cristiano, en dondequiera que estén. El propósito específico del segundo será el de corroborar la fe de los hermanos que se quedan, haciéndoles ver la fidelidad de Dios a su promesa, "He aquí, yo estoy con vosotros todos los días, hasta el fin del mundo". El primer sermón sería clasificado como un mensaje de consagración y el segundo como uno de aliento.

De esta explicación se desprenden las siguientes consideraciones:

(1) La formulación del propósito específico del sermón exige una comprensión cabal de los seis propósitos generales de la predicación cristiana. El propósito específico es simplemente una aplicación particular del respectivo propósito general. La clasificación de los sermones de acuerdo con su respectivo propósito general ayuda al predicador a mantener un énfasis equilibrado en su programa total. La definición del propósito específico de cada sermón asegura la variedad de tra-

tamiento dentro de la esfera de cada uno de los propósitos generales.

(2) La formulación del propósito específico del sermón exige la determinación de la más apremiante necesidad espiritual de la congregación a la cual el sermón va a ser predicado. El propósito específico debe corresponder siempre a esta necesidad particular.

La determinación de esta necesidad no es la cosa más fácil que el predicador tiene que hacer, pero es una de las más necesarias e importantes. La dificultad consiste, en parte, en el carácter heterogéneo de su congregación. A menudo ésta se compone de una mezcla de creyentes y de personas no salvas; de niños y de personas de edad madura; de solteros y de personas casadas; de analfabetos y de personas cultas; de obreros y de personas que desempeñan puestos profesionales. Y a esta diversidad de edad, culturas, condiciones e intereses, hay que agregar la complejidad de las necesidades espirituales que en un momento dado pueden existir en el corazón de cualesquiera de los individuos que forman parte de la congregación. ¿Cómo puede el predicador estar seguro de atinar en la determinación del propósito que debe regirle en la preparación de su sermón para el próximo domingo?

"Cada cabeza es un mundo", y cada predicador tendrá que acercarse a este asunto de acuerdo con su propia manera de ser, pero es posible hacer algunas sugestiones que pueden ayudarle en la solución del problema. En primer lugar debe buscar la dirección de Dios. Como dice el doctor Blackwood, en este asunto el predicador "debe asentar como regla sin excepción alguna, que es menester empezar, continuar y terminar con oración".[65] A semejanza de Salomón, debe decir: "...yo soy mozo pequeño, que no sé cómo entrar ni salir. Y tu siervo está en medio de tu pueblo al cual tú escogiste; ... Da pues a tu siervo corazón dócil para juzgar a tu pueblo, para discernir entre lo bueno y lo malo".[66]

En contestación a este espíritu y actitud constantes de dependencia de Dios, el Señor a veces concede a su siervo "ráfagas de iluminación" que aclaran su deber con esplendor meridiano. Cada hombre verdaderamente llamado ha conocido al-

[65] Blackwood, *The Preparation of Sermons*, p. 36
[66] 1 Reyes 3:7-9.

go de esto. Pero generalmente el Espíritu Santo guía al predicador en la determinación de la necesidad de su congregación por otras sendas que, aunque son más prosaicas, no son por esto menos seguras.

La dirección divina se obtiene en gran parte mediante el esfuerzo concienzudo de conocer mejor a la naturaleza humana en general y a la condición de los miembros de su congregación en particular. El predicador necesita poseer "un conocimiento verdadero de la naturaleza humana, combinado con un conocimiento de su propia congregación" y este conocimiento doble debe ser saturado con "un interés cordial en las circunstancias bajo las cuales viven".[67]

El conocimiento de la naturaleza humana como tal se obtiene principalmente por medio de la observación de la gente y por la reflexión en las experiencias de uno mismo, aunque el estudio de la psicología práctica puede ayudar también. Se cuenta que alguien le preguntó una vez al célebre predicador católico francés, Massillon, cómo, siendo sacerdote, podía conocer tan bien la pecaminosidad del género humano. Su respuesta fue: "Porque conozco a mi propio corazón".[68] Pero el predicador no debe dedicarse solamente a la contemplación de sí mismo ni al estudio teórico de la psicología. Tiene que saber que "ningún predicador, no importa cuán grande sea, puede prescindir de aquel conocimiento humano íntimo que adquiere por la visitación".[69] A semejanza de Moisés tiene que salir a sus hermanos y ver sus cargas,[70] y a la manera de Ezequiel debe poder decir que "en donde estaban sentados ellos, allí me senté yo".[71] En la visitación de su grey y en la meditación sobre lo que observa, el pastor que ama a sus ovejas puede descubrir la necesidad que en su próximo mensaje debe esforzarse por satisfacer.

(3) La formulación del propósito específico del sermón exige la eliminación de todo otro propósito en relación con ese sermón. Nunca debe haber más de un solo propósito específico para un sermón dado.

Es cierto que muchas veces un sermón evangelístico ten-

---

[67] Brooks, op. cit., p. 154.
[68] Dargan, op. cit., II p. 114.
[69] James Black, The Mystery of Preaching, (New York: Fleming H. Revell Co., 1924), p. 41.
[70] Exodo 2:11.
[71] Ezequiel 3:15, según la Versión Moderna.

drá un efecto muy edificante sobre los creyentes, de la misma manera que un sermón dirigido a los cristianos puede a veces despertar a algún inconverso y traerlo a los pies de Cristo. Pero semejantes resultados benditos no deben obscurecer el hecho de que ningún sermón puede ser realmente eficaz sin la agudeza que proviene de tener un solo propósito específico. "La predicación tiene una afinidad con el deporte de cazar codornices. Si uno les apunta a todos los pájaros, no le pega a ninguno. Pero si le apunta a uno solo, es probable que matará a varios".[72]

---

[72] Morgan Phelps Noyes, *Preaching The Word of God*, (New York: Charles Scribner's Sons, 1943), p. 105.

Capítulo IV

EL SERMON EFICAZ DEMANDA UN MENSAJE BIBLICO

Ya hemos definido el sermón eficaz como "aquel que logra su propósito".[1] En el capítulo que precede indicamos cuáles son los propósitos generales de que la predicación cristiana se debe ocupar. Vimos que en el sentido más amplio posible, estos seis propósitos pueden ser reducidos a dos: el de ganar a los perdidos para Cristo, y el de ayudar a los creyentes a crecer en el Señor. Cuando el apóstol Pedro escribió acerca de la experiencia inicial de la vida cristiana, la describió así: "Siendo renacidos, no de simiente corruptible, sino de incorruptible, por la palabra de Dios, que vive y permanece para siempre".[2] Y cuando el apóstol Pablo quiso hacer hincapié sobre el desarrollo de la vida espiritual de los discípulos, dijo: "Toda Escritura es inspirada divinamente y útil para enseñar, para redargüir, para corregir, para instituir en justicia, para que el hombre de Dios sea perfecto, enteramente instruído para toda buena obra".[3] Estos dos pasajes afirman de la manera más categórica que tanto la evangelización de los inconversos como la edificación de los cristianos depende en gran parte de la instrumentalidad de la Palabra de Dios. De ahí la tesis de este capítulo presente, a saber: que el sermón eficaz demanda un mensaje bíblico.

Un competente escritor contemporáneo ha hecho hincapié sobre esta verdad de la siguiente manera:

> Somos testigos en nuestros días de una nueva insistencia en que la predicación debe ser bíblica. Nada caracteriza mejor las discusiones contemporáneas de la predicación que este énfasis. El mensaje del predicador debe ser derivado, no de los sucesos del día, ni de la literatura contemporánea, ni de las tendencias populares de una u otra clase; ni tampoco de filósofos, estadistas y poetas; ni

[1] Véase la página 29.
[2] 1 Pedro 1:23; véase también Efesios 5:26 y 1 Corintios 1:21-24.
[3] 2 Timoteo 3:16, 17.

siquiera, en último caso, de las experiencias y reflexiones del propio predicador, sino de las Escrituras. Por supuesto que no hay nada en todo esto que sea realmente nuevo. El hecho de que sea necesario decirlo nuevamente y con énfasis sólo significa que la predicación se ha apartado en este respecto de su propia tradición. Lo que se está afirmando hoy en día con tanto vigor es lo mismo que otros días se daba por sentado. La predicación en los primeros siglos, así como en todos los períodos más vitales y productivos en la historia de la iglesia, fue siempre una predicación bíblica.[4]

En otras palabras, la predicación, para que sea eficaz, ha menester de un mensaje bíblico. ¿Qué, pues, es lo que entendemos por un mensaje bíblico? Creo que puede ser definido como sigue: *Un mensaje bíblico es aquél que está basado en la recta interpretación de un texto de la Biblia, tomando del texto su tema, desarrollando el tema en conformidad con la enseñanza general de las Escrituras, y aplicándolo a las necesidades actuales de los oyentes.* Se verá desde luego que esta definición hace que el concepto de un mensaje bíblico gire en torno a dos consideraciones: el texto y el tema. A estos dos puntos dedicaremos el presente capítulo.

1. El Texto del Mensaje Bíblico

(1) *La función del texto.* Podemos definir el texto como aquel pasaje de las Escrituras, sea breve o extenso, del cual el predicador deriva el tema de su sermón. De esta definición se desprende que el texto desempeña una función indispensable, a saber: la de proporcionar el tema del sermón. Veremos en párrafos subsiguientes algo acerca de las maneras en que el tema es derivado del texto, pero aquí queremos dejar bien asentado el hecho de tal derivación. El texto es la raíz del tema.

a. La función que el texto desempeña establece la necesidad absoluta de que cada sermón tenga su texto. No es una cuestión de la forma de la predicación, sino de la esencia misma. Si alguna vez el predicador piensa que ha encontrado un tema para el cual no existe un texto apropiado, su situación se debe a una de dos cosas. O es que no conoce suficientemente bien su Biblia, y por eso no puede hallar un texto apropiado; o es que el tema que tiene en mente no vale la pena de ser discutido.

---

[4] John Knox, *The Integrity of Preaching,* (New York: Abingdon Press, 1957), p. 9.

Si el tema no está expresado en algún pasaje de las Escrituras; o si no se encuentra en algún principio de las Escrituras; o si no queda sobreentendido en relación con alguna narración, parábola, evento o personaje de las Escrituras; o si ningún lenguaje escritural lo sugiere mediante una legítima asociación de ideas, entonces es de dudarse que el predicador cristiano deba perder el tiempo con la discusión de semejante tema.[5]

b. Además de establecer la necesidad del texto, la función que éste desempeña determina también cuál ha de ser su extensión mínima. El texto debe constituir una unidad completa de pensamiento. El predicador tiene que conocer el significado exacto de su texto antes de poder derivar su tema de él. Un pensamiento incompleto no puede ser interpretado satisfactoria y correctamente sin ser ampliado a su forma completa. Así es que un pensamiento incompleto nunca puede constituir un texto satisfactorio. El texto puede ser una cláusula u oración gramatical completa, una serie de oraciones gramaticales conexas (como, por ejemplo, un párrafo), o algún conjunto de párrafos conexos. Pero las expresiones fragmentarias, es decir: expresiones que dejan de presentar un pensamiento completo, nunca deben ser utilizados como textos.

Esta demanda de que el texto sea un pensamiento completo puede ser ilustrada con el siguiente ejemplo. Poco después de la entrada de los EE. UU. de N. A., en la Segunda Guerra Mundial, cierto pastor norteamericano, sintiendo la necesidad de dar aliento a los miembros de su congregación, tomó como texto para su sermón estas palabras: "...en las manos del Dios vivo" (Hebreos 10:31b). Su propósito fue el de fortalecer la fe de sus hermanos frente a los temores que la guerra les inspiraba. "Nuestra vida", decía en su sermón, "está en las manos del Dios vivo. Confiemos, pues, en su amor y en su poder". Nadie podría criticar ni su propósito ni la verdad bíblica con que se esforzaba en lograrlo. Pero esa verdad no tenía ninguna relación legítima con su texto.

Había tomado como texto una expresión fragmentaria. La única manera de saber lo que esta expresión quiere decir es colocarla dentro del pensamiento completo del que forma parte, a saber: "Horrenda cosa es caer en las manos del Dios vivo". Cuando examinamos la totalidad de este pensamiento,

5 Austin Phelps, *The Theory of Preaching*, (Revised by F. D. Whitesell; Grand Rapids: Wm. B. Eerdman Publishing Co., 1947), pp. 20-21.

descubrimos que no tiene absolutamente nada que ver con la idea central del sermón aludido. Lejos de presentar un aliciente a la fe cristiana en sus horas de prueba, constituye más bien una seria advertencia de las terribles consecuencias de la rebelión y de la desobediencia.

Lo peor del caso es que existe un texto completamente apropiado, tanto para el propósito que animaba al predicador, como para el tema que él mismo quería discutir. Helo aquí: "En tu mano están mis tiempos" (Salmo 31:15a). Aquí tenemos un pensamiento completo. Y cuando examinamos este pensamiento a la luz de todo el salmo del que forma parte, descubrimos que su recta interpretación presenta precisamente la idea que nuestro predicador quiso dejar sembrada en el corazón de sus oyentes.

Todo texto, pues, debe constituir una unidad completa de pensamiento. Pero fuera de esta estipulación no es posible establecer ninguna regla respecto a la extensión del texto. Phelps, con mucha razón, observa lo siguiente:

> Hay argumentos buenos a favor tanto de los textos extensos como de los breves. Los textos extensos están más de acuerdo con la teoría original del texto. Promueven el conocimiento de la Biblia entre la congregación y tienden a conservar la antigua reverencia por las declaraciones inspiradas. Los textos extensos cultivan en el pueblo un gusto por la exposición bíblica e invitan al predicador a ejercerse en el discurso expositivo. Por otra parte, los textos breves tienen ventajas que a veces aconsejan que se les dé la preferencia. Son más fácilmente recordados; promueven la unidad del discurso; cada palabra del texto puede recibir la atención que merece; no precisan ser introducidos con mucha explicación; y tales textos pueden ser repetidos varias veces en el curso del sermón por vía de énfasis.[6]

(2) *Las ventajas de tener un texto para cada sermón.* Ya hemos visto que la función del texto lo convierte en un elemento indispensable para el sermón. Hay grande sabiduría en este arreglo. La práctica de basar cada mensaje en algún trozo definido de las Sagradas Escrituras contribuye poderosamente a la eficacia de la predicación.

a. En primer lugar, el texto ayuda a conseguir la atención de la congregación. Esta cuestión de la atención de los oyentes está recibiendo un crecido énfasis en la actualidad. Tampoco fue ignorada por nuestros antepasados. Spurgeon de-

---

[6] *Ibid,* p. 26.

dicó un capítulo entero al asunto, diciendo, entre otras cosas, que

> nos es menester una atención fija, despreocupada, despierta y continua de parte de toda la congregación. Si están distraídos los ánimos de los que nos escuchan, no pueden recibir la verdad... No es posible que les sea quitado a los hombres el pecado, de la manera que Eva fue sacada del costado de Adam, es decir, mientras están dormidos.[7]

Es un hecho bien conocido el que los humanos prestamos atención a lo que nos interesa. Por esta razón observamos que los predicadores apostólicos acostumbraban tomar como punto de partida en sus mensajes algún interés que se había apoderado ya de la mente de sus oyentes. Pedro empezó su mensaje en el Día de Pentecostés con una explicación de los fenómenos que habían llamado la atención de los habitantes de Jerusalem.[8] En su discurso en la puerta del templo llamada la Hermosa, aprovechó la excitación popular que había sido motivada por la sanidad del hombre nacido cojo, ofreciendo al principio de sus palabras una explicación de lo que había sido hecho.[9] Y Esteban logró captar la atención de un auditorio hostil y predispuesto en su contra cuando inició su defensa con una referencia a lo que más les interesaba, a saber: su orgullo en las glorias de la historia patria.[10] Y es digno de notarse que mientras mantenía sus comentarios estrictamente dentro de esa esfera de interés, pudo sostener la atención así lograda.

Nuestras congregaciones, en su mayor parte, están compuestas de personas que tienen interés en la Palabra de Dios. Blackwood dice que "el ministro no puede ni empezar a comprender el encanto que las Escrituras arrojan sobre el espíritu humano".[11] Esto es especialmente cierto en lo que respecta a los creyentes. Aun el más imperfecto comparte en algún grado el sentimiento expresado por el salmista: "¡Cuán dulces son a mi paladar tus palabras! Más que la miel a mi boca".[12] Su deseo por el alimento espiritual es mucho más intenso de lo que el predicador a veces piensa. Los antiguos puritanos

---

[7] Spurgeon, op. cit., p. 226.
[8] Hechos 2:12-16.
[9] Hechos 3:11-13.
[10] Hechos 7:1-50.
[11] Blackwood, op. cit., p. 47.
[12] Salmo 119:103.

comprendieron esta verdad. "No es posible", decían, "darles a los hijos de Dios demasiado del pan de su Padre".[13] Así es que cuando el predicador anuncia un texto bíblico como base para su sermón, cuenta (cuando menos en ese momento) con el interés y la atención de la mayor parte de su congregación.

b. En segundo lugar, la práctica de basar cada mensaje en alguna porción de la revelación divina reviste el mensaje de autoridad. Cuando el predicador se para delante de una congregación, sabiendo que viene a ellos, no con sus propias especulaciones, sino con una palabra concisa y clara, procedente del propio corazón de Dios, hablará con confianza y se dejará oir la nota de autoridad en su voz. Dirá como Isaías: "Oid cielos, y escucha tú, tierra; porque habla Jehová".[14] Vimos en un capítulo anterior[15] que la voz griega *kerussō*, traducida "predicar" cincuenta y cinco veces en la Versión de Valera, significa "proclamar públicamente como un heraldo con la sugestión siempre de formalidad, gravedad *y de una autoridad que demanda atención y obediencia*". Pero esta nota autoritativa estriba precisamente en el hecho de que la predicación verdadera es el pregón de lo que Dios ha dicho y hecho, y no la elaboración de lo que el hombre ha pensado.

La predicación autoritativa es eficaz. Hay algo en el corazón humano que responde a lo que se proclama con convicción. Se cuenta de David Hume, historiador, filósofo y escéptico del siglo dieciocho, que en cierta ocasión un amigo lo detuvo en una de las calles de Londres para preguntarle a dónde iba con tanta prisa. "Voy", dijo Hume, "a oir predicar a Whitefield". Tal noticia causóle sorpresa al amigo y preguntó de nuevo al famoso escéptico, "Pero, ¿usted no cree en lo que Whitefield predica, verdad?" "No", contestó Hume, "pero él lo cree".[16]

c. Además, el uso de un texto bíblico como fundamento del sermón ayuda al predicador en la preparación de su mensaje. Como mínimo le señala su tarea inicial: la de interpretar rectamente el texto escogido. Y si su trabajo alcanza el mejor nivel posible, el texto le proporcionará, no sólo el tema de su

---

13 Pattison, *op. cit.*, p. 6.
14 Isaías 1:2.
15 Véase la página 22.
16 Black, *op. cit.*, pp. 48-49.

sermón, sino también las consideraciones generales mediante las cuales el tema será desarrollado.

d. Por otra parte, la práctica de basar cada sermón en algún texto de las Escrituras evitará que el predicador se agote. Esta verdad fue ilustrada admirablemente en la experiencia de James Black, eminente pastor presbiteriano escocés de la primera mitad del presente siglo.[17] Black dijo que cuando salió del seminario no poseía arriba de unos doce sermones. Al encargarse de su primer pastorado, empezó con la predicación de "sermones de asunto". Es decir, preparaba cada sermón de acuerdo con algún tema importante, como la tentación, la providencia, etc., desarrollándolo lo mejor que podía, pero sin ningún texto bíblico como punto de partida. Terminada la composición del sermón, buscaba un "texto" para anteponerle, a la manera de una etiqueta, y estaba listo para predicar. Pero pronto descubrió que habiendo predicado un solo sermón sobre un tema dado, ya no tenía más que decir en relación con ese asunto. Y al fin de tres meses le parecía que no le quedaban más asuntos que tratar ni recursos intelectuales con que tratarlos. ¡Se había agotado! Cuando la situación le parecía más negra, y hasta sentía la tentación de abandonar el ministerio por inepto, hizo "un descubrimiento maravilloso". Descubrió que si basaba cada mensaje en algún texto bíblico, podría predicar un número indefinido de sermones sobre el mismo tema, porque cada texto presentaba el asunto desde un punto de vista distinto, haciendo posible una extensa variedad.

e. Por último, la costumbre de basar cada sermón en un texto de la Biblia contribuye al crecimiento "en la gracia y conocimiento de nuestro Señor y Salvador Jesucristo"[18] tanto del predicador mismo como de su congregación. En cuanto al primero, cada semana tiene que estudiar un mínimo de dos o tres textos bíblicos juntamente con sus respectivos contextos. De esta manera, en el curso de un año, tiene que hacer una investigación concienzuda en relación con unos cien o ciento cincuenta pasajes de la Biblia. Tal esfuerzo requiere una disciplina mental constante y un continuo espíritu de oración. Da por resultado inevitable el desarrollo intelectual y espiritual del que lo hace. En lo que respecta a la congregación,

[17] *Ibid.*, pp. 152-53.
[18] 2 Pedro 3:18.

el beneficio no es menos importante, aunque depende en no pequeña parte de la capacidad del predicador para hacer que cada texto brille con celestial fulgor.

(3) *Sugestiones acerca de la selección del texto.* Siendo el texto una parte tan vital del sermón, conviene que el predicador ejerza sumo cuidado en su selección. Por vía de orientación, y sin pretender haber agotado las posibilidades del asunto, ofrecemos las siguientes sugestiones en la confianza de que no dejarán de ser útiles al que las ponga en práctica sistemáticamente.

a. En primer lugar, el predicador debe escoger un texto que se apodere de su propio corazón. Nunca debe predicar sobre un texto si éste primero no ha puesto en vibración las cuerdas de su propia alma. El texto tiene que hablar al predicador antes de que el predicador pueda hablar a su congregación. Como decía cierto antiguo marinero, "Predicar significa sacar de tu corazón algo que arde y luego meterlo en mi corazón".[19] Este ardor santo es el producto de la oración y de la meditación en la Palabra.

A veces el predicador tendrá la experiencia de que no es él quien escoge el texto, sino que el texto lo escoge a él. Mientras lee las Escrituras, o en el momento de estar intercediendo por su grey, súbitamente un trozo bíblico parece levantarse y trabar de él, diciéndole con insistencia: "Tienes que predicarme a mí". Tales "ráfagas de iluminación" constituyen momentos de dicha que inspiran al predicador con fervor profético. Son dones del Espíritu de Dios, concedidos de acuerdo con su beneplácito y su soberana voluntad. Pero aunque el ministro nunca debe predicar sobre un texto sin la seguridad de que éste ha sido señalado por Dios como base para su mensaje, no debe esperar que la indicación divina venga siempre en la forma de semejantes "ráfagas de iluminación". Para evitar el peligro de demasiada subjetividad en la selección de sus textos, tomará en cuenta algunos factores más.

b. En segundo lugar, pues, el texto escogido debe tener un mensaje que contribuirá a la satisfacción de la necesidad específica más apremiante de la congregación. La meta de la predicación, como hemos repetido ya varias veces, es la de "satisfacer las necesidades humanas". Habiendo determinado

[19] Blackwood, *op. cit.*, p. 48.

el propósito específico que su sermón debe lograr, el predicador buscará el texto más apropiado para dicho fin. Para que tenga buen éxito en tan importante pesquisa se precisan tres cosas: primera, un amplio conocimiento de la Palabra; segunda, una buena dosis de sentido común; y tercera, el constante desarrollo del poder de discernir los puntos de correspondencia entre las circunstancias de su propia congregación y la condición de las personas históricas a quienes el pasaje bíblico en cuestión fue dirigido originalmente.

c. Una tercera consideración que debe influir en la selección del texto para cualquier ocasión específica es la siguiente: el carácter de los mensajes predicados recientemente ante la congregación de que se trate. El pueblo del Señor ha menester de una ración equilibrada. Precisa para su salud espiritual "todo el consejo de Dios".[20] Para evitar tanto la monotonía como el desequilibrio en su trabajo en el púlpito, el pastor sabio revisará sus sermones con frecuencia para estar seguro de dos cosas. Por una parte, querrá saber si está abarcando con suficiente regularidad todos los seis propósitos generales de la predicación cristiana. Y por otra, querrá ver si está alimentando a su congregación con mensajes tomados de todas partes de la Palabra de Dios. "Toda Escritura es inspirada divinamente y útil..."[21] No debe omitir, pues, ninguna porción del Libro Santo en su programa de predicación. En una palabra, debe haber una saludable variedad en los textos escogidos de semana en semana.

d. Por regla general es de aconsejarse la selección de textos que sean claros en su sentido. Los textos perspicuos tienen la ventaja de sugerir inmediatamente los temas que de ellos se derivan. Ahorran tiempo, puesto que no precisan ser explicados, y ayudan a los miembros de la congregación a comprender y recordar el sermón.[22] Puede haber ocasiones, sin embargo, cuando será prudente escoger un texto que no sea del todo claro a primera vista. Tales textos pueden haber causado dificultades a los miembros de la congregación, y es posible que tengan una positiva necesidad de que les sean explicados y un vivo interés en que su pastor les saque de las dudas que la ambigüedad de esos pasajes les haya ocasionado. Pero

[20] Hechos 20:27.
[21] 2 Timoteo 3:16.
[22] Phelps, op. cit., pp. 27-28.

antes de emprender la tarea el predicador debe estar bien seguro de que puede aclarar la dificultad que el texto ambiguo presente.

e. Generalmente es mejor escoger un texto que hace hincapié sobre los aspectos positivos de la religión cristiana. El predicador hará bien en considerar el contraste marcado entre el Decálogo y el Sermón del Monte. Su modelo debe ser el precepto positivo de éste y no la prohibición negativa de aquél. Debe tomar a pecho este sabio consejo: "La refutación del error es una tarea interminable. Sembrad la verdad y el error se marchitará".[23]

Si queremos sacar de un vaso "vacío" todo el aire que contiene, hay dos maneras de acercarnos al problema. Podríamos obtener una bomba y tratar de extraer del vaso todo el aire, dejando en su lugar un vacío completo. O bien podríamos llenar el vaso de algún líquido, dejando que el líquido expulse el aire a medida que lo va reemplazando. El segundo procedimiento es a todas luces el más fácil y el más seguro. De la misma manera el predicador debe saber que la predicación positiva de la verdad es mil veces mejor que la refutación negativa del error. Esta idea fue hecha famosa en la historia de la predicación por Tomás Chalmers (1780-1847), predicador presbiteriano escocés. La tomó como tema de su bien conocido sermón "El Poder Expulsivo de un Nuevo Afecto". He aquí las palabras introductorias de aquel sermón famoso:

> Hay dos maneras en que el moralista práctico puede tratar de desalojar del corazón humano su amor para el mundo: o por una demostración de la vanidad del mundo, para que el corazón sea persuadido simplemente a retirar su afecto de un objeto que le es indigno; o bien por la presentación de otro objeto, de Dios mismo, como más digno de su lealtad, para que el corazón sea persuadido, no a renunciar a un afecto viejo que no tenga nada que lo reemplace, sino a trocar un afecto antiguo por uno nuevo. Mi propósito es el de demostrar que en virtud de la misma constitución de nuestra naturaleza, el primer método es del todo inepto e ineficaz, y que únicamente el segundo bastará para rescatar al corazón y librarlo del mal afecto que lo domina.[24]

f. Podemos decir también que hay grande sabiduría en la

[23] Palabras de F. W. Robertson (1816-1853), predicador anglicano cuyos sermones han influido más que los de cualquier otro predicador inglés sobre la enseñanza de la homilética. Citado por James R. Blackwood, *The Soul of Frederick W. Robertson*, (New York: Harper Brothers Publishers, 1947), p. 104.
[24] Grenville Kleiser (ed.), *The World's Great Sermons*, (New York: Funk & Wagnalls Company, 1908), IV, 55.

selección de textos que apelan a la imaginación, es decir: de textos que presentan "algo que ver, algo que sentir o algo que hacer".[25] En otras palabras, hay ventajas positivas de parte de los textos que presentan la verdad en una forma concreta más bien que abstracta. Estas ventajas fueron reconocidas por Cristo y por los profetas del Antiguo Testamento. Por ejemplo, cuando alguien le hizo a Cristo la pregunta, "¿Y quién es mi prójimo?", el Señor no contestó con una definición abstracta. Pintó más bien un cuadro. Y en ese cuadro puso actividad, conflicto, contraste y seres humanos parecidos a nosotros.[26] Cuando el profeta Nathán quiso redargüir la conciencia del rey David, no hizo un discurso sobre los pecados del adulterio y del homicidio como tales. Pintó más bien un cuadro. Apeló a la imaginación. Y cuando ésta hubo hecho su labor, atravesó el corazón real con su "Tú eres aquel hombre".[27] Estos dos ejemplos bastan para dar realce a la necesidad de que haya un elemento gráfico en nuestra predicación. ¡Cuánto mejor es, pues, que este elemento se halle en el mismo texto del sermón. Aquí precisamente está la razón por qué el ministro debe predicar con frecuencia sobre las porciones narrativas de las Escrituras. En ellas las verdades eternas están presentadas en forma dramática. Dios nuestro Señor lo quiso así porque sabe que sus criaturas comprenden mejor cuando pueden ver la verdad al mismo tiempo que la escuchan. Y nosotros sus siervos seremos prudentes si utilizamos este material que el Espíritu ha hecho abundar en el Libro.

g. Finalmente, podemos decir que por regla general, y especialmente al principio de su ministerio, el predicador hará bien en limitarse a *un solo* texto para cada sermón.

Es posible en algunos casos utilizar textos múltiples, como a continuación demostraremos. Pero antes de que el predicador lo intente, debe estar seguro de que ha dominado la técnica del empleo de los textos solitarios. Pasa algo parecido con el deporte de andar a caballo. Antes de que el jinete presuma de montar dos caballos, al estilo de los acróbatas del circo, deberá estar seguro de que puede montar bien a uno solo. En manos de un predicador inexperto, el empleo de textos

---

[25] Andrew Watterson Blackwood, *op. cit.*, p. 48.
[26] Lucas 10:29-37.
[27] 2 Samuel 12:1-7.

múltiples es casi seguro que dé por resultado una notable falta de unidad en el sermón.

Sin embargo, cuando el predicador ha adquirido suficiente experiencia, podrá atreverse de vez en cuando a emplear textos múltiples. W. E. Sangster, eminente predicador metodista inglés contemporáneo, ha sugerido los siguientes usos para tales textos:

(a) Los textos múltiples pueden ser empleados para hacer y contestar preguntas. "¿Qué es el hombre, para que tengas de él memoria...?" (Salmo 8:4).

"...el mismo Espíritu da testimonio a nuestro espíritu que somos hijos de Dios" (Romanos 8:16).

(b) Los textos múltiples pueden señalar contrastes. La Biblia sabe de dos maneras en que uno puede estar muerto sin ser sepultado.

"...sois muertos con Cristo cuanto a los rudimentos del mundo" (Colosenses 2:20).

"...muertos en vuestros delitos y pecados" (Efesios 2:1).

(c) Los textos múltiples pueden indicar un problema y apuntar su solución.

"...en la tierra angustia de gentes por la confusión" (Lucas 21:25).

"...mi paz os doy...No se turbe vuestro corazón" (Juan 14:27).

(d) Los textos múltiples pueden obligarnos a ver varios aspectos de una verdad.

"Porque cada cual llevará su carga" (Gálatas 6:5).

"Sobrellevad los unos las cargas de los otros" (Gálatas 6:2).

"Echa sobre Jehová tu carga" (Salmo 55:22).

(e) Los textos múltiples pueden presentar gráficamente una progresión del pensamiento.

"Demonio tiene, y está fuera de sí" (Juan 10:20).

"Bueno es" (Juan 7:12).

"Tú eres el Cristo" (Mateo 16:16).

"¡Señor mío, y Dios mío!" (Juan 20:28).

"La relación inteligente de una porción de las Escrituras con otra es cosa de grande fascinación mental para el predicador y de enriquecimiento espiritual para la congregación. El número asombroso de tales combinaciones iluminadoras de textos bíblicos sorprenderá a uno que no haya cultivado el hábito de buscarlas".[28]

(4) *El "semillero homilético"*. Con la cuestión de la selección de los textos está estrechamente relacionada la necesidad de que el predicador tenga algún plan para conservar y archivar los textos bíblicos que lleguen a impresionarle con sus posibilidades homiléticas.

Hemos dicho arriba que el predicador debe escoger un texto que se apodere de su propio corazón. Si es alerta, y si está cultivando debidamente su propia vida espiritual, no le faltarán vislumbres de inspiración respecto al uso que se puede hacer de tal o cual texto bíblico para llenar las necesidades espirituales de su congregación. Tales ráfagas de iluminación suelen presentársele mientras medita en la Palabra, al estar leyendo algún libro o revista, en el curso de la visitación pastoral, mientras escucha un buen sermón, y de otras muchas maneras más. Pero si no se habitúa a anotarlas en el acto, pronto se esfumarán. El conjunto de estas anotaciones constituye su "semillero homilético".

En relación con el aspecto mecánico del "semillero homilético" las siguientes sugestiones pueden ser de valor:

a. El predicador siempre debe andar provisto de lápiz o pluma y de algún pedacito de papel en blanco en el cual puede anotar los textos o las ideas iniciales para sermones que se le ocurran.

b. Debe formarse el hábito de anotar dichos textos o ideas en el mismo momento en que se le presenten a la mente para evitar que se le olviden.

c. En su primera oportunidad, debe pasar estas anotaciones a una hoja o tarjeta de tamaño conveniente para ser guardada en una carpeta para hojas sueltas o en un tarjetero. (En nuestro medio latinoamericano generalmente resulta más económico lo primero).

d. La carpeta (o el tarjetero) debe ser arreglada con un índice para indicar los distintos libros de la Biblia, y las hojas (o tarjetas) deben ser archivadas en orden según libro, capítulo y versículo. De esta manera el predicador podrá siempre localizar los apuntes que necesite en un momento dado.

---

[28] W. E. Sangster, *The Craft of Sermon Construction*, (Philadelphia: The Westminster Press, Copyright 1951 by W. L. Jenkins), pp. 70-71.

e. Hasta que el predicador esté listo para elaborar el mensaje correspondiente a un texto dado, debe dejar la hoja (o tarjeta) correspondiente en su lugar, agregando de vez en cuando las ideas adicionales que se le ocurran en relación con el texto o con el tema de él derivado.

f. Cuando los pensamientos anotados en relación con un texto dado hayan sido elaborados en sermón, la hoja (o tarjeta) puede ser removida, puesto que ya sirvió para su propósito y no se necesita más.

Uno de los grandes valores de tal sistema de anotación y conservación de textos es que permite que las ideas germinales de los sermones tengan tiempo para madurar en la mente y en el corazón del predicador. Bien se ha dicho que

> ...un concepto artístico suele vivir en el corazón de los hombres en proporción directa al tiempo que ha necesitado para madurar en el alma del artista. De la misma manera el valor de un sermón puede depender del número de semanas, meses y aun años que ha necesitado para crecer en el corazón del predicador.[29]

(5) *La recta interpretación del texto.* El predicador tiene su texto. La agonía espiritual inherente a su selección ha terminado. Su familiaridad con las necesidades de su congregación, su meditación en la Palabra, su fidelidad en la oración, la sinceridad de su anhelo de glorificar a Cristo y de ayudar a sus oyentes — todo esto ha "subido en memoria a la presencia de Dios"[30] y el Espíritu Santo ha llenado su corazón con la confianza de que en este texto está el mensaje que debe entregar. Da gracias a Dios porque todavía está en su principio la semana, pues gran camino le resta aún. Como primer paso, tiene que hacer una recta interpretación del texto.

a. La recta interpretación de cualquier pasaje de las Escrituras envuelve *dos propósitos.* El primero es el de descubrir el sentido exacto de lo que los autores inspirados dijeron. El segundo es el de discernir la aplicación práctica de su mensaje para nuestros días.

b. Para que el intérprete bíblico pueda lograr este doble propósito, *tres requisitos* le son indispensables.

(a) El primer requisito es la posesión de las disposiciones espirituales que le capacitarán para entender la mente del Se-

[29] Blackwood, *op. cit.*, p. 39.
[30] Hechos 10:4.

ñor. Estas disposiciones son cuatro, a saber: un corazón regenerado;[31] amor a la verdad;[32] el espíritu de oración;[33] y la voluntad de obedecer a Dios.[34] Sin estas cuatro disposiciones espirituales es absolutamente imposible que uno sepa interpretar a otros la Palabra de Dios, no importa cuán erudito sea. Con ellas, muchos hombres de escasa preparación intelectual han logrado una maravillosa comprensión de las verdades divinas.

(b) El segundo requisito para la recta interpretación de las Escrituras es la adopción y el empleo concienzudo de un método adecuado. Muchos son los métodos que distintos intérpretes han seguido en el transcurso de los veinte siglos de la historia cristiana.[35] No cabe dentro de los límites de esta obra sino indicar cuál de ellos es el "que más se recomienda al criterio y a la conciencia de los estudiantes cristianos". Este método, aunque generalmente conocido por el término "interpretación histórico-gramatical", podría con mayor exactitud ser denominado como la "interpretación histórico-literaria", porque exige en su segunda fase más que un simple análisis gramatical del pasaje bajo consideración. Su propósito fundamental es el de "conseguir de las Escrituras mismas el significado preciso que los escritores quisieron dar". Para el efecto, "aplica a los libros sagrados los mismos principios, el mismo proceso gramatical y el mismo proceso de sentido común y de razón que aplicamos a otros libros".[36]

i. La primera fase de este método de interpretación, pues, es *el estudio histórico del pasaje*. La recta interpretación de cualquier pasaje bíblico es imposible sin un estudio de la situación histórica de la cual brotó y a la cual fue originalmente dirigido. Esta necesidad está expuesta con ejemplar claridad por Terry como sigue:

> Al interpretar un documento es de primordial importancia descubrir quién fue su autor y determinar la época, el lugar y las circunstancias en que escribió. Por consiguiente, el intérprete debe tratar de olvidar el momento y circunstancias actuales y trasladarse a la posición histórica del autor, mirar a través de sus

---

[31] 1 Corintios 2:14-16.
[32] Salmo 119:97-100.
[33] Santiago 1:5-7.
[34] Juan 7:17.
[35] M. S. Terry, *Hermenéutica Bíblica* (México: Casa Unida de Publicaciones, 1950), pp. 18-36.
[36] *Ibid.*, pp. 35-36.

ojos, darse cuenta del ambiente en que actuó, sentir con su corazón y asir sus emociones. Aquí notamos el alcance del término
"interpretación HISTORICO-gramatical". Tenemos que apropiar-
nos no sólo la tendencia gramatical de las palabras y frases sino,
también, sentir la fuerza y la situación de las circunstancias históricas que, en alguna forma, pudieron afectar al escritor. De ahí,
también, puede deducirse cuán íntimamente relacionado puede
estar el objeto o designio de un escrito con la ocasión que sugirió su producción. La individualidad del escritor, su ambiente, sus necesidades y deseos, su relación con aquellos para
quienes escribió, su nacionalidad y la de ellos, el carácter de la
época en que escribió, — todas estas cosas son asuntos de la mayor
importancia para una perfecta interpretación de los varios libros
de la Biblia. . .

Vemos, pues, que un buen canon de interpretación debe tomar
muy en consideración la persona y las circunstancias del autor,
la época y el sitio en que escribió y la ocasión y los motivos que
lo movieron a escribir. Y no debemos omitir el hacer investigaciones análogas acerca del carácter, condiciones e historia de
aquellos para quienes se escribió el libro que estudiamos y de
aquellos a quienes el libro menciona.[37]

ii. La segunda fase de este método de interpretación es
el examen de todos los detalles literarios del pasaje bajo consideración. En primer lugar, hay que hacer *un estudio lexico-
gráfico,* es decir, hay que precisar el significado de cada palabra que el pasaje contiene. Para el efecto es necesario averiguar su derivación etimológica, la historia de su significado,
y el sentido que el uso contemporáneo asignaba a la palabra
en el tiempo en que el autor inspirado la empleó. En segundo
lugar, es indispensable *un análisis gramatical* del pasaje, "des-
componiéndolo en proposiciones para estudiar cada una de
ellas, señalando su naturaleza, el oficio que desempeñan y
las propiedades de los elementos más importantes que constituyen cada proposición".[38] En tercer lugar, es necesario hacer
un *examen retórico* del pasaje, tomando nota del género literario al cual pertenece (v. gr: histórico, poético, profético, pa-
rabólico, epistolar o apocalíptico) y explicando todas las figuras de lenguaje a la luz de las costumbres y prácticas de la
época en que el autor vivió. En seguida, es necesario establecer
la relación del pasaje con su contexto, tanto el "contexto in-
mediato", consistente en la sección particular del libro en la
cual el pasaje se encuentra, como el "contexto remoto", que
abarca el argumento total del libro en cuestión. Por último,

---

[37] *Ibíd.,* pp. 62,66.
[38] Benito Fentanes, *Tesoro del Idioma Castellano,* (Madrid: Espasa-Calpe, S. A., 1927). p. 218.

es preciso hacer *un cotejo con los pasajes paralelos* en que los mismos términos o las mismas ideas aparecen en otros escritos del mismo autor y en los escritos de los demás autores inspirados. Este cotejo de pasajes paralelos asegura que la interpretación que se dé a un pasaje determinado estará de acuerdo con la enseñanza general de las Escrituras sobre el asunto particular tratado por el pasaje bajo consideración.

(c) El tercer y último requisito para la recta interpretación de las Escrituras es el ejercicio de un agudo sentido de pertinencia. Por "sentido de pertinencia" queremos decir el discernimiento de los puntos de correspondencia entre la situación histórica a la cual el escritor bíblico se dirigió y la situación contemporánea a la cual el predicador moderno tiene que dirigirse.

Hay dos hechos que garantizan que siempre habrá puntos de correspondencia entre estas dos situaciones. Uno es el hecho de la inmutabilidad del carácter de Dios. El otro es el hecho de la unidad de la raza humana. Dios no cambia. "Toda buena dádiva y todo don perfecto es de lo alto, que desciende del Padre de las luces, en el cual no hay mudanza, ni sombra de variación".[39] Tampoco ha cambiado la naturaleza esencial del hombre. Al través de todas las edades y en todos los lugares, sea cual haya sido su idioma, el color de su piel, el grado de su cultura o la cuantía de sus posesiones materiales, la naturaleza del hombre ha sido siempre la misma. Tenemos derecho, pues, de esperar que en los tratos de Dios para con los hombres que vivieron en los tiempos bíblicos podamos hallar algo que nos ayudará a entender cuál es la voluntad divina para con nosotros, los que vivimos en la actualidad.

Quizá un ejemplo ayudará a esclarecer el punto. Consideremos la historia de Elías que encontramos en 1 Reyes 19: 1-18. Los hechos históricos narrados en este pasaje son bastante singulares. Aproximadamente 850 años a. de J. C., una malvada reina oriental amenaza con la muerte al austero y asceta profeta de Dios. Este echa a correr y no para sino hasta caer rendido bajo la sombra de un enebro, y desea morir. Allí dos veces es alimentado por un ángel y luego camina unos trescientos kilómetros a pie, tomando cuarenta días para el viaje,

---

[39] Santiago 1:17.

llegando a la península sinaítica donde Moisés, hacía quinientos años, había recibido la ley. En ese lugar, estando metido en una cueva y todavía deseando morir, es interrogado por Dios, el cual le pregunta qué hace allí. Responde con la queja de que sólo él ha quedado fiel a Jehová y que lo quieren matar. En seguida Dios le manda salir de la cueva y le hace presenciar cuatro cosas: "un viento grande y poderoso", un terremoto, un fuego y "un silbo apacible y delicado". De nuevo escucha la pregunta que Dios le dirige: "¿Qué haces aquí, Elías?", y otra vez responde con el mismo lamento. En contestación Dios le manda ungir a dos reyes y a un profeta, y le asegura que hay siete mil almas en Israel que no han seguido a Baal.

Tales son los hechos históricos. Pero, ¿qué tienen que ver con personas que viven dos mil ochocientos años después de ese tiempo y a más de doce mil kilómetros de distancia del lugar en que aquellos eventos sucedieron? ¿Cuáles son los puntos de correspondencia entre aquella situación histórica y la de alguna de nuestras congregaciones latinoamericanas contemporáneas?

Para contestar tan importante pregunta tenemos que saber distinguir los elementos locales y transitorios en la historia de los valores universales y permanentes que contiene. Sabiendo que "Elías era hombre sujeto a semejantes pasiones que nosotros",[40] tenemos que buscar en su actuación los rasgos que son comunes a todo el pueblo de Dios. ¿Cuáles son?

Sin pretender haber agotado todas las posibilidades, podemos señalar cuando menos los siguientes: primero, Elías, a pesar de ser un gigante de la fe, se abismó en el pantano del desaliento; segundo, esta amargura de alma se apoderó de él muy poco tiempo después de haber tenido una experiencia de grande exaltación espiritual que lo dejó físicamente agotado; tercero, Elías recobró su ánimo de la siguiente manera: durmió y comió; se apartó del bullicio mundanal a un sitio solitario donde pudo estar en íntima comunión con Dios; se puso a trabajar nuevamente de acuerdo con la voluntad divina.

Se ve desde luego que en las consideraciones dadas arriba tenemos verdaderos puntos de correspondencia entre la situación histórica de Elías y la situación contemporánea de mu-

---

[40] Santiago 5:17.

chos de los hijos de Dios. Abunda el desaliento, y el predicador cristiano sentirá frecuentemente la necesidad de presentar a sus oyentes el remedio divino para tan infausto mal.

Así es que la tarea del intérprete bíblico no ha terminado sino hasta que distinga los elementos de valor permanente y universal en un relato bíblico de los elementos puramente transitorios y locales. Estos elementos de valor permanente y universal constituyen precisamente los puntos de correspondencia entre la situación histórica a la cual el escritor bíblico se dirigió y la situación contemporánea a la cual el predicador de la actualidad tiene que dirigirse.

Pero sólo a la medida que el predicador tenga un conocimiento sólido, tanto del fondo histórico de su pasaje como de la condición verdadera de su congregación, será posible que discierna los puntos en que las dos situaciones coinciden y sepa aplicar los valores permanentes de su pasaje a las necesidades apremiantes de su congregación.

2. El Tema del Mensaje Bíblico

La función del texto, como hemos visto ya, es la de proporcionar el tema del sermón. El texto es la raíz del tema. Cuando el texto ha sido rectamente interpretado (descubriendo el sentido exacto de lo que los autores inspirados dijeron y discerniendo la aplicación práctica de su mensaje para nuestros días), el siguiente paso es el de derivar del texto el tema del sermón.

(1) *Definición de términos.*

a. *El tema.* ¿Qué es lo que entendemos por la palabra "tema" en esta conexión? Diferentes textos de homilética han asignado diversos valores a este término, todos ellos legítimos en su lugar. Pero para evitar confusiones, en la presente obra nos ceñiremos al siguiente significado. Definimos el tema, pues, como *la materia de que se trata en el sermón; la idea central del sermón; el asunto presentado en el sermón.*

Hay dos formas en que el tema puede hallar expresión en la preparación del sermón, a saber: como título y como proposición.

b. *El título* es el nombre que se le da al sermón, o sea su encabezamiento. Por regla general es una simple frase, es decir, un pensamiento incompleto. Su propósito es el de sugerir la línea de pensamiento que va a ser seguida en el sermón, haciéndolo en una forma que despierte el interés sin revelar los detalles del tratamiento. Se emplea principalmente para anunciar el sermón en el boletín o en cualquier otro medio de publicidad de que la iglesia disponga. Un buen título será interesante sin incurrir en el delito de sensacionalismo. Los títulos sensacionales acusan falta de sensatez de parte del predicador, pues rebajan la dignidad del evangelio. Además, un buen título será breve. Por regla general no debe contener más de 4 ó 5 términos importantes. En esto debe asemejarse a los buenos encabezamientos del arte periodístico. Podríamos agregar que el título debe ser exacto, sin degenerar en pedantería. Por fin, el título del sermón debe señalar hacia lo presente en vez de hacia lo pasado, y ser expresado en una forma que enfoque la atención sobre los problemas religiosos prácticos de nuestros días.[41]

c. *La proposición* es una declaración en la forma más concisa posible y por medio de una oración gramatical completa, del tema que ha de ser discutido en el sermón. Informa a los oyentes de lo que se piensa decir acerca del tema. Presenta lo que ha de ser explicado o probado, o la pregunta que ha de ser contestada en el curso del sermón. La proposición es realmente una síntesis del sermón. La proposición envuelve el plan (bosquejo) del sermón, y éste desenvuelve la proposición. La proposición es el sermón en embrión porque precisa el rumbo específico que ha de ser seguido en la discusión.[42]

La formulación de la proposición constituye uno de los trabajos más importantes en la preparación del sermón. Bien es cierto que muchas veces el predicador no anuncia su proposición en el momento de presentar el mensaje. Pero sea esto como fuere, nunca debe dejar de formular la proposición del sermón como uno de los primeros pasos en la preparación del mismo. La proposición bien podría llamarse la "oración clave" del sermón. La importancia de esta oración clave ha sido

[41] Estas sugestiones son tomadas substancialmente de Blackwood, *The Preparation of Sermons* (New York: Abingdon-Cokesbury Press, 1948), pp. 92-96.
[42] El material de este párrafo está tomado esencialmente de Phelps, *op. cit.*, p. 46.

señalada por un renombrado orador cristiano, de la siguiente manera:

> Tengo la convicción de que ningún sermón está en condiciones de ser predicado, de que ningún sermón puede ser escrito totalmente, mientras no podamos expresar su tema en una sola oración gramatical breve, que sea a la vez vigorosa y tan clara como un cristal. Yo encuentro que la formulación de esa oración constituye la labor más difícil, más exigente y más fructífera de toda mi preparación. El hecho de obligarse uno a formular esa oración, desechando cada palabra imprecisa, áspera o ambigua, disciplinando el pensamiento hasta encontrar los términos que definan el tema con escrupulosa exactitud, esto en verdad constituye uno de los factores más vitales y esenciales en la hechura del sermón: y yo no creo que ningún sermón debe ser predicado, ni aun escrito, mientras esa oración no haya surgido con claridad luminosa de una luna llena en noche despejada.[43]

La distinción entre el título y la proposición puede ser ilustrada en términos gramaticales como sigue: el título es simplemente un sujeto del cual nada se afirma ni se niega; la proposición es sujeto, cópula y predicado. O en términos lógicos, la proposición enuncia un juicio; el título presenta un concepto.

Para ejemplos que ilustrarán con mayor claridad la diferencia esencial entre la formulación del tema como título y como proposición, el alumno puede consultar los ejemplos consignados en el siguiente capítulo bajo la discusión de los principios de división que deben regir en el plan del sermón (pp. 142-154).

(2) *Las cualidades de un buen tema.* Hay tres cualidades que son indispensables en cualquier tema que sea digno de un púlpito cristiano.

a. La primera es que debe ser *vital*. Debe versar sobre alguna de las grandes verdades de la fe cristiana. Nuestra oportunidad como predicadores es tan breve, la necesidad de nuestros oyentes tan seria y el mandato de nuestro Dios tan apremiante, que nunca debemos malgastar el tiempo con la discusión de asuntos marginales, de asuntos que Brooks caracterizó como "las chucherías de la teología". Decía Brooks:

> Supongo que todo predicador pasa alguna vez por un período en que el amor a lo fantástico lo domina y cuando los textos extra-

---

[43] J. H. Jowett, *The Preacher, His Life and Work*, (New York: Harper & Brothers Publishers, 1921), p. 133.

ños lo fascinan; cuando se deleita en buscar material para hablar durante una hora entera sobre algún tema tan insignificante que la mayoría de los hombres no podrían dedicarle sino dos minutos; cuando anhela la sutileza más que la fuerza, y la originalidad más que la verdad. Pero a medida que el predicador vaya conceptuando el sermón como un mensaje de Dios, va desenredándose de esas malezas. Sale al campo abierto. Su trabajo se hace más despejado, más atrevido, más comprensivo. Llega a amar los textos más sencillos y las grandes verdades que son de valor perenne. La soberanía de Dios, la redención que hay en Cristo, la esperanza del hombre en el Espíritu, el privilegio del deber, el amor del hombre en el Salvador — estos son los temas que producen la música que su alma se esfuerza en captar.[44]

b. La segunda cualidad de un buen tema es que sea *pertinente*. Hemos hablado ya de la necesidad de un agudo sentido de pertinencia como requisito indispensable para la recta interpretación de las Escrituras. Cuando decimos que los temas para el púlpito deben ser pertinentes, simplemente estamos indicando que deben incorporar y dar expresión a los valores permanentes y universales de sus respectivos textos. En otras palabras, el tema debe presentar la verdad eterna que el predicador se propone aplicar a las necesidades apremiantes de su congregación. A eso se refería un eminente predicador evangélico alemán cuando insistía en que "un sermón verdadero tiene por padre al cielo y por madre a la tierra".[45] El tema debe tener valor práctico para los que escuchan el sermón. El siguiente incidente, narrado por un gran predicador escocés servirá para hacer énfasis sobre nuestro punto.

Hace más de cuarenta años, un joven amigo mío salió del país para trabajar como ingeniero en la construcción de la Gran Presa del Nilo Superior. En aquel puesto incomunicado mi amigo y sus compañeros pasaban meses enteros bajo un calor sofocante, rodeados de las tentaciones terribles inherentes al aislamiento y al mal ejemplo, sin ver casi nunca a un ministro de religión. En cierta ocasión llegó un capellán para dirigir un culto de adoración, y como tema apropiado para aquellos muchachos desterrados, habló sobre el deber de guardar todos los días santos del calendario, como si su auditorio hubiese estado compuesto de las mismas viudas y solteras beatas de su acostumbrada congregación. En la siguiente carta que mi amigo escribió a su familia, denunció en términos enérgicos la insensatez tanto de aquel párroco como de la iglesia que lo mandó. Claro está que el referido capellán mereció ser premiado por su idiotez... Pero no hemos de pensar de él como una rareza excepcional. La estupidez criminal manifestada en la elección de su tema se debió a algo que es demasiado

---

[44] Brooks, *op. cit.*, pp. 17-18.
[45] Friedrich August Tholuck (1799-1877). Véase John Ker, *Lectures on the History of Preaching*, (New York: George H. Doran Company, n. d.), p. 323.

común en todas las iglesias: a la omisión de toda consideración de las necesidades de los oyentes.[46]

c. La tercera cualidad que debe caracterizar los temas del púlpito cristiano es *una legítima relación con las Escrituras.* Aquí estamos hablando de la manera en que el tema es derivado del texto. Hay sólo tres maneras legítimas de hacer esta derivación: (a) el tema puede ser encontrado directamente en el texto; (b) el tema puede ser inferido del texto por procedimientos lógicos; o (c) el tema puede ser sugerido por el texto.[47]

(a) *Temas encontrados directamente en el texto.* De las tres maneras legítimas en que los temas del púlpito pueden ser derivados de las Escrituras, ésta es indiscutiblemente la mejor. Lo es porque el tema corresponde con la mayor exactitud posible a la verdad histórica del texto. El predicador, siguiendo el método histórico - literario, descubre cuál fue el significado de su texto para las personas a quienes originalmente fue dirigido. Luego discierne que éste es precisamente el mensaje que sus propios oyentes necesitan. Su tema, pues, es idéntico al significado verdadero de su texto. Veamos algunos ejemplos:[48]

TEXTO	TEMA
No os engañéis: Dios no puede ser burlado: que todo lo que el hombre sembrare, eso también segará. Porque el que siembra para su carne, de la carne segará corrupción; mas el que siembra para el Espíritu, del Espíritu segará vida eterna" (Gál. 6:7, 8).	"La Ley de la Cosecha Espiritual"
"Respondióles Jesús: ¿Ahora creéis? He aquí, la hora viene, y ha venido, que seréis esparcidos cada uno por su parte, y me dejaréis solo: mas no estoy solo, porque el Padre está conmigo" (Juan 16:31, 32).	"La Soledad de Jesús"
"Y conoceréis la verdad, y la verdad os libertará" (Juan 8:32).	"Libertad por Medio de la Verdad"

[46] W. M. Macgregor, *The Making of a P·eacher,* (Philadelphia: The Westminster Press, Copyright 1946 by W. L. Jenkins), pp. 53-54.

[47] Por deferencia al criterio de varios buenos escritores sobre materia homilética, y en reconocimiento de la práctica de un buen número de predicadores competentes, estoy admitiendo la legitimidad de los temas derivados por vía de una simple sugestión. Pero deseo hacer constar que lo hago con positivas reservaciones. Mi convicción personal es que el predicador debe reservar sus talentos y energías para los temas que tengan una relación más estrecha para con sus respectivos textos.

[48] Estos ejemplos son tomados de los sermones de F. W. Robertson. Véase F. W. Robertson, *Sermons Preached at Brighton* (New York: Harper & Brothers Publishers, n. d.).

"El que quisiere hacer su voluntad, co-
nocerá de la doctrina si viene de Dios, o si
yo hablo de mí mismo" (Juan 7:17).

"La Obediencia,
Organo del Co-
nocimiento Espi-
ritual"

"Porque el dolor que es según Dios, obra
arrepentimiento saludable, de que no hay
que arrepentirse; mas el dolor del siglo obra
muerte" (2 Corintios 7:10).

"El Doble Poder
del Pesar"

En cada uno de los cinco ejemplos dados arriba, el tema
abarca el significado total del texto. Pero hay textos cuyo
contenido es tan rico que presentan más de un tema. El predicador puede escoger uno de ellos y omitir los demás. En
tales casos su tema se halla explícitamente en el texto, exactamente como en los casos anteriores, pero no abarca todo el
significado del texto. Por ejemplo, Brooks tiene un sermón
basado en 1 Juan 2:16.[49] Su tema es "La Soberbia de la Vida".
Este tema se encuentra claramente en el texto, pero abarca
sólo una porción del significado total del texto. Garvie sugiere
que el predicador podría encontrar en Juan 3:16 cuando menos cuatro temas distintos: "El Amor de Dios", "La Vida Eterna", "El Don de Cristo", y "La Suficiencia de la Fe"[50] Cada
tema es encontrado directamente en el texto, pero ninguno de
los cuatro temas abarca el significado total del texto.

(b) *Temas inferidos del texto por procedimientos lógicos.*
La segunda manera legítima en que el tema puede ser derivado del texto es por medio de la inferencia lógica. El tema
puede ser inferido del texto por deducción, por inducción o
por analogía. Vale la pena en esta conexión que refresque-
mos nuestra memoria respecto a la distinción fundamental
entre estos tres modos de razonar.

Las inferencias mediatas... se dividen en dos clases principales,
el silogismo en sentido estricto... y la inducción.. El silogismo en
sentido estricto (razonamiento deductivo) es en sus formas capitales una conclusión de lo universal a lo particular o a lo singular,
y en todas sus formas, una conclusión a partir de lo universal. La
inducción es una conclusión de lo singular o lo particular a lo
universal. Una tercera especie, la de la conclusión por analogía,
que pasa de lo singular o particular a lo singular o particular afín,

49 Kleiser, *op. cit.*, VIII, pp. 83-102.
50 Garvie, *op. cit.*, p. 388.

debe distinguirse de las dos anteriores, aunque se puede reducir a una combinación de ambas.[51]

i. Cuando el texto presenta una verdad general y el tema una aplicación particular de ella, decimos que el tema es inferido *por deducción*. Por ejemplo, el predicador puede tomar por texto a Mateo 28:19, 20 y predicar un sermón sobre el tema "Llevando a Cabo la Gran Comisión", haciendo ver que la obediencia al mandato de Cristo demanda de parte nuestra la oración, la contribución de nuestro dinero y la dedicación de nuestra vida. Este tema no es idéntico al significado histórico del texto. El texto no menciona nada acerca de la manera en que la comisión de Cristo debe ser ejecutada. Pero el tema es una legítima inferencia del texto, una inferencia por deducción.

Otro ejemplo se nos presenta en relación con 1 Tesalonicenses 5:22: "Apartaos de toda especie de mal". Este texto inculca un deber ético general, a saber: el de evitar toda clase de mala conducta. Si un pastor ve que las presiones sociales que rodean a la juventud de su congregación están llevándola hacia peligros morales, bien podría tomar este texto y de él inferir por deducción el siguiente tema: "Los Peligros del Baile".

Estos dos ejemplos bastan para indicar a qué nos referimos cuando decimos que un tema puede ser derivado de su respectivo texto por el proceso lógico de la deducción. Esta es una de las maneras legítimas de derivar temas para el púlpito, pero debemos tener siempre presente que es superior el método que encuentra el tema directamente en el texto.

ii. Un tema es derivado de su texto *por inducción* cuando el texto presenta un caso particular del cual el predicador deriva un tema general. Este proceso se emplea especialmente en relación con las porciones narrativas de las Escrituras.

Por ejemplo, F. W. Robertson tiene un sermón intitulado "Triunfo Sobre los Impedimentos" basado en Lucas 19:8.[52] El texto, juntamente con su contexto, presenta un caso particular, el de Zaqueo. Este logró triunfar sobre todos los impedimentos, tanto los circunstanciales como los personales, que

[51] Francisco Romero y Eugenio Pucciarelly, *Lógica*, (Buenos Aires: Espasa-Calpe Argentina, S. A., 1947), p. 86.
[52] Robertson, *op. cit.*, pp. 68-78.

hacían difícil su llegada a Jesús. De este caso particular el predicador infirió un tema general, tratando en su mensaje dos puntos principales: los obstáculos a una vida religiosa y el triunfo cristiano sobre las dificultades.

Ejemplo parecido tenemos en la obra de Horacio Bushnell.[53] Este predicó un sermón que se ha hecho famoso sobre Isaías 45:5b: "Yo te ceñiré, aunque tú no me conociste", palabras de Dios dirigidas originalmente a un individuo particular, a Ciro de Persia. El significado histórico del texto es que Dios tenía un plan para la vida de aquel potentado oriental. Dios lo iba a usar, aunque él no lo sabía. De este caso particular el predicador, por inducción, infirió la verdad general de que Dios tiene un plan para la vida de todo hombre. De ahí su tema: "La Vida de Todo Hombre un Plan de Dios".

Bástenos un ejemplo más. En Exodo 8:1-14 tenemos la historia de la segunda de las diez plagas con que Dios afligió a Egipto, o sea la plaga de las ranas. Los versículos 8 al 10 nos informan cómo Faraón, hastiado y molesto por tanto animal repugnante, le pide a Moisés que ore porque las ranas sean quitadas. "¿Cuándo oraré por ti... para que las ranas sean quitadas?" le pregunta Moisés. Y la respuesta fue: "Mañana". De este caso particular de una demora insensata el predicador puede inferir por inducción el siguiente tema general: "La Insensatez de la Demora".

iii. Ahora nos resta ilustrar el último tipo de inferencia lógica que el predicador puede emplear en la derivación de sus temas para el púlpito: la inferencia *por analogía*. Al hacerlo, tengamos presente que la característica fundamental de la analogía es la de un proceso mental que "pasa de lo singular o particular a lo singular o particular afín".

Por ejemplo, en Exodo 12:1-13 tenemos la historia de la primera pascua en Egipto. En el versículo 13 leemos estas palabras: "Y la sangre os será por señal en las casas donde vosotros estéis". La sangre a que el texto se refiere fue la sangre del cordero pascual. Esa sangre fue una señal para los hebreos que se hallaban a la sazón como esclavos en Egipto. Pero en el Nuevo Testamento Cristo es llamado el Cordero de Dios y su sacrificio es considerado como un cumplimiento del

[53] Andrew W. Blackwood, *The Protestant Pulpit* (New York: Abingdon-Cokesbury Press 1947), pp. 75-85.

elemento típico que tuvo la pascua hebrea. Así es que el predicador se pregunta si no existe alguna analogía entre la manera en que la sangre del cordero pascual constituía una señal para los esclavos hebreos y la manera en que la sangre de Cristo constituye una señal para nosotros. Toma, pues, como tema "La Señal de la Sangre" y expresa su tema en la siguiente proposición: "De la misma manera en que la sangre del cordero pascual constituía una señal en la tierra de Egipto, así también la sangre de Cristo constituye una señal para el mundo hoy en día". En su mensaje desarrolla los siguientes puntos: la sangre es una señal del juicio de Dios sobre el pecado; la sangre es una señal del amor de Dios para el pecador; la sangre es una señal de la prometida liberación de la esclavitud del pecado; la sangre es una señal que demanda fe de parte nuestra.

Alejandro McKenzie, ministro congregacional norteamericano del siglo pasado, predicó un buen sermón sobre 1 Reyes 10:13: "Por otra parte el rey Salomón dio a la reina de Sabá todo cuanto ella quiso, y cuanto pidió; fuera de lo que Salomón le había dado de su real munificencia" (V. M.).[54] El texto significa exactamente lo que dice, nada más y nada menos. Salomón dio a la reina de Sabá todo lo que ésta le pidió y después, "de su real munificencia" le agregó algunos donativos más. McKenzie vio en este incidente una analogía con la manera en que Dios se deleita en tratar a sus hijos. Dios nos da más de lo que necesitamos o de lo que le pedimos. Nos da también "de su real munificencia" bendiciones con que ni aun soñábamos. En el sermón el predicador presenta ilustración tras ilustración de esta característica divina y luego ruega por una disposición de parte nuestra a conformarnos de tal manera con la voluntad de Dios que podamos estar en condiciones de recibir las bendiciones que de su "real munificencia" el Señor nos quiera dar. "La Real Munificencia", pues, es un tema inferido del texto mencionado por el proceso de la analogía.[55]

(c) *Temas derivados de sus respectivos textos por vía de*

---

[54] Kleiser, *op. cit.*, VII, pp. 211-226.
[55] El lector no debe confundirse por el hecho de que en los dos ejemplos dados como ilustraciones de temas inferidos por analogía, las palabras del tema se encuentran directamente en el texto. Cuando el tema se expresa, no como título sino como proposición, se ve claramente que la idea central del sermón constituye una analogía con el incidente registrado en el texto.

una simple sugestión. Es instructivo observar que aun aquellos escritores que abogan por la legitimidad de este tipo de temas se ven obligados a llamar la atención a ciertos peligros serios que están envueltos en el procedimiento. Garvie, por ejemplo, dice lo siguiente:

> Si la constitución mental de un individuo es caracterizada por una tendencia fantástica, si su instrucción en las Sagradas Escrituras y en la verdad divina ha sido imperfecta, le será sumamente peligrosa la práctica de seguir las sugestiones de su texto, porque por lo general éstas no serán sino fuegos fatuos que lo dejarán desencaminado en algún pantano mental. Pero para el hombre de conocimientos adecuados y de un criterio disciplinado, la sugestión, aun cuando no puede ser reducida a una forma lógica inflexible, puede ser un guía de confianza.[56]

Consideremos en seguida dos ejemplos, uno bueno y el otro malo, para ilustrar la derivación de temas por el proceso de la sugestión.

Alejandro Maclaren, generalmente reconocido como "el príncipe de los expositores bíblicos", predicó en cierta ocasión un sermón basado en Juan 19:22 y cuyo tema fue: "El Pasado Irrevocable".[57]

El texto presenta los siguientes hechos. Pilato había escrito el título que tenía que ser colgado sobre la cruz de Cristo. Los judíos objetaron a su redacción, diciéndole: "No escribas, Rey de los Judíos: sino, que él dijo: Rey soy de los Judíos". Respondió el gobernador romano: "Lo que he escrito, he escrito".

El significado verdadero del texto, como lo expresa Maclaren mismo en la introducción de su mensaje, es que Pilato "habiendo prostituido su oficio en la condenación de Jesús, vengó su debilidad con una terquedad inoportuna... Había escrito su mofa, y todos los judíos del mundo entero no le harían cambiar". En este incidente el predicador ve una sugestión. "Lo tomo", dice Maclaren, "como expresando en una forma gráfica, sin referencia a la intención de Pilato, el pensamiento de un pasado irrevocable". Notemos las palabras "sin referencia a la intención de Pilato". El predicador está diciendo que su tema lo ha derivado simplemente por sugestión. No pretende que el significado de su texto sea idén-

---

[56] Garvie, *op. cit.*, p. 387.
[57] Alexander Maclaren, *Expositions of Holy Scripture*, (Grand Rapids: Wm. Eerdmans Publishing Co., 1952), VII, pp. 266-268.

tico a la idea de su tema ni que ha inferido su tema del texto. El texto simplemente sugirió el tema.

Para dar una idea de los peligros de este método de derivación y de los abusos a que puede dar lugar, consigno un ejemplo más. Hacia fines del siglo pasado cierto pastor evangélico neoyorquino predicó un sermón en contra del tráfico de licores. Tomó como texto las palabras de Jacob en Génesis 37:33. "La ropa de mi hijo es; alguna mala bestia le devoró". Su tema fue: "Un Monstruo Sangriento". El mensaje, en lo que se refiere a su propósito, la claridad de su pensamiento y el vigor de su lenguaje es muy bueno. Pero la conexión entre el texto y el tema es demasiado remota. La verdad es que no hay nada en el discurso que haga necesario siquiera que tenga un texto bíblico, sea cual fuere, y menos que tenga el texto que tiene.[58] El predicador debería haber hecho una de dos cosas: o hablar sin texto alguno, presentando un discurso moral (una simple conferencia) sobre el asunto ya mencionado; o (si quería que su discurso fuese en realidad un sermón) escoger alguno de entre los muchos textos bíblicos que hablan con claridad y acierto sobre el asunto de las bebidas embriagantes, y derivar su tema de ese texto, de acuerdo con cualesquiera de las dos primeras formas legítimas que hemos discutido ya.

Recapitulando lo dicho respecto a la necesidad de que los temas para el púlpito tengan una legítima relación con las Escrituras, reiteramos que hay sólo tres maneras válidas en que un tema puede ser derivado de su respectivo texto. (a) El tema puede ser encontrado directamente en el texto. Lo ideal es que sea idéntico con la idea central del texto. Hay mucho de verdad en la insistencia de un competente escritor contemporáneo cuando dice que "uno de los principios básicos de la verdadera predicación bíblica es que el tema del sermón debe ser el tema del pasaje en que se funda".[59] A veces, sin embargo, el tema puede abarcar un solo aspecto de la verdad total presentada en el texto. (b) El tema puede ser inferido del texto por procedimientos lógicos, a saber: por deducción, por inducción o por analogía. Cuando el texto presenta una

[58] El predicador aludido fue Thomas De Witt Talmage. El sermón se encuentra en Kleiser, op. cit., VIII, 3-17.
[59] Donald G. Miller, The Way To Biblical Preaching (New York: Abingdon Press, 1957), pp. 64-65.

verdad general y el tema una aplicación particular de esa misma verdad, decimos que el tema fue inferido por deducción. Cuando el texto presenta algún caso particular y el tema una generalización de la verdad del texto, decimos que el tema fue inferido por inducción. Cuando el texto presenta una verdad particular y el tema otra verdad particular afín, decimos que el tema fue inferido por analogía. (c) El tema puede ser derivado por sugestión. Como este método se presta a abusos, su empleo (que debe ser tan infrecuente como sea posible) exige que el predicador posea tanto un conocimiento amplio de las Escrituras como una buena dosis de sentido común.

(3) *El desarrollo del tema.* Hemos definido un mensaje bíblico como "aquel que está basado en la recta interpretación de un texto de la Biblia, tomando del texto su tema, desarrollando el tema en conformidad con la enseñanza general de las Escrituras, y aplicándolo a las necesidades actuales de los oyentes". De esta definición se desprende que la calidad bíblica del mensaje exige que se preste atención, no sólo a la derivación del tema sino a su desarrollo también.

En un sentido estricto, no hay más de dos maneras en que el tema puede ser desarrollado, a saber: de acuerdo con el texto o de acuerdo con el tema mismo. La manera más sencilla de distinguir entre estos dos métodos de desarrollo es decir: (a) que cuando las divisiones principales del plan (bosquejo) son tomadas del texto, tenemos un desarrollo textual; y (b) que cuando las divisiones principales del plan son derivadas del tema, tenemos un desarrollo temático. En el primer caso, clasificaríamos el mensaje como un *sermón de texto* y en el segundo caso, como un *sermón de asunto.*

La distinción entre estos dos métodos de desarrollo es fundamental, aunque hay que admitir que a veces coinciden.

> **Empezando con su tema, es posible que el predicador encuentre un texto tan apropiado que todas las divisiones lógicas del tema serán encontradas en el texto; o bien puede ser que empezando con su texto, el predicador logre derivar del texto un tema que puede ser expresado mediante una proposición tan feliz que las distintas divisiones del texto constituirán también las divisiones lógicas de la proposición.[60]**

---

[60] Broadus-Weatherspoon, *op. cit.*, p. 134.

a. Iniciemos nuestra discusión con el desarrollo textual. Como se dijo arriba, cuando las divisiones del plan (bosquejo) son tomadas del texto, tenemos un desarrollo textual, y el sermón que resulta es clasificado como un sermón de texto. Pero dentro del desarrollo textual hay que distinguir entre el análisis y la síntesis.

(a) *El desarrollo textual analítico*. Este se caracteriza de la siguiente manera: En primer lugar, el tema del sermón es idéntico a la idea central del texto. En segundo lugar, las distintas partes del texto son empleadas en el sermón de la misma manera y en el mismo orden en que se encuentran en el texto. Es decir, las divisiones principales del sermón son formadas por las partes principales del texto y presentadas en el mismo orden en que aparecen en el texto.[61] Los siguientes ejemplos deben poner en claro el punto.

Texto: Mateo 22:29
Tema: Las Causas del Error Religioso

I. La primera causa consiste en la falta de conocimiento de las Escrituras.
II. La segunda causa consiste en la falta de una experiencia personal del poder de Dios.

Texto: Deuteronomio 33:29
Tema: El Gozo del Pueblo de Dios

I. El Pueblo de Dios tiene gozo por causa de su redención.
II. El pueblo de Dios tiene gozo por causa de su protección.
III. El pueblo de Dios tiene gozo por causa de su poder conquistador.

Texto: 1 Juan 2:12, 13b
Tema: Características del Cristiano Verdadero

I. El cristiano verdadero ha experimentado el perdón de sus pecados.
II. El cristiano verdadero tiene un conocimiento íntimo y personal de Dios.
III. El cristiano verdadero vive una vida de victoria sobre el maligno.

[61] La discusión teórica de *análisis* y de *síntesis* que se encuentra en el presente capítulo está basada en R. C. H. Lenski, *The Sermon*, (Fort Worth: Potter's Book Store, n. d.), pp. 42-54. Los ejemplos consignados (salvo cuando lo contrario es indicado) son míos.

Texto: Mateo 28:18-20
Tema: La Gran Comisión

I. Encontramos aquí una autoridad inapelable.

II. Encontramos, además, una tarea comprensiva.

III. Encontramos también una promesa alentadora.

Texto: Lucas 15:17-24
Tema: El Retorno del Pródigo*

I. Reconoció cuál era su condición.

II. Resolvió volver a su padre.

III. Confesó su pecado.

IV. Recibió un perdón completo.

V. Gozó de la abundancia de la casa paterna.

Texto: Jeremías 31:31-34[62]
Tema: Las Bendiciones Superiores del Nuevo Pacto

I. El nuevo pacto efectúa santidad interna.

II. El nuevo pacto provee conocimiento personal para todos.

III. El nuevo pacto descansa sobre el perdón que Dios otorga.

En todos estos sermones se observa que el tema es idéntico a la idea central del texto y que las divisiones del sermón son formadas por las partes principales (coordinadas) del texto y que son presentadas en el mismo orden en que aparecen en el texto.

(b) *El desarrollo textual sintético.* Exactamente como el desarrollo textual analítico, el desarrollo sintético se ocupa única y exclusivamente con los materiales del texto. Difiere del desarrollo analítico, sin embargo, en dos particulares. En primer lugar, en cuanto al orden de las partes. En el desarrollo textual analítico el orden de las partes del texto es seguido al pie de la letra en el orden de las divisiones del sermón. Pero en el desarrollo textual sintético este orden es cambiado por otro que al predicador le parece más conveniente para su propósito. La segunda diferencia tiene que ver con su tema. En el desarrollo textual analítico, el tema del sermón es siempre idéntico a la idea central del texto. En el desarrollo textual sintético lo puede ser también, pero no es indispensable que así sea. Una de las partes del texto puede ser elevada a la

---

[62] Este ejemplo está tomado de Lenski, *op. cit.,* p. 45.

* Como ejemplo de la posible variedad en el arreglo homilético, damos tres bosquejos basados en la parábola del Hijo Pródigo. En el primero el arreglo es analítico; en el segundo es de síntesis elemental; y en el último es de síntesis avanzada.

categoría de tema y las demás subordinadas a aquélla para formar las divisiones del sermón, o bien el tema puede ser inferido del texto por procedimientos lógicos.

1. *Síntesis elemental*. Cuando el tema del sermón es idéntico a la idea central del texto, pero el orden de las partes del texto es alterado en el orden de las divisiones del sermón, tenemos un caso de síntesis elemental. Los siguientes ejemplos deben aclarar lo que esto significa.

Texto: Jeremías 31:31-34[63]
Tema: Las Bendiciones Superiores del Nuevo Pacto

  I. El nuevo pacto nos bendice con un conocimiento personal de Dios.
 II. El nuevo pacto nos bendice con un verdadero perdón de todos nuestros pecados.
III. El nuevo pacto nos bendice con una santidad efectiva en nuestra vida diaria.

En el texto, el orden de las partes es: (1) santidad; (2) conocimiento; y (3) perdón. Se ha cambiado este orden por el que aparece en el sermón con el fin de seguir el orden de la experiencia cristiana. Primero llegamos a tener conocimiento, luego perdón, y por fin la santidad de vida.

Texto: Lucas 15:11-24
Tema: El Hijo Pródigo

  I. Veámoslo en la pocilga
     1. Su condición descrita.
     2. Su condición contrastada con su estado anterior.
 II. Investiguemos las causas de su degradación
     1. Se debió a su insensatez.
     2. Se debió a su ingratitud.
     3. Se debió a su rebeldía.
III. Conozcamos los pasos en su restauración
     1. Reconoció su condición y su culpa.
     2. Resolvió dejar la pocilga y volver a su padre.
     3. Recibió el perdón y la abundancia de todo lo necesario.

En el texto el orden de las partes es: (1) la salida del

[63] *Ibid.*, p. 49.

pródigo; (2) su degradación en la tierra lejana; y (3) su retorno. En el sermón se ha cambiado el orden con el fin de plantear al principio un problema y luego investigar su origen y encontrar su solución. La razón del cambio obedece al hecho de que en la opinión del predicador tal presentación del asunto conviene mejor a la condición y necesidad de su congregación.

Texto: Salmo 51:1, 2
Tema: Culpa y Perdón.[64]

I. Lo que David pensaba del pecado
   1. Que es rebelión.
   2. Que es apartamiento de lo recto.
   3. Que es "perder o errar el blanco".

II. Lo que David pensaba del perdón
   1. Que significa "borrar".
   2. Que significa "lavar".
   3. Que significa "sanar".

III. Dónde David cifraba su esperanza para pedir como pidió: en la misericordia de Dios
   1. La revelación de la misericordia de Dios inspira confianza para pedir el perdón.
   2. La revelación de la misericordia de Dios mueve al arrepentimiento.

Este es un texto que no se presta para un tratamiento analítico por la sencilla razón de que las partes que tratan del pecado están entrelazadas con las que hablan del perdón. Además, el concepto de la misericordia es lo primero que el texto presenta, y es evidente que desde el punto de vista homilético conviene mucho mejor dejar esta consideración para el final del sermón, así como Maclaren lo hizo.

ii. *Síntesis avanzada*. Este tipo de síntesis entraña más que un simple trastrueque de partes. Envuelve nada menos que un cambio de tema. Ya no se ciñe el predicador a la idea central de su texto. O eleva a una de las ideas secundarias de su texto a la categoría de tema, o infiere su tema del texto por procedimientos lógicos. En cualquiera de los dos casos, el

---

[64] Este sermón es de Alexander Maclaren. Se encuentra en F. W. Patterson (ed.) *Sermones de Diez Eminentes Predicadores* (El Paso: Casa Bautista de Publicaciones, 1951), pp. 9-24.

procedimiento es como sigue: Primero, se hace una lista de los diversos pensamientos que el texto presenta. A la luz de las necesidades espirituales de la congregación se medita sobre este conjunto de pensamientos hasta que alguno de ellos llegue a resaltar en su mente, impresionándole con sus posibilidades como tema para el sermón. Logrado el tema, se vuelven a examinar todos los pensamientos del texto a la luz de este tema. Omitiendo lo que no viene al caso, toma los otros materiales del texto y los arregla en torno al tema en la forma que le parece más conveniente.

Veamos una ilustración. De la historia del hijo pródigo ya hemos derivado ejemplos tanto del desarrollo textual analítico como de síntesis elemental. Ahora nos serviremos del mismo pasaje para dar un ejemplo de síntesis avanzada. Como se ha explicado ya, el tema del sermón no va a ser idéntico a la idea central del texto. Se deriva más bien de algunas de las ideas secundarias del pasaje. De entre las varias posibilidades que la historia presenta, nos llama la atención la expresión, "Y volviendo en sí..." que encontramos en el versículo 17. En esta expresión, pues, hallamos el siguiente tema: "Cuando el Hombre Vuelve en Sí". Desarrollando el tema a la luz del contenido de todo el pasaje, el resultado puede ser algo parecido a lo siguiente:

Texto: Lucas 15:11-24
Tema: Cuando el Hombre Vuelve en Sí

I. Cuando el hombre vuelve en sí comprende que el mundo siempre decepciona
   1. Sus riquezas son pasajeras.
   2. Sus amistades son falsas.
   3. Sus placeres son huecos.
   4. Su libertad es engañosa.
II. Cuando el hombre vuelve en sí comprende que sólo Dios satisface
   1. Que en su disciplina hay sabiduría.
   2. Que en su cuidado hay suficiencia.
   3. Que en su amor hay perdón.
III. Cuando el hombre vuelve en sí comprende que su destino está en sus propias manos
   1. Que sólo él es culpable de su ruina.
   2. Que debe arrepentirse y volver a Dios.

Veamos ahora un ejemplo en que el tema del sermón es inferido del texto por uno de los tres procedimientos lógicos. Supongamos que el predicador quiere preparar un mensaje sobre el capítulo 7 del libro de los Jueces. La idea central del capítulo es la de la victoria de Gedeón sobre los madianitas. Pero semejante tema meramente histórico sería de escaso interés y de poco provecho para una congregación contemporánea. ¿Cómo sería posible utilizar el material de este capítulo para elaborar un mensaje vital y pertinente?

El primer paso consiste en hacer una lista completa de todos los pensamientos que se encuentran en el capítulo. La lista puede ser como sigue:

1. Gedeón asienta su campo frente a los madianitas, 7:1

2. Dios advierte a Gedeón que con tan numeroso ejército, si Israel llega a triunfar, hay peligro de que no den la gloria a Dios, 7:2

3. Son eliminados del ejército de Israel los soldados cobardes, 7:3

4. Son eliminados del ejército de Israel los soldados que pensaban más en satisfacer sus propias necesidades que en defender la causa que representaban, 7:4-6

5. Dios promete salvar a Israel con el pequeño grupo de 300 soldados que queda, 7:7

6. Gedeón cree la promesa divina y despacha a los demás a sus casas, 7:8

7. Dios manda a Gedeón descender al campo de Madián para recibir una señal adicional que fortalecerá su fe, 7:9-11

8. El gran número de los madianitas es declarado, 7:12

9. Gedeón escucha el sueño que uno de los madianitas le cuenta a otro, 7:13, 14

10. Gedeón adora a Dios y anima a sus soldados a confiar en que Dios les dará la victoria, 7:15

11. Gedeón reparte a sus soldados en tres escuadrones y los provee de "bocinas, cántaros vacíos y teas ardiendo dentro de los cántaros", 7:16

12. Gedeón manda a sus soldados a mirarlo a él y a hacer lo que le vean a él hacer, 7:17, 18

13. Los soldados obedecen a Gedeón, 7:19, 20

14. Cada soldado ocupa precisamente el sitio que le corresponde ocupar en derredor del campamento del enemigo, 7:21

15. Dios obra, confundiendo al enemigo y dando una sonada victoria a Israel, 7:22

16. Otros de los israelitas se juntan con los 300 de Gedeón para perseguir a los madianitas, 7:23

17. Gedeón manda a todos los de Efraín a unirse a la persecución de Madián, 7:24

18. Los israelitas toman presos a los dos príncipes de Madián y los matan, 7:25

El segundo paso consiste en meditar sobre estos pensamientos, teniendo presentes siempre las necesidades de la congregación a la cual el mensaje va a ser predicado, hasta que alguno de los pensamientos que aparecen en la lista (o alguna combinación de ellos) llegue a resaltar como posible tema para el sermón. Claro está que son varias las posibilidades que tan larga lista ofrece.

Sería posible, por ejemplo, tomar a Gedeón como dechado del obrero cristiano fijándose en su fe, su obediencia, su valor y su persistencia para acabar con la tarea que había empezado a hacer. El predicador toma nota de esta posibilidad y sigue estudiando el pasaje.

De repente le llama la atención el gran contraste entre el número crecido de los madianitas, mencionado en el versículo 12, y el número pequeño de los soldados de Gedeón, mencionado en el versículo 7. Este contraste le recuerda otro parecido, a saber: el contraste marcado entre el número pequeño de los cristianos evangélicos en la América Latina y la gran mayoría de los que ignoran o que se oponen al evangelio. Pero el pequeño ejército de Gedeón venció las huestes innumerables de Madián. ¿A qué se debería tan sorprendente victoria? Por supuesto que se debió fundamentalmente al poder divino. Pero ¿por qué querría Dios obrar en la forma en que lo hizo? ¿Cuál sería el secreto del triunfo de Gedeón y sus trescientos sobre las fuerzas superiores de Madián? Si este secreto fuera descubierto y puesto en acción, ¿no tendríamos los cristianos evangélicos de la América Latina esperanza de conquistar este continente para el Señor Jesús? Ya se encontró el tema (inferido del texto por inducción): "El Secreto del Triunfo".

El tercer paso consiste en organizar los materiales del capítulo en torno al tema escogido. Al volver a estudiar el pasaje desde este punto de vista, el predicador no tiene un interés meramente histórico. Lo que busca es la verdad eterna de su texto. Desea encontrar en la victoria de Gedeón ciertos principios espirituales que son aplicables a las necesidades actuales de su propia congregación. Y no tarda en llegar a la conclusión de que bajo Dios el secreto del triunfo, tanto el de Gedeón como el nuestro, estriba en tres cosas principales, a saber: (1) en el carácter personal de los que luchan; (2) en las armas que se empuñan; y (3) en la táctica que se sigue al pelear. Después de apuntar estas tres consideraciones observa que no ha utilizado ningún material comprendido en los versículos del 9 al 15. Está bien. Esta es una de las ventajas del desarrollo sintético, a saber: que el predicador no está obligado a utilizar *todo* el material de su texto. El resultado, entonces, es como sigue:

Texto: Jueces 7:1-25
Tema: El Secreto del Triunfo

Propósito General: De consagración

Propósito Específico: El de inspirar a los hermanos a esforzarse por desarrollar en sus respectivas vidas las cualidades y las actitudes que les permitirán ser usados por Dios en la conquista de la Patria para la fe del Señor Jesús.

Proposición: En la sonada victoria de Gedeón y sus trescientos soldados sobre las innumerables huestes de Madián encontramos el secreto que puede darnos el triunfo en nuestros esfuerzos por conquistar la Patria para Cristo el Señor.

Oración de transición: ¿En qué, pues, consiste el secreto del triunfo?

I. El secreto del triunfo consiste, ante todo, en el carácter personal de los que luchan
   1. Es menester ser humildes.
   2. Es menester ser valientes.
   3. Es menester estar totalmente dedicados a la tarea (indicado por la manera cautelosa en que los trescientos tomaron el agua).

II. El secreto del triunfo consiste también en las armas que se esgriman

1. Hay que dar un positivo testimonio verbal (sugerido por el sonido estentóreo de las bocinas).
2. Hay que respaldar el testimonio verbal con un ejemplo luminoso (sugerido por las teas que ardían dentro de los cántaros de barro).

III. El secreto del triunfo consiste finalmente en la táctica que se sigue en la lucha
    1. Hay que mantener la vista clavada en el Jefe.
    2. Cada uno debe ocupar precisamente el sitio que el Jefe le asigne.
    3. Es necesario estar dispuestos al sacrificio personal para adelantar los intereses de la causa que seguimos (sugerido por la acción de romper los cántaros para dejar que se viera la luz. Véase 2 Cor. 4:7).

(c) *Tipos especiales de desarrollo textual*

Antes de dar fin a nuestra discusión del desarrollo textual, debemos prestar alguna atención a dos tipos especiales del mismo. Me refiero al sermón expositivo y a la homilía.

i. *El sermón expositivo.* No es cosa fácil formular una definición satisfactoria de este término. Cuando examinamos las diferentes opiniones que existen sobre el particular, confirmamos aquello de que "cada cabeza es un mundo".

Un célebre predicador del siglo pasado dijo:

> Al hablar de la predicación expositiva, me refiero a aquel método de discurso en el púlpito que consiste en la interpretación consecutiva y la aplicación práctica de algún libro del canon sagrado.[65]

De acuerdo con esta definición queda descartada la posibilidad de predicar un sermón expositivo sobre cualquier pasaje determinado, a no ser que dicho sermón forme parte de un curso de mensajes consecutivos sobre el libro en el cual el pasaje aparece.

Según un profesor de homilética a quien hemos citado en páginas anteriores,

> La discusión que explica tiene su mejor corona y gloria en lo que técnicamente es conocido con el nombre de predicación expositiva.

65 William M. Taylor, *The Ministry of the Word* (London: T. Nelson and Sons, 1876), p. 115.

> Esta clase de predicación se basa en un pasaje un poco extenso
> de la Escritura. Aunque el objeto principal de esta predicación es
> explicar, esta explicación es hecha con el fin de persuadir.[66]

En esta declaración resaltan dos consideraciones, a saber: que
la predicación expositiva debe ser basada en un pasaje algo
extenso; y que se caracteriza especialmente por su índole ex-
plicativa.

La idea de que el sermón expositivo necesita estar basado
en un pasaje algo extenso ha sido sostenida por otro autor,
como sigue:

> Un sermón expositivo es aquel que brota de un pasaje que tiene
> más de dos o tres versículos. En teoría tal sermón se distingue
> del sermón de texto principalmente en relación con la extensión
> de sus respectivos textos; en la práctica los términos a menudo
> coinciden. Considérese, por ejemplo, un sermón que desenvuelve
> el significado y los valores espirituales de Mateo 11:28-30. ¿Deno-
> minaríamos ese mensaje como un sermón expositivo o como un
> sermón de texto? Probablemente escogeríamos la primera clasi-
> ficación, pero cualesquiera de las dos podría servir. Por lo visto,
> pues, concluimos que un sermón expositivo es aquel que aplica
> un tratamiento textual a un pasaje más o menos extenso, y que
> un sermón de texto es aquel que aplica un tratamiento expositivo
> a un pasaje breve.[67]

Otro escritor opina que la extensión de texto no es requisito indispensable para un sermón expositivo, pero que un
énfasis especial sobre la explicación sí lo es.

> La palabra "exposición" ha sido empleada de diversas maneras en
> relación con los sermones. Hubo tiempo en que era reservada para
> aquellas ocasiones cuando el predicador no se limitaba a un texto
> breve, sino que hacía comentarios sobre un pasaje más extenso. A
> tal predicación se le aplicaba el calificativo de "expositiva" para
> distinguirla de la anterior, la cual se llamaba "textual". Pero tal
> uso del término era indebido. La exposición significa simplemente
> "poner delante de", o sea "explicar", y si el predicador está expli-
> cando un texto breve, o todo un capítulo o aun un libro entero de
> la Biblia, en todo caso se debe calificar su trabajo como exposición.
> La profundidad que puede alcanzar, por supuesto, estará en pro-
> porción inversa a la extensión del pasaje bajo consideración, pero
> no por eso dejará de tener un trabajo de exposición.[68]

En la opinión de todavía otra autoridad en la materia,
cada ministro debe fijarse la meta de ser un predicador expositivo,

---

[66] Herrick Johnson, *op. cit.*, p. 224.
[67] Blackwood, *The Preparation of Sermons*. p. 64.
[68] Sangster, *op. cit.*, p. 63.

No en el sentido estrecho de estar siempre explicando en detalle algún pasaje de la Escritura, sino en el sentido amplio de que aun cuando predique sobre algún asunto, éste será derivado de su texto, no por una exégesis forzada, sino en virtud de la afinidad natural que existe entre texto y asunto; y que el tratamiento de cada texto será determinado siempre por el estudio histórico de su respectivo contexto.[69]

Por último, un escritor contemporáneo sustenta esta tesis:

La predicación expositiva es un acto en el cual la verdad viva de alguna porción de las Sagradas Escrituras, entendida a la luz de un sólido estudio exegético e histórico y transformada por el Espíritu Santo en realidad vital para el predicador mismo, es engendrada en el corazón del oyente por el Espíritu Santo al confrontarlo con Dios en Cristo en una experiencia de juicio y de redención.[70]

En otras palabras, la opinión de este autor es que

Toda predicación verdadera es predicación expositiva, y aquella predicación que no sea expositiva no es predicación.[71]

Claro está que cualquiera definición que uno dé tiene que ser algo arbitraria, pues reflejará sus puntos de vista muy personales. El que esto escribe simpatiza bastante con las ideas vertidas por los últimos autores citados. Tales conceptos van de acuerdo con el significado básico de la exposición. Según el *Diccionario de la Lengua Española*, la voz "exponer" significa "presentar una cosa para que sea vista, ponerla de manifiesto; declarar, interpretar, explicar el sentido genuino de una palabra, texto o doctrina que pueda tener varios significados o es difícil de entender". Y la palabra "expositivo" se define como aquello "que expone, declara o interpreta". Según estas definiciones se ve que la explicación ocupa un lugar *secundario* en la exposición. La función primaria de ésta es la de presentar a la vista, de poner de manifiesto, de declarar. Por tanto parece justo concluir que aunque la explicación constituye un elemento prominente y aun necesario en la predicación expositiva, ésta se caracteriza principalmente por su función de manifestar o de declarar el mensaje de Dios. Y esto equivale a decir que toda predicación verdadera es esencialmente expositiva.

[69] Garvie, *op. cit.*, p. 291.
[70] Miller, *op. cit.*, p. 26.
[71] *Ibid.*, p. 22.

El predicador está exponiendo el mensaje de Dios cuando pone delante de su congregación lo que Dios puso en las Escrituras. Si el tema de su sermón tiene una legítima relación con su texto (siendo encontrado directamente en el texto o inferido de él por procedimientos lógicos) y si dicho tema está desarrollado con entera fidelidad a la enseñanza general de las Escrituras, el predicador está haciendo un trabajo de exposición. Está poniendo delante de sus oyentes lo que Dios puso en su Palabra. En realidad, nunca debe hacer otra cosa. En este sentido, pues, el término "predicación expositiva" se equipara con "predicación bíblica".

Pero, ¿no cabe preguntar si la riqueza del contenido bíblico de un sermón no queda afectada en algo por la forma en que su tema es desarrollado? En las páginas que siguen hemos de insistir en que los sermones que tienen un desarrollo temático pueden (y deben) ser bíblicos. Estamos plenamente convencidos de lo justo de esta opinión. Sin embargo de ello, no hay que ignorar que la predicación de sermones de asunto se presta para que el predicador vaya alejándose cada vez más de la recta interpretación bíblica. Una de las ventajas principales de la predicación de sermones de texto consiste precisamente en la obligación que le impone al predicador, no sólo de *derivar* su tema de la recta interpretación de su texto, sino también de *desarrollar* su tema de acuerdo con el contenido de su texto. Si el tema está desarrollado en conformidad con el recto sentido de un texto particular, se sigue que tiene que ir de acuerdo también con la enseñanza general de las Escrituras. Esto demuestra que el contenido bíblico del sermón encuentra su mayor garantía en un desarrollo textual del tema. Así es que parecería conveniente reservar el término "expositivo" para describir los sermones que se acerquen más a lo que podríamos llamar *un sermón de texto ideal*. En atención a esta consideración, formulo la siguiente definición: *Un sermón expositivo es aquel cuyo tema es encontrado directamente en el texto, siendo desarrollado con material provisto por la recta interpretación del texto para lograr un propósito que armonice con el significado original del texto.* Ampliemos un poco esta definición.

En primer lugar, el sermón expositivo es caracterizado por la manera en que su tema es derivado. El tema tiene que ser encontrado directamente en el texto. No puede ser un sermón expositivo aquel cuyo tema es derivado del texto por inferencia lógica (por deducción, inducción o analogía), ni mucho menos aquel cuyo tema es simplemente sugerido por el texto.

En segundo lugar, el sermón expositivo es caracterizado por la manera en que su tema es desarrollado. El tema tiene que ser desarrollado con pensamientos proporcionados por la recta interpretación del texto. Por esto quiero decir que *cuando menos* las divisiones principales del sermón, así como las primeras subdivisiones de éstas, serán provistas por la recta interpretación del texto. Puede haber, por supuesto, materiales de apelación y de ilustración ajenos al texto. Pero la organización misma del mensaje (su armazón estructural) tiene que ser netamente textual (analítica o sintética).

Finalmente, el sermón expositivo es caracterizado por una correspondencia justa entre el propósito del sermón y el significado original del texto. En otras palabras, el propósito del sermón expositivo tiene que ser uno que armonice con el propósito que vibraba en el corazón del autor inspirado cuando escribió el texto.

Veamos unos ejemplos:

Texto: Efesios 1:3-14
Título: Una Declaración de Gratitud

Propósito General: De consagración

Propósito Específico: De presentar de tal manera la grandeza de las bendiciones que tenemos en Cristo, que cada miembro de la iglesia se sienta constreñido a mostrar su gratitud a Dios con una vida que le glorifique.

Proposición: En esta declaración de gratitud hecha por el Apóstol Pablo encontramos razones justas por qué nosotros también debemos dar gracias a nuestro Dios.

I. Debemos dar gracias a Dios por su propósito de gracia:
   1. Es un propósito eterno.
   2. Es un propósito amoroso.
   3. Es un propósito santo.
II. Debemos dar gracias a Dios por su plan de redención
   1. Nos inspira gratitud lo que este plan de redención costó: la sangre de su Hijo.

2. Nos inspira gratitud lo que este plan de redención efectúa:
   (1) Perdona nuestros pecados.
   (2) Ilumina nuestro entendimiento.
   (3) Ennoblece nuestra vida (véase el versículo 11, que según la nota marginal, "fuimos hechos su herencia").

III. Debemos dar gracias a Dios por su promesa de cumplimiento
   1. Esta promesa es presentada bajo la figura del "sello del Espíritu".
   2. Esta promesa es presentada bajo la figura de "las arras del Espíritu".

Conclusión:
   1. Observemos que todas estas bendiciones son "bendiciones *espirituales*".
   2. Recordemos que la fuente de todas ellas es "en Cristo".
   3. Tengamos presente finalmente que el propósito de tanta bendición es que "seamos para alabanza de su gloria".

Texto: Efesios 2:1-10
Título: El Remedio Divino Para la Condición Humana

Propósito General: Evangelístico
Propósito Específico: De convencer al pecador cuán grave es su condición espiritual para que se resuelva a tomar por la fe el remedio adecuado que Dios le ofrece en Cristo Jesús.
Proposición: En nuestro texto el apóstol Pablo hace un diagnóstico certero de la condición espiritual del hombre natural para luego indicar cuán adecuado es el remedio que Dios ha provisto para su mal.

I. La condición espiritual del hombre natural está descrita en nuestro texto bajo tres figuras
   1. El hombre natural es un muerto — "muerto en delitos y pecados".
   2. El hombre natural es un cautivo — preso en el poder de "la trinidad infernal".
      (1) Sigue el curso de este mundo.
      (2) Vive en los deseos de la carne.

(3) Obedece al príncipe de la potestad del aire (el diablo).

3. El hombre natural es un reo condenado — es un "hijo de ira".

II. Para esta terrible condición Dios ha provisto un remedio adecuado que nuestro texto describe de tres maneras

1. Es un remedio de amor.

2. Es un remedio de poder.

  (1) Nos resucita de la muerte espiritual.

  (2) Nos hace sentarnos (ahora) en los lugares celestiales con Cristo, victoriosos sobre "la trinidad infernal".

3. Es un remedio de gracia.

Conclusión:

1. Este remedio nos es ofrecido en Cristo solamente.

2. Este remedio puede ser nuestro por la fe.

3. Los resultados de la aplicación de este remedio serán motivo de contemplación y de alabanza a Dios por toda la eternidad (véase el versículo 7).

4. Con cuánta más razón, pues, debe usted aceptarlo *ahora mismo*.

El lector comprenderá que los dos bosquejos que acabamos de dar no constituyen sermones terminados. Falta revestir el armazón estructural con los materiales de apelación y de ilustración que sean más convenientes. Pero el armazón estructural mismo está completo. Y todo ha sido provisto por la recta interpretación de los respectivos textos. En esto consiste la excelencia peculiar del sermón expositivo. De todos los tipos legítimos de sermón, éste es el más bíblico, y por tanto el mejor. El deseo ferviente del que esto escribe es que cada predicador que lea estas líneas se forme de una vez el ideal de dar la preferencia en todo su ministerio a la predicación de sermones expositivos.

ii. *La homilía*. De los diferentes tipos del discurso cristiano, la homilía es el más antiguo. De su historia sabemos lo siguiente:

Había prevalecido entre los judíos la práctica de explicar en forma popular las lecciones de la Escritura que se leía en las sinagogas, y desde una fecha muy temprana esta práctica fue adoptada por las congregaciones cristianas. Los discursos que se empleaban para este propósito fueron de un carácter muy sencillo; pero con la excepción de los que se le atribuyen a Hipólito, no tenemos ningún ejemplo de este tipo de composición que sea más antiguo que las homilías de Orígenes, las cuales datan desde el siglo tercero. Tomando a éstas como modelo, la homilía cristiana primitiva puede ser descrita como una exposición popular de alguna porción de la Escritura, acompañada de reflexiones y exhortaciones morales. Se distingue del sermón, cuya forma refleja la influencia de la retórica de las escuelas, en que sigue el orden del texto o de la narración bíblica en vez de tener un arreglo al estilo de un discurso retórico o de un ensayo didáctico.[72]

Otro escritor ha dicho que

La homilía... fue en la edad postapostólica una simple exposición, o sea una explicación continua del pasaje de la Escritura leído en la santa asamblea. Consistía casi por completo de explicación, teniendo muy poco del carácter de un discurso retórico formal.[73]

Hasta nuestros días la homilía sigue teniendo las mismas características fundamentales que la distinguían en la edad postapostólica. Es decir, se funda en un texto bíblico algo extenso del cual se da una explicación continua, intercalando aplicaciones prácticas y exhortaciones adaptadas a las necesidades espirituales de los oyentes. La homilía es en realidad una plática religiosa informal cuya única unidad es la de su texto. En manos hábiles constituye todavía un vehículo poderoso para la presentación de la verdad divina, pero su aparente sencillez es engañosa. Para evitar que degenere en una especie de comentario superficial en que el predicador "cuando es perseguido en un versículo huye a otro", se precisa una preparación concienzuda. El pasaje escogido debe contener varias verdades que se relacionen estrechamente con las necesidades espirituales de la congregación.[74] Estas serán presentadas en el mismo orden en que aparecen en el texto, teniendo el predicador cuidado de dar fin a su mensaje al llegar a la consideración que él estime ser de mayor importancia para sus oyentes. El valor de una homilía descansa principalmente en tres cosas, a saber: en la claridad de sus explicaciones; en la efectividad de sus aplicaciones prácticas; y en la naturalidad con que se pasa de un pensamiento a otro. Así es que su preparación exige que se dé especial atención a la

[72] "Homily", *New International Encyclopedia*, 2nd. ed., Vol. XI, p. 418.
[73] James M. Hoppin, *Homiletics*, (New York: Funk & Wagnalls Co., 1883), p. 7.
[74] El libro de Jonás se presta admirablemente para este método de tratamiento.

selección de buenas ilustraciones y a la formulación de transiciones felices.

b. Pasemos ahora a una consideración del desarrollo temático. Bajo este punto discutiremos dos cosas: el sermón de asunto y "la lectura bíblica".

(a) *El sermón de asunto.* Como fue dicho arriba, cuando las divisiones principales del plan (bosquejo) son derivadas del tema, tenemos un desarrollo temático, y el mensaje que resulta es clasificado como un sermón de asunto. En relación con esto es muy importante que recordemos nuestra definición del mensaje bíblico, porque a menudo se ha objetado a los sermones de asunto, alegando que no son tan bíblicos como debieran ser. Tal crítica es justa sólo cuando el sermón de asunto "es secular en el espíritu o en la substancia".[75] Pero cuando el tema es derivado en forma legítima de un texto que ha sido rectamente interpretado, y cuando dicho tema es desarrollado en conformidad con las enseñanzas generales de las Escrituras, el sermón que resulta es bíblico, no importa si su desarrollo es temático o textual.

Aunque la opinión personal del que esto escribe es que cada predicador haría bien en dar la preferencia en su ministerio a la preparación y predicación de sermones de texto, no puede menos que reconocer que los sermones de asunto tienen un lugar legítimo y aun necesario en todo repertorio homilético. Blackwood observa que "en la historia de la predicación los sermones de asunto han sobrepujado en número a todos los demás. Entre los sermones que han llegado a ser famosos, casi todos pertenecen a esta clase".[76] Presentemos, pues, algunos ejemplos de esta manera de desarrollar el tema de un sermón.

Uno de los sermones más famosos de Spurgeon se intitula "Canciones en la Noche".[77] El texto es Job 35:10: "Y ninguno dice: ¿Dónde está Dios mi Hacedor, que da canciones en la noche?" El plan del sermón es como sigue:

I. ¿Quién es el autor de las canciones en la noche?

1. Dios es el autor de las canciones en la noche

[75] Blackwood, *La Preparación de Sermones Bíblicos,* (El Paso: Casa Bautista de Publicaciones. 1953), p. 38.
[76] Blackwood, *The Preparation of Sermons,* p. 101.
[77] Este sermón se encuentra en *Sermons* (New York: Funk & Wagnalls Co., n. d.) II, pp. 167-178.

porque en la noche todo lo que el cristiano tiene es su Dios.

2. Dios es el autor de las canciones en la noche porque sólo él puede inspirar al cristiano a cantar bajo circunstancias tan desfavorables.

II. ¿Cuál es el tema de las canciones en la noche?
1. En la noche el cristiano puede cantar del día que ya terminó — de sus beneficios y misericordias.

2. En la noche el cristiano puede cantar de la noche misma — de que no es tan negra como pudiera ser.

3. En la noche el cristiano puede cantar del día que ha de venir — de sus promesas y esperanza.

III. ¿En qué consisten las excelencias de las canciones en la noche?
1. En que son sinceras.

2. En que demuestran verdadera fe en Dios.

3. En que manifiestan un valor real.

4. En que exhiben un amor genuino para Cristo.

IV. ¿De qué aprovechan las canciones en la noche?
1. Son útiles para alegrar nuestro propio corazón.

2. Sirven para regocijar el mismo corazón de Dios.

3. Animan a nuestros compañeros.

4. Convencen a los que aún no creen en Cristo.

El lector observará que aparte de la primera división del plan, ninguna de las otras tiene base alguna en el texto del sermón. El tema es encontrado directamente en el texto, pero su desarrollo es independiente del texto. En esto consiste la índole esencial del sermón de asunto.

Consideremos un ejemplo más. Santiago S. Stewart, eminente predicador presbiteriano escocés contemporáneo, tiene un sermón conmovedor basado en el grito de la multitud celestial: "¡Aleluya! porque el Señor nuestro Dios Todopoderoso reina".[78] Su tema, encontrado directamente en el texto, es "El Señor Dios Omnipotente Reina". Después de una breve introducción en la cual patentiza que para el Señor Jesús el hecho central de toda la vida fue precisamente la convicción expresada en las palabras de su texto, el predicador asienta

---

[78] Apocalipsis 19:6, según la Versión Latinoamericana. El sermón se encuentra en *The Gates of New Life*, (New York: Charles Scribner's Sons, 1940), pp. 11-20.

esta proposición: "Si sondeamos el fondo de esta cardinal convicción, descubriremos que conduce hacia tres resultados. Comprende tres tremendas consecuencias, y como éstas nos interesan a todos de la manera más íntima, suplicaría que pensáramos en ellas ahora". El plan que desenvuelve esta proposición es el siguiente:

I. **Esta convicción significa la liberación de la vida**
   1. Liberación de las preocupaciones mezquinas.
   2. Liberación de los temores de la vida.
   3. Liberación de un complejo de autocondenación.

II. **Esta convicción significa la condenación del pecado — la derrota de todo mal**
   1. Este es el mensaje central del libro del Apocalipsis.
   2. Esta fue la convicción personal del Señor Jesús cuando estuvo aquí en la tierra.
   3. Esta ha sido la seguridad de los santos de todas las edades.

III. **Esta convicción significa el consuelo de la aflicción**
   1. Esto fue comprendido por el salmista al hablar del gran diluvio (Salmo 29).
   2. Esto fue ilustrado en la experiencia de los apóstoles en la tempestad que les sobrevino en la mar de Galilea.
   3. Esto fue demostrado por la transformación de la cruz en el instrumento de eterna salvación.

En este sermón, exactamente como en el anterior, el texto proporciona el tema, pero el desarrollo del tema es completamente independiente del texto. En ambos casos tenemos un mensaje bíblico con un desarrollo temático.

(b) *La lectura bíblica*. Tenemos en esta designación uno de los términos técnicos de la homilética. Como tal exige alguna explicación. La "lectura bíblica" es en realidad nada más que una especie informal de sermón de asunto. Tiene con éste una relación parecida a la que existe entre el sermón de texto y la homilía. La homilía tiene unidad de texto, pero varios asuntos. La lectura bíblica, en cambio tiene una estrecha unidad de tema, pero carece en lo absoluto de unidad de texto.

El procedimiento ordinario consiste en tomar algún tema, como, por ejemplo, "El poder de la Oración", y buscar todas las referencias bíblicas que tienen que ver con él. Luego, haciendo caso omiso de las referencias de menor importancia, el predicador discute su asunto, pasando de pasaje en pasaje, haciendo comentarios y dando ilustraciones.[79]

El tema escogido podría ser presentado tomando los pasajes principales que se refieren a él en toda la Biblia, o el predicador podría limitarse al contenido de un solo libro de la Biblia a los escritos de un solo autor o aun a los confines de un solo capítulo. Esta manera de predicar ofrece una ventaja especial para los cultos más informales de la iglesia puesto que si el pastor quiere, puede preparar sus referencias, escribiéndolas en pequeñas tiras de papel para repartirlas entre la congregación, pidiendo que sean leídas en el momento oportuno. Tal participación es muy útil en los estudios bíblicos de entre semana. Y de cuando en cuando, aun en los cultos formales del Día del Señor, la lectura bíblica puede hallar lugar. Si el pastor tiene cuidado en escoger las referencias más importantes y en arreglarlas en un orden propio para conducir a un clímax; si se esfuerza en dar la interpretación correcta de cada pasaje en el lenguaje más claro y en la forma más breve posible; si se esmera en buscar las ilustraciones más apropiadas, entonces, con la bendición de Dios, la lectura bíblica será un instrumento poderoso para la presentación de la verdad divina.

[79] Faris D. Whitesell, *The Art of Biblical Preaching*, (Grand Rapids: Zondervan Publishing House, 1950), p. 40.

Capítulo V

EL SERMON EFICAZ DEMANDA UN BUEN ARREGLO

La tesis de este capítulo está declarada en su encabezamiento. Hasta este punto hemos venido hablando del *fondo* de la predicación. Iniciamos ahora nuestra consideración de su *forma*.

Semejante énfasis no está exento de peligros. Es posible que sea mal entendido por algunos, con el resultado de una exageración de su importancia. Después de todo, el fondo es de mayor significado que la forma. No debemos pensar nunca que la pericia en el arreglo puede reemplazar la necesidad de la fecundidad en el pensamiento. "Sermones" hay que se parecen a esos "dulces de algodón" que se venden en las ferias: bonitos y de un sabor agradable, pero llenos de aire. Por otra parte, el hecho de prestar atención especial a la forma de la predicación puede fomentar en otros la tendencia de ser simples imitadores. La imitación es, hasta cierto punto, cosa buena. Pero la perversidad de nuestra naturaleza es tal que siempre tendemos a imitar, no las excelencias, sino las excentricidades de nuestros modelos. Además, su práctica suele resultar fatal para las facultades creativas.

Pero a pesar de la realidad de estos peligros, hay que insistir en que la cuestión de la forma de la predicación es cosa vital para su máxima efectividad. Así han opinado casi todos los que han meditado largamente sobre el asunto. Como prueba de ello me permito transcribir la opinión de dos competentes autoridades en la materia.

Algunos hombres han llegado a ser buenos predicadores a pesar de la pobre estructura de sus sermones. Pero el predicador ordinario no debe presumir de seguir su ejemplo. El sermón, exactamente como un edificio, ha menester de un armazón estructural bueno y sólido, cuyas partes componentes estén correctamente unidas entre sí. El predicador bíblico desea que su mensaje sea entendido, seguido con interés, creído y recordado. Si la estructura homilética de su mensaje es buena, ya ganó la mitad de la batalla.[1]

Cada sermón bien hecho tiene estructura, cuerpo, forma. Es posible, por supuesto, que se llenen veinte o más minutos con material homilético que está desordenado sin que por esto esté enteramente vacío. La sinceridad, la pasión y la bendición de Dios pueden hacer milagros aun con lo informe. Pero ¡cuánto más poder habríase manifestado si aquella pasión y aquella sinceridad se hubieran encendido en el corazón de un sermón bien construido, y cuán seguro es que la bendición de Dios lo hubiera coronado todo.[2]

No es difícil comprender la razón de esta insistencia en la importancia de la forma del sermón. El sermón eficaz tiene que hacer impacto sobre el espíritu de los oyentes. Pero la parte espiritual de nuestra naturaleza abarca tres aspectos: el intelecto, las emociones y la voluntad. Estos tres aspectos, a la vez, constituyen una unidad, de tal manera que *todos* tienen que ser tenidos en cuenta. Así es que una presentación del evangelio que no apele al intelecto, lo mismo que a las emociones y a la voluntad, no podrá surtir efectos permanentes en el espíritu humano.

Es un hecho bien conocido que la constitución mental humana tiene una marcada afinidad para con las cosas bien arregladas. Esta afinidad significa que un sermón bien arreglado goza de ciertas ventajas muy marcadas sobre el mensaje que carezca de tal buen arreglo. Estas ventajas favorecen tanto a la congregación como al mismo predicador.

En lo que respecta a la congregación, descubrimos que encuentra el sermón bien arreglado más atractivo, más comprensible, más fácil de ser recordado y más persuasivo. El predicador, por su parte, halla que el esfuerzo por dar un buen arreglo a sus pensamientos reacciona sobre su inventiva. Es decir, la lucha por poner en orden los pensamientos que ya tiene sobre un asunto determinado hace que la ley de la asociación de ideas entre en operación a su favor. En consecuencia, vendrán a su mente ideas adicionales que no se le habían ocurrido antes. En segundo lugar, habiendo dado a sus pensamientos un buen arreglo, descubre que le es más fácil recordar el hilo del discurso a la hora de presentar el sermón. Por último, el hecho de tener sus pensamientos arreglados en

1 *Ibíd.* p. 95.
2 Sangster, *op. cit.*, p. 62.

buena forma hace posible una presentación más persuasiva.[3]

¿Cuáles, pues, son las cualidades esenciales de un buen arreglo homilético? Podemos decir que son tres: la unidad, la organización y el movimiento progresivo.[4]

1. La Unidad del Sermón

No debe ser necesario discutir la importancia de la unidad ni defender su derecho a ser colocada en primer lugar entre las cualidades esenciales de un buen arreglo homilético. Más provechoso será aclarar en qué consiste y demostrar cómo puede ser lograda.

Los requisitos de la unidad homilética son tres.[5] El primero es que el sermón tenga un solo tema. El segundo es que tenga un solo propósito específico. Y el tercero es que emplee únicamente aquellos materiales de elaboración que sean más apropiados tanto para el tema como para el propósito específico.

Respecto a los dos últimos requisitos no es necesario decir mucho. La importancia de que el sermón tenga un solo propósito específico ha sido discutida ya.[6] Exactamente como el alambrista puede conservar su equilibrio porque mantiene la vista clavada en algún punto inmóvil que tiene delante de sí, de la misma manera el hecho de tener siempre a la vista un solo propósito específico ayuda al predicador a marchar en línea recta desde su texto hasta la conclusión del sermón, sin desviarse a diestra ni a siniestra.

En cuanto al empleo únicamente de los materiales de elaboración que sean más apropiados al tema y al propósito específico del sermón, caben los consejos de un sabio maestro de antaño:

No debe admitirse en un sermón nada que no esté rígidamente subordinado y sirva a estas dos cosas. Los pensamientos y los ejemplos han de estar ceñidos a un solo tema, y han de servir al uso para el cual es escogido el tema, a fin de asegurar un solo objeto director. La demanda de la unidad puede conseguirse me-

---

[3] Las ideas de este párrafo están tomadas substancialmente de Broadus, *op. cit.*, pp. 128-133.
[4] En esto sigo a Lenski, *op cit*. Otros autores hacen un análisis ligeramente distinto. v. gr.: Broadus — unidad, orden y proporción; Johnson — unidad, orden y movimiento; Blackwood — unidad, orden, simetría y movimiento; Phelps — unidad, pertinencia, totalidad, concisión, orden y proporción.
[5] Véase Johnson, *op. cit.*, p. 302.
[6] Véanse las páginas 71-75.

jor escribiendo tanto el asunto como el objeto antes de proceder
a escribir el sermón; y entonces probando cada pensamiento de
los que piden ser admitidos en el sermón, examinando si concuer-
dan con el tema y fin elegidos, si de alguna manera arrojan alguna luz sobre el uno, o promueven el otro. Si no resisten la prueba, entonces NO SE LES DEBE ADMITIR DE NINGUNA MA-
NERA.[7]

Pero cuando pasamos a la necesidad de que el sermón
tenga un solo tema, hallamos que es necesario mayor abun-
damiento. Hay dos clases de temas que pecan en contra de
la unidad homilética: los temas plurales y los temas que son
demasiado generales.

El que esto escribe tiene entre sus papeles un "sermo-
nazo" perteneciente a los días mozos de su ministerio que
ilustra perfectamente cómo hacer trizas la unidad homilética.
Basado en Hechos 27:29, se derivó, por dudosa sugestión, el
siguiente tema: "Cuatro Anclas del Alma". "Rodeados como
estamos de tanta tempestad", decía en la proposición, "hay
necesidad de echar unas anclas para sostenernos firmes." Y
para unir mi proposición con la discusión del tema, agregué
la siguiente oración de transición: "Quisiera sugerir cuatro
anclas que podemos enclavar en el suelo de este mar rugiente
para asegurarnos contra el turbión". Con esta base altisonante,
procedí a presentar cuatro "puntos", como fueron: I. La Palabra de Dios es Verdadera; II. Dios Contesta las Oraciones;
III. La Voluntad de Dios es lo Mejor; y IV. La Salvación es
Segura. Me ruborizo ahora al reflexionar sobre los efectos des-
concertantes que semejante menjurje de pensamientos inco-
nexos debe haber producido en mi congregación.

Pero pecan contra la unidad homilética también los temas que son demasiado generales. "El Arrepentimiento" es
un tema demasiado general. Sería absolutamente imposible
que el predicador lo discutiera cumplidamente dentro de los
treinta o cuarenta minutos de que dispone en el púlpito, y si
lo intentara, el resultado se parecería más bien a un extracto
del texto de teología sistemática que a un sermón. Pero "El
Arrepentimiento Verdadero" o "Los Frutos del Arrepentimiento" sí constituyen temas que pueden ser discutidos satisfactoria y provechosamente. En ambos el alcance del tema ha sido
restringido, y esta limitación hace posible la unidad de la
discusión.

---

[7] Johnson, op. cit., p. 303.

La clave, pues, de la unidad de tema se encuentra en la limitación del alcance del mismo. Esta limitación del alcance del tema imparte dirección a la discusión; hace que ésta proceda hacia un rumbo fijo; señala el camino que el sermón ha de tomar, impidiendo que divague por senderos laterales. Hay cinco maneras distintas de formular los temas homiléticos para asegurar que los sermones "hagan rumbo", o sea, para lograr que la discusión proceda en una sola dirección fija.

(1) El tema que contiene *una palabra o frase enfática.*

El tema del sermón puede ser formulado de tal manera que contenga una palabra o frase enfática. Esta palabra o frase enfática imparte rumbo a la discusión. Le señala una dirección fija al sermón porque reclama que los contornos generales de la discusión giren en torno a sí. A continuación consignamos algunos ejemplos por vía de ilustración. En cada caso la palabra (frase) enfática va subrayada.

Texto: Romanos 1:16
Tema: La POTENCIA del Evangelio

La palabra enfática aquí es "potencia". Esta palabra imparte rumbo a la discusión. Nos hace ver que al hablar del evangelio nos vamos a concretar a considerarlo desde un solo punto de vista, a saber: el de su potencia. Resulta natural entonces la siguiente división:

I. **El Evangelio es una Potencia Divina**
 1. Originado en el propósito eterno del Padre.
 2. Manifestado en la vida y sufrimiento del Hijo.
 3. Aplicado a nosotros por la obra del Espíritu.

II. **El Evangelio es una Potencia Salvadora**
 1. Nos salva del castigo del pecado.
 2. Nos salva del dominio del pecado.
 3. Nos salvará de la presencia del pecado.

III. **El Evangelio es una Potencia Universal**
 1. Sus beneficios se ofrecen a todos.
 2. Su poder es suficiente para todos.
 3. Sus condiciones están al alcance de todos.

Texto: 1 Corintios 16:9[8]
Tema: La FUNCION INDISPENSABLE del Adversario

Aquí tenemos una frase enfática, "función indispensable".

---

[8] Federico J. Huegel. *Luces Sobre El Sendero* (México: Casa Unida de Publicaciones, 1948), pp. 88-91.

Esta expresión enfática nos señala el rumbo que la discusión va a tomar. Se va a hablar del adversario, sí; pero se va a hablar de él solamente desde el punto de vista de su función indispensable. Surge naturalmente la curiosidad de saber en qué consiste esta función indispensable, y el predicador nos la revela en su plan:

I. Los Adversarios nos Obligan a Doblar la Rodilla y Buscar a Dios
II. Los Adversarios Contribuyen a Hacer más Profunda Nuestra Vida Espiritual
III. Los Adversarios Nos Dan Oportunidad Para Experimentar la Realidad Contenida en las Promesas de Dios
IV. Los Adversarios nos Obligan a Estar Siempre en Guardia

Texto: Hechos 4:13
Tema: Los EFECTOS del Compañerismo con Cristo

La palabra enfática aquí es "efectos". Esta palabra señala el rumbo específico que va a ser seguido en el sermón. Este tiene que discutir el compañerismo con Cristo única y exclusivamente desde el punto de vista de los efectos que produce sobre los que se aprovechan de tan grande privilegio. He aquí el plan de la discusión:

I. El compañerismo con Jesús humilla
II. El compañerismo con Jesús transforma
III. El compañerismo con Jesús ilumina
IV. El compañerismo con Jesús capacita
V. El compañerismo con Jesús inmortaliza

Texto: Lucas 18:9-14[9]
Tema: El Hombre MAS NECIO del Mundo

La expresión enfática aquí es "más necio". De todos los necios del mundo, éste fue el campeón. Tal pensamiento indica naturalmente cuál debe ser el rumbo que lleve la discusión. Esta debe justificar el calificativo tan duro que se aplica al hombre en cuestión. He aquí el plan:

I. Fue de todos los necios el mayor porque se engañó en el asunto más importante

---

[9] Este ejemplo fue tomado de Lenski, *op. cit.*, p. 72.

II. Fue de todos los necios el mayor porque se engañó en la forma más miserable

III. Fue de todos los necios el mayor porque se engañó con los resultados más lamentables

(2) El tema *interrogativo*.

El tema puede ser expresado en forma de una pregunta. Al hacerlo así, se señala con toda claridad el rumbo preciso que debe tomar la discusión, a saber: el de contestar la pregunta hecha.

Texto: Zacarías 4:10
Tema: (Idéntico en este caso con el texto) "¿Quién es aquél que menosprecia el día de las cosas pequeñas?"

En la discusión se contesta la pregunta "¿quién?"

I. El que ignora la ley del crecimiento
II. El que pasa por alto la ley del ascenso
III. El que descarta el poder de Dios

Texto: 2 Pedro 1:19-21
Tema: ¿Por Qué Debemos Leer las Escrituras?

I. Por causa de su origen
II. Por causa de su obra

Texto: Salmo 116:1-8
Tema: ¿Por qué Amamos a Dios?"

La discusión contesta, de acuerdo con el salmo mismo, la pregunta "¿por qué?"

I. Porque nos escucha cuando clamamos a él
II. Porque nos ha librado de la muerte
III. Porque nos consuela en nuestras tribulaciones
IV. Porque nos guarda del tentador

Texto: Lucas 4:18, 19
Tema: ¿Cuál es el Mensaje del Evangelio?

La discusión ha de contestar la pregunta "¿cuál?"

I. Es un mensaje de consolación

II. Es un mensaje de liberación

III. Es un mensaje de iluminación

IV. Es un mensaje de rehabilitación

Texto: Marcos 4:41
Tema: ¿Quién es Jesús?

La discusión ha de contestar la pregunta "¿quién?"

I. Jesús es HOMBRE verdadero (Marcos 4:38a).

II. Jesús es el verdadero DIOS (Marcos 4:39).

III. Jesús es el único MEDIADOR entre Dios y los Hombres (consecuencia lógica de las dos consideraciones anteriores.)

(3) El tema *imperativo*.

En este tipo de tema tenemos una orden, un mandamiento. Tal tema fija el rumbo que debe ser seguido en la discusión porque en realidad hay sólo cuatro cosas que el predicador puede hacer cuando ha formulado su tema de esta manera. Puede indicar *el significado* del mandato; puede indicar cuáles son *las razones* por las cuales debe ser obedecido; puede demostrar *cómo llevar a cabo* la orden dada; o puede presentar *una combinación* de estas tres ideas.

a. El tema imperativo puede ser desarrollado por la indicación del significado del mandato contenido en el tema.

Texto: 1 Timoteo 4:16
Tema: "Ten Cuidado de la Doctrina"

I. Tener cuidado de la doctrina significa tener cuidado de defenderla

II. Tener cuidado de la doctrina significa tener cuidado de enseñarla

III. Tener cuidado de la doctrina significa tener cuidado de adornarla

b. El tema imperativo puede ser desarrollado por la indicación de las razones que impulsan al cumplimiento del mandato contenido en el tema.

Texto: 1 Pedro 1:13-21
Tema: "Sed Santos"

I. Nos impulsa a ser santos la lealtad a nuestro Padre
II. Nos impulsa a ser santos el temor del juicio
III. Nos impulsa a ser santos el amor al Salvador

c. El tema imperativo puede ser desarrollado por la indicación de los medios propios para cumplir con el mandato contenido en el tema.

Texto: Mateo 28:19
Tema: Haced Discípulos de Todas las Naciones

I. Podemos hacerlo si somos fieles en el testimonio personal en el lugar en que el Señor nos ha colocado
II. Podemos hacerlo si somos fieles en orar por un avivamiento mundial
III. Podemos hacerlo si somos fieles en contribuir para el sostenimiento de la obra misionera

d. El tema imperativo puede ser desarrollado por una combinación de los tres procedimientos ya especificados.

Texto: 2 Pedro 3:18
Tema: Creced en Estatura Espiritual

I. ¿Qué significa el crecimiento espiritual?
  1. Crecimiento en la gracia, o sea una creciente manifestación del "fruto del Espíritu" en nuestra vida.
  2. Crecimiento en el conocimiento del Señor.
II. ¿Por qué debemos crecer espiritualmente?
  1. Porque nuestro Padre lo espera de nosotros.
  2. Porque nuestra utilidad en el Reino de Dios lo demanda.
III. ¿Cómo podemos lograr un crecimiento espiritual?
  1. Manteniendo ininterrumpida nuestra comunión con Dios.
  2. Esforzándonos constantemente en el servicio cristiano.

(4) El tema *declarativo*.

Este tipo de tema consiste en una simple declaración. Indica el rumbo que debe llevar la discusión porque hay tres maneras principales en que puede ser desarrollado. Se puede indicar cuál es *el significado* de la declaración; se puede *probar* que la declaración es cierta; o se puede presentar *una combinación* del significado del hecho con las pruebas del mismo.

a. El tema declarativo puede ser desarrollado por la indicación del significado de la declaración.

Texto: Jonás 2:9c[10]
Tema: La Salvación Pertenece a Jehová

I. El origen de la salvación pertenece a Jehová
II. La ejecución de la salvación pertenece a Jehová
III. La aplicación de la salvación pertenece a Jehová
IV. El sostenimiento de la salvación pertenece a Jehová
V. El perfeccionamiento de la salvación pertenece a Jehová

b El tema declarativo puede ser desarrollado por una indicación de las razones por qué la declaración es cierta.

Texto: Exodo 14:15
Tema: La Consigna Constante del Pueblo del Señor es ¡Adelante!

I. Ir hacia adelante en la obra del Señor es un deber ineludible
II. Ir hacia adelante en la obra del Señor es una necesidad imperiosa
III. Ir hacia adelante en la obra del Señor es una posibilidad gloriosa

c. El tema declarativo puede ser desarrollado por una combinación del significado del hecho declarado en el tema con las pruebas del mismo.

Texto: Hechos 5:1-11[11]
Tema: No Hay Nada que Sea Tan Peligroso como el Cristianismo Falso.

I. Veamos lo que es el cristianismo falso

---

[10] C. H. Spurgeon, *Sermons*, (New York: Funk & Wagnalls Co., n. d.), III, pp. 194-201.
[11] Este ejemplo fue tomado de Lenski, *op. cit.*, p. 76.

1. Es ortodoxia hueca.
2. Es piedad simulada.
3. Es salvación imaginaria.

II. **Veamos lo que hace el cristianismo falso**

1. La esencia de la verdad es substituida por la apariencia.
2. La obediencia a Cristo es substituida por la obediencia a Satanás.
3. El cielo es substituido por el infierno.

(5) El tema *histórico*.

El tema histórico presenta algún hecho de la historia bíblica. El rumbo que debe llevar la discusión está indicado por el contenido de la historia misma. Se observará que a veces el tema histórico se expresa en una forma que lo hace también declarativo o de palabra o frase enfática. Es inevitable que así suceda en ocasiones. Sin embargo, el predominio de material histórico en la discusión justifica la distinción que hacemos. En el desarrollo del tema histórico el predicador necesita tener mucho cuidado en colocar el énfasis principal sobre la luz que los hechos históricos de su pasaje arrojan sobre el deber actual de sus oyentes. En otras palabras, la discusión del tema histórico debe señalar hacia adelante mucho más de lo que señala hacia atrás. Somos *predicadores* más que historiadores. La historia debe ser un medio y no un fin.

Para el efecto, en la presentación de los temas históricos es de especial importancia *que se predique en tiempo presente*. Es decir, tanto el título del sermón como las divisiones del tema deben ser expresados en una forma que señale a lo contemporáneo. De otra manera hay peligro de que el mensaje degenere en un simple recuento de eventos pasados.

En los siguientes ejemplos el autor ha procurado demostrar cómo es posible utilizar el material histórico de un pasaje bíblico para hacer hincapié en las necesidades espirituales de una congregación moderna. Obsérvese que tanto las divisiones principales, así como las respectivas subdivisiones, están basadas *todas* en el material histórico de los dos pasajes. Pero la forma de expresión no es histórica sino contemporánea. En la predicación de los dos sermones se hará referencia clara, por supuesto, a las historias de que se trata. Pero la historia le servirá al predicador solamente como una especie de trampolín. Es decir, será tomada como punto de partida, nada más. El propósito del hombre de Dios tiene que ver con lo presente. De la interpretación de los eventos de lo pasado tomará los principios eternos que deben ser aplicados a su congregación. Esto es lo que se quiere decir por *predicar en tiempo presente.*

Texto: Marcos 2:1-12
Tema: Un Modelo para el Obrero Personal

I. **Los cuatro amigos del paralítico constituyen un modelo para el obrero personal en lo que respecta a sus conocimientos**

1. El obrero personal necesita tener conocimiento de la necesidad del pecador.
2. El obrero personal necesita tener conocimiento del amor y del poder de Jesús.

II. **Los cuatro amigos del paralítico constituyen un modelo para el obrero personal en lo que respecta a su actividad**

1. Esta debe ser una actividad cooperativa.
2. Esta debe ser una actividad persistente.

III. **Los cuatro amigos del paralítico constituyen un modelo para el obrero personal en lo que respecta a su galardón**

1. Parte de este galardón consiste en el gozo de ver salvo a su amigo.
2. Consiste también en el privilegio de contribuir a la mayor gloria de Dios.

Texto: Marcos 10:46-52
Tema: Bartimeo Ilumina el Camino

I. **La condición de Bartimeo arroja luz sobre la condición del pecador**

1. El pecador está ciego.

2. El pecador es impotente para ayudarse a sí mismo.

3. El pecador está expuesto a grave peligro.

II. **La actuación de Bartimeo arroja luz sobre el deber del pecador**

1. El pecador debe clamar a Cristo.

2. El pecador debe hacer caso omiso de la crítica de los que quieran disuadirlo de su propósito de buscar la salvación.

3. El pecador debe deshacerse de los estorbos que pudieran impedirle en su llegada a Jesús.

III. **La bendición de Bartimeo arroja luz sobre la esperanza del pecador**

1. El Hijo de Dios se detendrá para hacerle caso.

2. Su vida será totalmente transformada.

3. Contará con Cristo como Guía por todo el resto de su camino.

En toda esta discusión de las cinco maneras de formular los temas homiléticos hemos estado demostrando cómo puede ser lograda la unidad de tema. Esta unidad será manifestada por el hecho de que el tema tendrá una estrecha relación con todas las partes formales del sermón. El tema debe ser como un filamento que atraviesa todas las partes formales del sermón. Brotando del texto, y hallando breve y sugestiva expresión en el título, debe encontrar su redacción cabal y definitiva en una proposición colocada en la parte final de la introducción. De esta expresión formal del tema (la proposición) brotan a su vez todas las divisiones principales del plan. Por fin, el tema es redondeado en la conclusión para ser enfocado en el propósito específico del sermón.

Podemos ilustrar cómo el tema debe manifestarse al través de todo el sermón con la siguiente gráfica:

El Propósito Específico

2. La Organización del Sermón

(1) Una explicación del término.

Buena parte de las autoridades homiléticas emplean en esta conexión la palabra "orden". Sin embargo, al que esto escribe le parece más atinado el término "organización" que emplea Lenski en su libro *The Sermon* (El Sermón). Según este autor, la organización se distingue del orden en que comprende mucho más.

> El alfabeto es un ejemplo de orden, como lo son también los números uno, dos, tres, etc., pero en ninguno de los dos casos tenemos nada de organización... En la organización existe algún principio directivo. Para el sermón éste está incorporado en el tema. Este principio directivo domina todas las partes. Admite al sermón sólo aquellas partes que son vitales para el tema y rechaza

todas las demás, por valiosas y atractivas que en sí puedan aparecer... En segundo lugar, este principio directivo combina el material del sermón de tal manera que cada parte queda colocada en el lugar donde puede ayudar mejor para dar expresión al tema. No sólo es necesario que no falte ninguna de las partes esenciales, sino que es necesario también que cada parte esté en su debido lugar. El principio directivo determina cuál lugar le corresponde a cada parte.

Tomemos por ejemplo a un ejército que pasa revista en un gran desfile ante los altos jefes militares. La infantería, la artillería, las unidades médicas—todos están allí. Y todo lo que se les exige es que desfilen en línea ininterrumpida ante la tribuna oficial. No importa ni el número de los regimientos ni el orden en que desfilen. Todo lo que importa es que haya ALGUN orden. Pero cuando este mismo ejército se prepara para enfrentarse con el enemigo en el campo de batalla, la cosa es bien distinta. Ahora precisa un plan de ataque, un principio directivo que ponga a cada unidad en el lugar donde pueda aportar su mayor contingente para lograr la victoria deseada. Importa mucho cuáles tropas estén en la vanguardia y cuáles formen la retaguardia. Afecta mucho si la artillería es colocada en un sitio o en otro. En una palabra, ¡hace falta la organización! El sermón no es una revista de tropas; es más bien una batalla llevada adelante hasta conseguir la victoria.[12]

(2) El corazón de la organización homilética está en la división del tema.

a. *La división del tema es una absoluta necesidad.* Don Alejandro Treviño, distinguido pastor bautista mexicano quien por muchos años impartió la cátedra de homilética en el Seminario, acostumbraba decirles a sus alumnos: "Muchachos, la homilética tiene tres reglas: primera, Dividan su asunto; segunda, *Dividan su asunto;* y tercera, DIVIDAN SU ASUNTO".*

Las razones para insistir en que el tema sea dividido son las siguientes. En primer lugar, la división del tema es necesaria para asegurar *la unidad* de la discusión. Una buena prueba de la unidad de algún tema es su capacidad de ser dividido en partes coordinadas. La división del tema es necesaria, además, para conseguir *la claridad* de la discusión. Una idea se comprende mejor cuando se la puede examinar por partes. Por otra parte, la división del tema es necesaria para promover *el movimiento progresivo* de la discusión. La idea no sólo es que lo que se organiza bien se ejecuta con mayor rapidez, sino que los oyentes pueden percibir la progresión de la discusión cuando son conscientes de que están

---

[12] Lenski, *op. cit.,* pp. 36-37.
   * Este dato fue proporcionado por el hermano Francisco Flores M., pastor bautista mexicano, quien hizo sus estudios de homilética con el mencionado catedrático.

pasando a la consideración de división tras división del tema.

Otra razón es que la división del tema es necesaria para sostener *el interés* de la discusión. En cuanto al predicador, el acto de formular las divisiones de su tema despierta entusiasmo en la ejecución del plan. En cuanto a la congregación la división del tema provee "descansos mentales" que alivian el cansancio inherente a toda discusión prolongada.

La división del tema es necesaria también para lograr *la economía de tiempo*. Las congregaciones cristianas modernas no están dispuestas por lo regular a tolerar los sermones kilométricos. Demandan la brevedad y la concisión. Si el predicador va a poder meter en los breves minutos de que dispone todo el material que sea necesario para la elucidación de su tema, necesita organizar su material.

Por último, la división del tema es necesaria para garantizar *la permanencia de las impresiones* causadas por el sermón. El bien que un sermón determinado hará en el corazón de los oyentes probablemente está en proporción directa al tiempo que su mensaje es recordado. El mejor sermón a menudo resulta ser aquel que provee a los oyentes con los medios para retener sus enseñanzas en la mente. De tales medios, los más eficaces son: el texto, la proposición y las divisiones. Son éstas las partes del sermón que suelen dejar las más hondas impresiones en los que escuchan al predicador.[13]

b. *La división del tema precisa la selección del principio de división que ha de regir en el plan del sermón*. Un buen plan homilético se caracteriza por el hecho de que todas las divisiones tienen la misma clase de relación con el tema (asunto) del sermón. Para asegurar esta uniformidad de relación, se precisa la determinación del principio de división que va a regir en el plan. Este principio, una vez determinado, debe ser observado uniformemente en todas las divisiones principales del bosquejo.

Para evitar todo peligro de ambigüedad, el principio de división escogido debe ser indicado por medio de una "palabra clave". Esta "palabra clave" aparece algunas veces en el título, aunque generalmente es colocada en la proposición o en una oración de transición que sigue inmediatamente después de

---

[13] Estas seis razones representan una adaptación del material de Phelps, *op. cit.*, pp. 76-79.

la proposición y que sirve para unir a ésta con la discusión del tema. Y como la "palabra clave" es la que indica cuál principio de división está gobernando la división del tema, debe aparecer (cuando menos implícitamente) en cada una de las divisiones principales del bosquejo.

Los ejemplos consignados a continuación servirán para indicar no sólo cuáles son algunos de los principios de división más comunes, sino también para hacer ver cómo éstos pueden ser indicados por medio del empleo de una "palabra clave". En cada caso la "palabra clave" va subrayada para que pueda ser distinguida fácilmente.

(a) El tema puede ser dividido de acuerdo con el principio de LAS CAUSAS.

Texto: Marcos 14:66-72
Título: El Camino de la Negación

Proposición: La experiencia del apóstol Pedro ilustra esta importante verdad: que un siervo de Dios no llega a negar a su Señor sino al través de un trágico proceso de descenso espiritual.

Oración de transición: Tracemos *los pasos* que conducen a la negación de nuestro Señor y Salvador.

I. El primer *paso* en el camino de la negación se da cuando se tiene demasiada confianza en sí mismo

II. El segundo *paso* en el camino de la negación se da cuando se descuida la oración

III. El tercer *paso* en el camino de la negación se da cuando se echa mano de las armas de la carne en defensa de la causa de su Señor

IV. El cuarto *paso* en el camino de la negación se da cuando se sigue a Jesús de lejos

V. El *paso* final en el camino de la negación se da cuando se abandona el compañerismo de los hermanos

Aquí la palabra clave "paso" aparece claramente en la oración de transición y en la formulación de cada una de las divisiones principales.

(b) El tema puede ser dividido de acuerdo con el principio de LOS EFECTOS.

Texto: Números 14:1-11
Título: ¿Qué Hace la Incredulidad?

Proposición: La experiencia del Pueblo de Israel en Cades Barnea nos hace ver con suma claridad cuáles son los *efectos* desastrosos de la incredulidad.

    I. **La incredulidad denigra el carácter de Dios**
       1. Implica que es débil.
       2. Implica que es malo.

    II. **La incredulidad envilece el carácter del hombre**
       1. Lo hace cobarde.
       2. Lo hace rebelde.

    III. **La incredulidad estorba la obra de Dios**
       1. Hace que los creyentes se desalienten.
       2. Hace que los incrédulos se mofen.

    IV. **La incredulidad provoca la ira de Dios**
       1. En la retracción de bendiciones ofrecidas.
       2. En la aplicación de castigo positivo.

En este bosquejo la palabra clave "efectos" aparece en la proposición solamente, pero implícitamente está en cada una de las divisiones principales también.

Texto: Génesis 13:10-12
Título: El PRECIO de la Mundanalidad

Proposición: En la experiencia de Lot encontramos una gráfica ilustración del terrible *precio* que tiene que pagar el hijo de Dios cuando se aparta de su Señor para seguir los fuegos fatuos de este mundo.

    I. La mundanalidad le cuesta la pérdida de la felicidad (Véase 2 Pedro 2:7, 8).
    II. La mundanalidad le cuesta la pérdida del poder de su testimonio
    III. La mundanalidad le cuesta la pérdida de su familia
    IV. La mundanalidad le cuesta la pérdida de su galardón

La palabra clave aquí es "precio". Aparece en el título y en la proposición. Encuentra en las divisiones su complemento en la expresión "le cuesta".

(c) El tema puede ser dividido de acuerdo con el principio de LAS RAZONES que apoyan una tesis determinada.

Texto: Hechos 21:14
Título: "Hágase la Voluntad del Señor"

Proposición: El pueblo cristiano siempre debe ser caracterizado por una actitud de sumisión a la soberana voluntad de su Dios.

Oración: de transición: Consideremos dos *razones* que demuestran lo razonable de esta actitud.

    I. Esta actitud honra al Señor
1. Porque reconoce su derecho de hacer lo que quiere con lo que es suyo.
2. Porque reconoce su sabiduría para dirigir su obra.
3. Porque reconoce su poder para arreglar todas las cosas.

    II. Esta actitud trae bendiciones a sus hijos
1. Nos libra de responsabilidades.
2. Nos coloca en una buena posición para orar.
3. Nos coloca en una buena posición para ser iluminados.
4. Nos coloca en una buena posición para ser prosperados.

En este bosquejo la palabra clave es "razones". Aunque no aparece formalmente en ninguna de las dos divisiones principales, se sobreentiende claramente.

Texto: Apocalipsis 2:9a
Título: Nosotros los Ricos

Proposición: Las únicas personas en el mundo que son ricas en verdad somos nosotros, los creyentes en Cristo Jesús.

Oración de transición: Veamos las *razones* que tenemos para sustentar esta tesis.

    I. Somos ricos porque hemos recibido el perdón de nuestros pecados
    II. Somos ricos porque los recursos de Dios están a nuestro alcance
    III. Somos ricos porque las glorias del cielo nos están reservadas

En este bosquejo, exactamente como en el anterior, la palabra clave "razones" queda sobreentendida en cada una de las divisiones principales, a pesar de no encontrar en ellas expresión formal.

(d) El tema puede ser dividido de acuerdo con el principio de LOS MEDIOS propios para alcanzar algún fin.

Texto: Romanos 7:11
Título: COMO el Pecado Engaña a los Hombres

Proposición: El dominio universal que ejerce el pecado se debe cuando menos en parte, a su extrema habilidad para engañar.

Oración de transición: Este hecho nos hace preguntar *cómo* es que el pecado logra engañar a los hombres.

   I. El pecado engaña al hombre mediante la glorificación de sus supuestos beneficios
  II. El pecado engaña al hombre mediante la desacreditación de la doctrina del castigo
 III. El pecado engaña al hombre mediante la presentación de falsos caminos de salvación

En este bosquejo la palabra clave "cómo" encuentra su complemento en la palabra "mediante" que aparece en cada una de las divisiones principales.

Texto: 2 Pedro 3:18
Título: Los REQUISITOS del Crecimiento Espiritual

Proposición: La obligación de crecer en estatura espiritual implica la necesidad de atender a los *requisitos* que tal crecimiento demanda.

  I. El primer *requisito* del crecimiento espiritual es el de una alimentación adecuada

 II. El segundo *requisito* del crecimiento espiritual es el de una actividad apropiada

Aquí la palabra clave "requisito" se halla en el título, la

proposición y en cada una de las divisiones principales del plan.

(e) El tema puede ser dividido de acuerdo con el principio de EL SIGNIFICADO de algo.

Texto: Filipenses 1:27-30
Título: Una Vida Digna del Evangelio

Proposición: La exhortación apostólica nos hace preguntar *¿qué* cosa *es* una vida digna del evangelio?

   I. Una vida digna del evangelio *es* una vida de paz
  II. Una vida digna del evangelio *es* una vida de combate
 III. Una vida digna del evangelio *es* una vida de fe
 IV. Una vida digna del evangelio *es* una vida de amor

En este bosquejo tenemos una palabra clave interrogativa "¿qué es?" En cada una de las divisiones principales la misma palabra clave aparece en forma declarativa "es".

(f) El tema puede ser dividido de acuerdo con el principio de LAS PREGUNTAS LOGICAS que se pueden hacer respecto al asunto.

Texto: Juan 3:1-18
Título: El Nuevo Nacimiento

Proposición: El requisito indispensable de la salvación es tener la experiencia personal que Cristo llama el nuevo nacimiento.

Oración de transición: Este extraño asunto de un nuevo nacimiento podrá ser entendido y apreciado si hacemos y contestamos las *tres preguntas* que son implícitas en el pasaje que acabamos de leer.

   I. ¿Qué cosa es el nuevo nacimiento?
     1. Es una experiencia obrada por iniciativa divina; es "nacer desde arriba".
     2. Es una experiencia espiritual; es "nacer del Espíritu".
       (1) Una experiencia obrada por el Espíritu de Dios.

(2) Una experiencia obrada sobre el espíritu del hombre.
   a. Purificándole de sus impurezas anteriores.
   b. Renovándole para una vida nueva.
3. Es una experiencia que se manifiesta en efectos sobre la vida que pueden ser comprobados mediante la observación.

II. **¿Quiénes necesitan este nuevo nacimiento?**
   1. Nicodemo lo necesitó, siendo él:
      (1) Un hombre erudito.
      (2) Un hombre merecedor de la estima de sus conciudadanos.
      (3) Un hombre cumplidor de la religión de sus padres.
   2. Luego, todos lo necesitamos.

III. **¿Cómo puede el hombre obtener este nuevo nacimiento?**
   1. Reconociendo que ha sido mordido por la serpiente del pecado.
   2. Dirigiendo la mirada de la fe hacia Aquel que fue levantado en la cruz como nuestro substituto.

En este plan la palabra clave es "preguntas". Cada división constituye una de las preguntas lógicas que es posible hacer y contestar acerca del asunto. Al presentar este mensaje es muy posible que el predicador querría anunciar cada división en la siguiente forma: "La primera pregunta que queremos hacer y contestar es ésta: ¿Qué cosa es el nuevo nacimiento?" En tal caso, la palabra clave aparecería claramente en el anuncio de cada división.

Texto: Exodo 14:15
Título: Nuestras Ordenes de Marcha

Proposición: De este incidente desprendemos la siguiente verdad: el pueblo de Dios no debe permanecer inmóvil; ni nunca debe retroceder; su deber imperioso, su eterna consigna es ¡Siempre adelante!

Oración de transición: En torno a este pensamiento tan apropiado a la realidad actual de la obra cristiana en este país, conviene que hagamos y contestemos las siguientes *preguntas*.

I. **¿Por qué hemos de ir marchando hacia adelante?**
   1. Porque la soberana voluntad de nuestro Dios lo ordena.
   2. Porque la necesidad de la patria lo reclama.
II. **¿Cómo hemos de proceder en nuestra marcha?**
   1. Respetando el lugar que ocupa la iglesia neotestamentaria en los planes de nuestro Dios.
   2. Haciendo nuestro el programa de acción indicado por Cristo el Señor.
   3. Buscando y obedeciendo la dirección del Espíritu Santo.
III. **¿Qué es lo que nos espera en nuestra marcha?**
   1. Nos espera la oposición.
   2. Nos espera la victoria.

Aquí, exactamente como en el ejemplo anterior, la palabra clave es "preguntas". Cada división principal constituye una de las preguntas lógicas que es posible hacer y contestar acerca del tema del sermón.

(g) El tema puede ser dividido de acuerdo con el principio de la YUXTAPOSICION DE DOS CONCEPTOS CONTRASTADOS O COMPLEMENTARIOS:

Existen varios pares de conceptos que son de tal manera inseparables en nuestra mente que cuando uno de ellos se menciona, el otro nos es sugerido casi automáticamente. Algunos de los más comunes son: lo positivo y lo negativo; lo subjetivo y lo objetivo; lo divino y lo humano; lo temporal y lo eterno; lo material y lo espiritual; una pregunta con su respectiva respuesta; y un problema juntamente con la correspondiente solución.

Este principio de división es apropiado especialmente cuando el texto presenta tal yuxtaposición de conceptos o cuando se emplean textos múltiples. Los dos ejemplos consignados a continuición aclararán la idea.

Texto: Hechos 16:25-34
Título: Una PREGUNTA Importante y Una CONTESTACION Acertada

Proposición: Nuestro texto nos presenta una *pregunta* importante que recibió una acertada *contestación*.

    I. La PREGUNTA importante fue: "¿Qué es menester que yo haga para ser salvo?

      1. En esta *pregunta* vemos una conciencia de pecado y de perdición.

      2. En esta *pregunta* vemos un anhelo de pureza y de perdón.

      3. Pero en esta *pregunta* vemos también un error y una confusión.

    II. La CONTESTACION acertada fue: "Cree en el Señor Jesucristo y serás salvo".

      1. Esta *contestación* fue acertada porque indicó al Unico que es poderoso para salvar.

      2. Esta *contestación* fue acertada porque indicó la única condición por la cual podemos ser salvos.

En este bosquejo la frase clave consiste realmente en la yuxtaposición de las dos palabras "pregunta" y "contestación". Se ve claramente cómo las dos palabras en cuestión aparecen tanto en las divisiones principales como en las respectivas subdivisiones.

    Textos: Juan 18:10 "Entonces Simón Pedro, que tenía espada, sacóla..." Juan 13:4 "Levántase (Jesús) de la cena, y quítase su ropa, y tomando una toalla, ciñóse".
    Título: ¿La Espada o la Toalla?[14]

Proposición: La espada y la toalla representan de manera simbólica dos actitudes opuestas con que el ministro del evangelio puede acercarse a su labor.

Oración de transición: ¿Cuál debemos *escoger*?

    I. ¿La espada? ¡No!

    II. ¿La toalla? ¡Sí!

La palabra clave aquí es "escoger". Se sobreentiende claramente en relación con cada una de las dos divisiones.

Tenemos en el caso que acabamos de consignar un buen ejemplo de contraste entre lo positivo y lo negativo. El peligro de este contraste consiste en la tentación de presentar un solo asunto desde los puntos de vista negativo y positivo. Tal plan resulta ser como sigue: I. Lo que el asunto que estamos tratando *no* es; II. Lo que el asunto que estamos tratando *sí* es. Como dice Lenski,[15] semejante plan es superficial y en-

---

14 Este bosquejo fue tomado de un mensaje predicado en la Capilla del Seminario Teológico Bautista Mexicano por el profesor Abel P. Pierson.
15 Lenski, *op. cit.*, p. 88.

gañoso. Es superficial porque se presta para cualquier asunto. Es engañoso porque cuando ha sido presentado el aspecto negativo del asunto, ya no queda material distinto con qué tratar el aspecto positivo, y *viceversa*.

(h) El tema puede ser dividido de acuerdo con el principio de LAS SUGESTIONES NATURALES DE UNA METAFORA.

La Biblia está repleta de lenguaje figurado, como lo está también el habla diario de las personas que componen nuestras congregaciones. Mucha de la enseñanza de Cristo mismo está presentada en términos metafóricos ("Yo soy la puerta"; "Yo soy el camino"; "Yo soy el pan de vida", etc.) Si el predicador tiene cuidado de entender bien el verdadero significado de estas expresiones figuradas, a veces puede hallar en ellas sugestiones legítimas que puede desarrollar para el provecho de sus oyentes.

Por ejemplo, pensando en la expresión "el agua de la vida", cierto predicador vio la manera de predicar sobre Juan 3:16 desde el punto de vista de esta figura.

Texto: Juan 3:16
Título: El Agua de Vida en Juan 3:16

Proposición: Una buena manera de acercarnos a las riquezas de este texto es la de *verlo desde el punto de vista de la figura del agua de la vida*.

Oración de transición: Desde tal punto de vista, ¿*qué* pues es lo que *vemos* en este hermoso versículo?

   I. *Vemos* un depósito de abastecimiento inagotable
  II. *Vemos* también un caudaloso río que de él procede
 III. Además, *vemos* un vaso con que tomar el líquido refrescante
 IV. *Vemos*, por fin, una bebida que sacia eternamente nuestra sed

Aquí la palabra clave es "vemos". Aparece en la oración de transición que une la proposición con el plan, así como en cada una de las divisiones principales.

Otro predicador, pensando en la significativa metáfora, "Yo soy el pan de la vida", vio en ella un tema legítimo, así como un desarrollo interesante, como a continuación se ve.

Texto: Juan 6:30-35[16]
Título: La Fiesta del Alma

I. Esta *fiesta* es para las almas hambrientas
II. En esta *fiesta* se sirve pan para el alma
III. Esta *fiesta* se ofrece con el propósito de que las almas participen de ella
IV. Con esta *fiesta* se nutre la vida del alma

La palabra clave aquí es "fiesta". Cada división principal la contiene.

(1) El tema puede ser dividido de acuerdo con el principio de los ASPECTOS DEL MISMO QUE EL TEXTO PRESENTA.

Al hacer el estudio de su texto, muchas veces el predicador descubre que el tema derivado de él puede ser dividido de acuerdo con el contenido del mismo texto, pero que el principio de división no concordará con ninguno de los que hemos expuesto arriba. Lo que hace es dividir su tema de acuerdo con los aspectos del mismo que el texto presenta. Tales aspectos suelen ser tan diversos como diversos son los contenidos de los respectivos textos. No es posible clasificarlos bajo ninguna sola categoría. El contenido del texto determina cómo es dividido el tema. Los ejemplos consignados a continuación deben aclarar el punto.

Texto: Gálatas 4:4, 5
Título: El Hecho Central de la Historia del Mundo

Proposición: El hecho central de la historia del mundo fue el advenimiento del Hijo de Dios al pesebre de Belén.
Oración de transición: Respecto a este hecho central de la historia del mundo, el apóstol Pablo *nos dice* en nuestro texto *tres cosas*.

I. *Nos dice* que el tiempo escogido por Dios para enviar a su Hijo al mundo fue un tiempo propicio
II. *Nos dice* que el método adoptado por Dios para enviar a su Hijo al mundo fue un método apropiado
III. *Nos dice* que el propósito con que Dios envió a su Hijo al mundo fue un propósito adecuado

---

[16] Este ejemplo ha sido tomado de Lenski, *op. cit.*, p. 94.

En este sermón tenemos una frase clave, "nos dice tres cosas". Cada división principal nos presenta una de las tres cosas que Pablo dice en el texto respecto al hecho central de la historia del mundo (el advenimiento del Señor Jesús).

Texto: Marcos 1:1-8
Título: El Evangelio Original

Proposición: En este pasaje aprendemos cuáles fueron las *características* del evangelio cuando apareció en su forma original.

   I. El evangelio original se basaba en la Palabra escrita de Dios
  II. El evangelio original encarecía a los hombres la necesidad del arrepentimiento
 III. El evangelio original señalaba a Cristo como quien libra del poder del pecado

La palabra clave aquí es "características". Cada división principal presenta una de las características esenciales del evangelio original.

Texto: Mateo 28:6b, 7a
Título: La Doble Invitación de la Tumba Vacía

Proposición: En las palabras dichas por el ángel a las atribuladas mujeres que fueron a ver el sepulcro de Jesús, encontramos la *doble invitación* de la tumba vacía.

   I. Encontramos una *invitación* para investigar la realidad de la resurrección
  II. Encontramos una *invitación* para proclamar el significado de la resurrección

Aquí tenemos la frase clave "doble invitación" y cada una de las divisiones principales presenta una fase de esta doble invitación.

Texto: Marcos 2:1-12
Título: Una Lección Sobre el Perdón de los Pecados

Proposición: En este incidente del ministerio de nuestro Salvador encontramos cuatro *verdades fundamentales respecto al perdón de los pecados*.

I. La más grande necesidad del hombre es la de obtener el perdón de sus pecados
II. El único que puede perdonar los pecados es Cristo, el Hijo de Dios
III. El perdón de los pecados que Cristo otorga se acredita por una transformación visible obrada en la vida de la persona perdonada
IV. La fe constituye la condición para obtener el perdón de los pecados

En este caso tenemos una frase clave que nos indica cómo el tema va a ser dividido, a saber: de acuerdo con las cuatro verdades fundamentales respecto al tema que se encuentran en el mismo texto. Cada división principal presenta una de estas cuatro verdades.

Estos nueve principios no agotan las posibilidades de la variedad en cuestión de la organización homilética de los sermones. A medida que el predicador vaya adquiriendo experiencia y habilidad, irá descubriendo nuevas maneras de dividir sus asuntos. Lo importante es que recuerde que la determinación del principio de división que va a regir en el plan de sus mensaje es un requisito de vital importancia para la buena organización de su sermón.

En relación con estos nueve principios de división, hay ciertos *conceptos auxiliares* que el predicador puede emplear con provecho en la división de sus temas. Varios de ellos han sido ilustrados ya en los bosquejos dados arriba. Consisten en ciertos grupos de conceptos que tienen múltiples usos en relación con la elaboración de los temas del púlpito cristiano. No constituyen principios de división, propiamente dichos, porque se pueden emplear en relación con varios de los principios que hemos discutido ya. Por falta de mejor nombre, les llamo "categorías de relaciones". Las más comunes de ellas son las cuatro que a continuación se especifican.

En primer lugar podemos mencionar la categoría de *relaciones temporales* (lo pasado, lo presente y lo porvenir). Tenemos también la categoría de *relaciones personales* (yo, el prójimo y nuestro Dios). Otra es la categoría de *relaciones psicológicas* (el intelecto, los sentimientos y la voluntad). Y, por último, hay que pensar en la categoría de *relaciones doctrinales*. Existen varias aplicaciones de esta categoría: Las Tres Personas de la Trinidad (Padre, Hijo y Espíritu Santo); los diferentes atributos divinos (poder, sabiduría, amor, etc.); los distintos aspectos de la doctrina de la salvación (regeneración, santificación, glorificacion). El predicador alerta pronto descubrirá que estos *conceptos auxiliares* le ayudarán a dar variedad y sustancia a la organización de sus sermones.

c. *La formulación de las divisiones.*

Una vez determinado el principio de división que va a regir en el plan del sermón, el predicador tiene que *formular* sus divisiones. En relación con este aspecto de su trabajo se pueden hacer las siguientes sugestiones:

(a) Que por regla general, es mejor que las divisiones sean formuladas como oraciones gramaticales completas.

(b) Que las divisiones deben ser formuladas con la mayor uniformidad posible. Esto se logra cuando la "palabra clave" del sermón se encuentra en cada división, cuando menos implícitamente. La uniformidad en la formulación de las divisiones puede ser lograda a veces mediante el uso de la aliteración o la rima. Pero como el empleo de tales ayudas tiende a degenerar en superficialidades, el predicador debe echar mano de ellas sólo cuando resulten naturales y de acuerdo con el desarrollo lógico de su tema.

(c) Que a veces las divisiones pueden ser formuladas de tal manera que producen un efecto cumulativo. Ejemplo de ello vemos en el siguiente caso:

Texto: **Juan 9:4**
Tema: **La Obligación Moral del Creyente**

I. El creyente está moralmente obligado a trabajar

II. El creyente está moralmente obligado a trabajar de acuerdo con la voluntad de Dios

III. El creyente está moralmente obligado a trabajar de acuerdo con la voluntad de Dios ahora mismo

d. *El número de las divisiones.*

El número de las divisiones debe ser determinado por la naturaleza del tema o por el contenido del texto. Por supuesto, no pueden ser menos de dos, y por regla general no deben ser más de cinco. Si la naturaleza del caso exige que el predicador haga más de cinco divisiones de su tema, tendrá que ejercer sumo cuidado en formularlas de manera concisa y paralela y de limitar la discusión de cada una para no cansar demasiado a su congregación.

e. *El anuncio de las divisiones.*

Otra cuestión que merece atención es la del anuncio de las divisiones. ¿Debe el predicador indicar en el curso de la presentación de su mensaje cuáles son las divisiones principales de su asunto?

En relación con esto se ha observado[17] que el problema del predicador es parecido al del dramaturgo en el sentido de que ambos preparan mensajes que han de ser *escuchados* en vez de ser *leídos*. De manera que el predicador tiene que preguntarse siempre: ¿Cómo podré lograr que el hombre que está sentado allá enfrente de mí perciba claramente las etapas sucesivas del desarrollo de este sermón?

Realmente hay tres caminos posibles que seguir:

(a) El predicador puede hacer un anuncio previo de todas las divisiones y luego hacer énfasis nuevamente sobre cada una de ellas según las vaya tocando en el curso del sermón. Este procedimiento es antiquísimo y todavía se presta para los sermones cuyo fin principal es el de la enseñanza, en los cuales se precisa ante todo la claridad de pensamiento.

(b) Otro plan evitaría todo anuncio previo de las divisiones, pero exigiría que en el curso del sermón fuesen anunciadas claramente y en la forma más paralela posible.

(c) Por fin, sería posible que el predicador omitiera todo anuncio formal de las divisiones, dependiendo únicamente de su capacidad como orador para hacer que sus oyentes percibiesen con claridad la ruta que el pensamiento del sermón estaba siguiendo.

---

[17] Véase Blackwood, *The Fine Art of Preaching* (New York: The Macmillan Co., 1952), pp. 80-81.

El que esto escribe está convencido de la importancia de un claro anuncio de cada división principal del plan del sermón. Me consuela encontrar que buena parte de los que han escrito sobre el particular comparten la misma opinión. Puesto que "para muestra con un botón basta", me permito consignar a continuación la siguiente cita de un maestro cuyos conocimientos y experiencia merecen ser tenidos muy en cuenta.

Los oyentes deben poder avanzar con el predicador desde una división de su tema a otra. A lo menos, el que esto escribe, cuando está escuchando un sermón desea y procura descubrir el plan, aun cuando el predicador no lo haya revelado formalmente. Pero después de que el predicador haya introducido y anunciado su tema, cabe preguntar si debería o no indicar algo respecto a la manera en que piensa desarrollarlo. En respuesta puede decirse que aunque sea de una manera informal, el predicador sí puede mostrar a sus oyentes la meta hacia la cual espera llevarlos y la ruta que para el efecto piensa seguir. Si lo cree necesario, puede evitar el uso de tales expresiones como "en primer lugar, en segundo lugar, etc." y todavía presentar en unas cuantas oraciones la estructura esencial del sermón. A menudo se objeta a semejantes declaraciones, alegando que le restan al sermón el elemento de sorpresa que le es indispensable para poder sostener el interés de los que lo escuchan. Pero pobre en verdad debería ser el predicador que con anunciar cuál es su tema y cuáles las divisiones de él, deje en la mente de su congregación la impresión de que ya no le queda más que decir al respecto. ¿No tendería la declaración del tema más bien a despertar el interés y a estimular la curiosidad? ¿No haría que se pregunten cómo piensa el predicador desarrollar el tema de acuerdo con el plan anunciado?... Hasta donde este autor ha podido averiguar en sus cambios de impresiones con personas acostumbradas a escuchar los sermones cristianos, existe una preferencia general en favor de que el predicador dé a conocer tanto su tema como las divisiones de él. A los que ocupan las bancas les gusta ser tenidos como confidentes del que está detrás del púlpito en vez de ser ofuscados por él. Además, no existe ninguna objeción general a que el predicador indique las divisiones de su sermón con el famoso "en primer lugar, en segundo lugar, y por fin", especialmente cuando las divisiones son formuladas en palabras o frases fáciles de ser recordadas.[18]

f. *Las cuatro reglas para las divisiones.*[19]

Los consejos dados en toda la discusión anterior podrán ser seguidos fácilmente si el predicador tiene cuidado siempre de aplicar a su trabajo homilético las siguientes cuatro reglas.

(a) Ninguna división debe ser coextensiva con el asunto.

---

[18] Garvie, *op. cit.*, p. 424.
[19] Estas reglas están tomadas esencialmente de Broadus, *op. cit.*, pp. 142-143.

(b) El conjunto de las divisiones debe cubrir todo el terreno de la proposición.

(c) Cada división debe ser distinta de cada otra división.

(d) Todas las divisiones deben tener la misma clase de relación con el asunto.

De la misma manera en que estas cuatro reglas tienen que ser aplicadas a la división del tema, tienen que ser aplicadas también a la subdivisión de las divisiones principales, y así sucesivamente.

3. El Movimiento Progresivo del Sermón

(1) Significado del término.

La tercera cualidad de un buen arreglo homilético es *el movimiento progresivo*. Por esto queremos decir dos cosas. En primer lugar, que debe haber progresión en el pensamiento del sermón, desde el principio hasta el fin. Y en segundo lugar, que el sermón debe llevar a los oyentes consigo a cada paso del camino.

En los parques zoológicos se ven a menudo jaulas de ardillas, en las cuales se han colocado tambores giratorios. Los alegres animalitos se deleitan en brincar sobre esos tambores y echar a correr a grande velocidad. Al impulso de sus patitas el tambor empieza a girar, dando vueltas cada vez con creciente rapidez. Pero cuando la ardilla acaba su carrera, se halla todavía en el mismo sitio en que estaba cuando la emprendió. ¡Hubo mucho movimiento, pero nada de progresión! Lo mismo sucede con algunos sermones.

El movimiento homilético debe parecerse más bien al de un tren de pasajeros. Partiendo de un punto determinado, marcha resueltamente hacia su destino, teniendo cuidado de no permitir que se le desenganche ninguno de los coches que lleva remolcando.

(2) Los requisitos del movimiento progresivo del sermón.

En el compás más breve posible, se puede decir que los requisitos del movimiento progresivo de un sermón son cuatro. En primer lugar, es menester tener un concepto claro del propósito específico que se quiere lograr. En seguida es necesario establecer una relación vital con la congregación por medio de una buena introducción. En tercer lugar, se necesita un desarrollo del mensaje que siga el orden más apropiado para llevar a los oyentes hasta los umbrales de una decisión. Y, finalmente, se exige una conclusión en que el ímpetu de todo el sermón es aprovechado en un ataque final sobre la voluntad, persuadiendo a los oyentes a actuar de acuerdo con el propósito específico del sermón. Como la cuestión del propósito específico ha sido discutida ya en un capítulo anterior, dedicaremos nuestro tiempo ahora a los otros tres requisitos del movimiento progresivo que debe caracterizar a un buen arreglo homilético. Para mayor claridad, estos requisitos serán discutidos desde el punto de vista de la iniciación del movimiento progresivo del sermón, el sostenimiento del mismo y su culminación.

a. La iniciación del movimiento progresivo del sermón.

Esta se logra con una buena introducción. En la preparación del sermón la introducción es la última parte que se arregla. Esto es lógico porque sólo así puede asegurarse que la introducción sea del todo apropiada. Pero en esta parte de nuestra discusión estamos considerando el sermón como un producto ya terminado. Estamos dando atención especial a la progresión de su pensamiento y a la manera en que establece contacto con la mente de la congregación, despertando su interés y obligándola a seguir sus ideas hasta lograr que pongan por obra el propósito específico que desde un principio ha palpitado en el corazón del predicador. Así es que tenemos que empezar por la introducción, porque allí empieza el sermón mismo.

(a) La función de la introducción.

La función de la introducción quedó establecida por los maestros de la retórica clásica. Hace aproximadamente mil seiscientos años, San Agustín escribió las siguientes palabras en su libro *De Doctrina Cristiana:*

> Como por medio del arte de la Rhetorica se puedan persuadir las cosas verdaderas, i tambien las falsas; quién se atrevera a decir, que los defensores de la verdad la deben dejar desarmada contra la mentíra, de modo que los que intenten persuadir errores i falsedades, sepan formar un exordio para hacer dóciles, benévolos, i atentos a sus oyentes; i que los Maestros de la verdad no sepan hacer lo mismo?[20]

---

[20] *Los Libros de La Doctrina Cristiana de S. Agustín,* ed. S. Mauro (Madrid: Oficina de D. Benito Cano, 1792), II, 140.

De acuerdo con este concepto, pues, una introducción debe hacer que los oyentes sean "dóciles, benévolos y atentos". La única modificación que justamente podría sugerirse a esta idea sería un cambio en el orden, así: "benévolos, atentos y dóciles". En otras palabras, la introducción de un sermón debe lograr que los oyentes tengan buena voluntad para con el predicador mismo, que le presten su atención, y que estén dispuestos a recibir la enseñanza que él les quiera impartir.

No queremos decir con esto que en todo sermón que prediquemos será necesario que la introducción busque formalmente cada una de estas tres cosas. Habrá ocasiones, quizá muchas ocasiones, en que algunas de las funciones de la introducción habrán sido desempeñadas por el impacto espiritual de los actos del culto de adoración que preceden el sermón. Por ejemplo, si el predicador puede ver, cuando se levanta para entregar su mensaje, que sus oyentes ya le tienen buena voluntad, entonces sólo necesita interesarlos en su asunto y prepararlos para entenderlo. En otras palabras, hay veces en que la introducción, o cuando menos una parte de ella, es hecha antes de que el sermón empiece.

Pero de una cosa podemos estar seguros: Si el predicador no cuenta con la buena voluntad de sus oyentes; si no ha captado su atención; y si no les ha preparado para entender lo que les quiere decir, entonces es relativamente inútil proceder con el sermón.

(b) Las cualidades de una buena introducción.

Exactamente como el sermón eficaz es aquel que logra su propósito, de la misma manera una buena introducción es aquella que desempeña fielmente sus legítimas funciones. Para que lo haga, debería reunir las siguientes características.

1. Debe ser *apropiada*. Para asegurar esto es menester que el predicador tenga en cuenta la naturaleza de su tema, las peculiaridades de la congregación que va a escuchar su sermón y cualquier consideración especial que puede ser sugerida por la ocasión en que va a predicar. Es precisamente por esto que se dijo arriba que en la preparación de un sermón, la introducción es la última parte que se arregla. Por esto también el predicador encontrará que un mismo sermón tendrá

que ser introducido a veces de distinta manera cuando vuelva a ser predicado ante una congregación nueva.

ii. En segundo lugar, la introducción de un sermón debe ser *interesante*. En relación con esta consideración es de suma importancia que se dé atención especial a la primera oración gramatical. Estas palabras iniciales de la introducción son de mayor importancia que cualesquiera otras que se digan en todo el sermón, con la única excepción de los últimos dos o tres renglones de la conclusión. Su importancia estriba en su idoneidad especial para captar la atención y despertar el interés *desde el principio del sermón*. Esta verdad fue comprendida por aquel hermano de baja estatura y voz chillona que tuvo que predicar ante un grupo de estudiantes universitarios que asistían a los cultos de capilla por simple obligación. Como era visitante, sabía que durante un breve momento disfrutaría de la ventaja de la curiosidad con que la gente suele contemplar a un extraño. Aprovechando ese momento fugaz, el predicador anunció inmediatamente su texto. "¿Es tu siervo perro, para que haga esta gran cosa?" (2 Reyes 8:13). Se detuvo un instante para dejar que tan extraño texto produjera su efecto, y luego continuó: "Perro o no, lo hizo". Con quince palabras bien escogidas había captado la atención y despertado el interés de su congregación. De allí en adelante todo lo que tuvo que hacer fue predicar.[21]

Pero generalmente las circunstancias no serán tan dramáticas y el predicador hará bien en valerse de medios más comunes para despertar el interés. De éstos el mejor consiste en el empleo de hechos concretos. No hay cosa más apropiada para matar el interés de una congregación que empezar el sermón con una sarta de vagas generalidades. En seguida se transcribe parte de la introducción de otro sermón basado en el texto aludido en el párrafo anterior. Era un culto regular del día del Señor. El predicador se hallaba frente a una congregación que había pastoreado durante varios años. Su propósito fue el de persuadir a sus oyentes a creer la verdad bíblica respecto a la naturaleza engañosa del corazón humano y de recibir en su corazón a Cristo como el único que puede evitar que la vida acabe en un fracaso desastroso. El título del sermón fue: "Tu Yo Desconocido". Observemos có-

---

21 Este incidente se halla en Blackwood, *The Preparation of Sermons*, pp. 112-113.

mo, mediante el empleo acertado de un incidente histórico concreto, el predicador logra despertar el interés y llevar a su auditorio hacia la consideración de su asunto.

"Caminando un día por el histórico camino de Cumberland, cerca de la cumbre de los Alleghenies, vi en medio de un campo, bajo la sombra de pinos venerables, un sepulcro montañés. Abandoné el camino y atravesé el campo para ver de quién sería ese sepulcro solitario. Al acercarme, leí sobre la lápida de madera el nombre del GENERAL MAYOR EDUARDO BRADDOCK. De repente mi mente recorrió siglo y medio de historia, y veía la larga procesión de soldados ingleses con sus casacas rojas, de soldados coloniales vestidos de azul y de vagones de carga que pesadamente desfilaban por el camino sinuoso hasta perderse en la oscuridad del bosque primitivo. Después de la derrota desastrosa en los vados del río Monongahela, Braddock, mortalmente herido, había sido llevado en retirada hasta ese punto donde ahora yace sepultado. Después de rellenar su foso, los carruajes de artillería y el tren de vagones de carga habían sido conducidos por encima para ocultar el lugar de sepultura de las manos profanas de los salvajes. Inmediatamente antes de morir, Braddock, reclinándose en los brazos de Washington y mirando los rostros de sus oficiales y contemplando más allá de ellos los plácidos cielos del Señor, exclamó, "¡Quién lo hubiera pensado!" Quién hubiera pensado que el General británico que había conquistado renombre en los campos de Europa habría de ser derrotado por un puñado de franceses y de sus aliados indios en medio del chaparral americano.

"¡Quién lo hubiera pensado! Esta es una expresión que nos viene a la mente cuando pensamos no sólo en los desastres militares, sino también en aquellos desastres morales aplastantes y de aquellas emboscadas espirituales que repentinamente destruyen las almas de los hombres.

"La historia de la cual nuestro texto ha sido tomado, presenta un caso parecido..."[22]

iii. Además, una buena introducción debe ser *breve*. Del predicador inglés Juan Howe (1630-1705), Dargan relata la siguiente anécdota. "Se dice que una de las hermanas de su congregación una vez observó que el Señor Howe era en verdad un gran hombre de Dios, pero que en sus sermones el buen hombre gastaba tanto tiempo poniendo la mesa, que ella perdía su apetito para la comida".[23] Por esto ha habido autoridades en la materia que insistieran en que la introducción nunca debe abarcar más de la octava parte de todo sermón.[24] Tal vez sería mejor decir que la introducción debe constituir entre un cinco y un quince por ciento de la extensión total del ser-

[22] El sermón completo se encuentra en Blackwood, *The Protestant Pulpit* (New York: Abingdon-Cokesbury Press, 1947), pp. 224-230.
[23] Dargan, *op. cit.* II, p. 180.
[24] Hoppin, *Homiletics* (New York: Funk & Wagnalls Co., 1869), p. 346.

món. Esta brevedad tan necesaria se logra cuando se tiene cuidado de que la introducción no presente más de un solo pensamiento principal. Ningún sermón debe tener dos introducciones.

iv. Una cuarta cualidad de una buena introducción es que sea *modesta*. Es decir, no debe prometer demasiado. Y esto se refiere tanto a sus pensamientos, como a su estilo y su declamación.

v. Por fin, una buena introducción será *cuidadosamente preparada*. Se le atribuye a Napoleón una declaración en el sentido de que, "en una batalla son los primeros cinco minutos los que determinan el resultado". La misma idea tiene estrecha relación con el sermón. Por esto el doctor Blackwood ha dicho que el predicador "debe considerar que los primeros dos párrafos son decisivos, y debe formular las primeras dos oraciones del sermón con extremado cuidado".[25]

(c) Las fuentes de material para la introducción.

Quizá el problema principal que se relaciona con este asunto consiste en el peligro de caer en una rutina. Hay necesidad de una vigorosa variedad en los métodos introductorios empleados de semana en semana. Realmente la variedad posible es tan grande que la monótona repetición de un mismo método acusaría negligencia o pereza, y esto en relación con el más sagrado de los deberes.

Algunas veces la introducción puede tener relación con *el texto* del sermón. En páginas anteriores[26] se presentó, como ejemplo de sermón expositivo, un bosquejo basado en Efesios 1:3-14. La introducción de este mensaje podría ser elaborada muy bien con material provisto por el mismo texto. Una lectura cuidadosa del pasaje revela que constituye una sola oración gramatical. En el texto griego esta oración consta de doscientas dos palabras. En la Versión de Valera tiene doscientas treinta y cuatro. En esta circunstancia interesante puede el predicador hallar la inspiración para su introducción. La idea podría ser desarrollada como sigue:

El texto de nuestro sermón constituye una sola oración gramatical.

[25] Blackwood. *The Preparation of Sermons*, p. 109.
[26] Véase la página 119.

Pero, ¡qué oración! Consta de más de doscientas palabras.
Es bien sabido que las oraciones gramaticales extensas son algo
difíciles de entender. Su comprensión precisa verdadera disciplina
mental y una cuidadosa atención. Por esta razón es aconsejable
que se formulen sus declaraciones por medio de oraciones relativamente breves, si quiere ser entendido fácilmente. Pero no podemos concebir que el apóstol Pablo no quisiera ser entendido. ¿Por
qué, pues, escribiría una oración tan exageradamente larga?
La respuesta parece ser ésta: Estaba pensando Pablo en las bendiciones que había recibido del Señor. Y cuando empezó a contarlas,
las encontró tan numerosas y tan llenas de significado espiritual,
que no pudo detenerse hasta no haber vaciado su corazón en una
declaración de gratitud de más de doscientas palabras de extensión.
En esta extensa declaración de gratitud hecha por el Apóstol desde
su celda romana, encontramos razones justas por qué nosotros
también debemos dar gracias a nuestro Dios.

A veces el texto escogido ha sido notoriamente mal interpretado. En la introducción el predicador podría llamar la
atención brevemente a este hecho, indicando su propósito de
hacer ver cuál es el sentido verdadero de esta porción de la
Escritura. En otras ocasiones es posible narrar algún incidente
interesante que tiene relación con el texto del sermón. Por
ejemplo, un mensaje basado en Isaías 45:22 bien podría ser
introducido con la narración del hecho de que fue éste el texto
que trajo al joven Carlos H. Spurgeon a los pies de Cristo.[27]
O un sermón sobre Mateo 28:20b podría empezar con una referencia a la famosa experiencia que David Livingstone tuvo
en relación con esta "palabra de un caballero cuyo honor es
lo más sagrado y lo más estricto".[28]

También *el contexto* puede proporcionar buenas ideas para
la introducción del sermón. Esto es especialmente cierto cuando la recta interpretación del texto depende de una clara comprensión del pasaje total del cual forma parte. En ocasiones
da buenos resultados *una descripción gráfica* de algún lugar o
evento relacionado con el pasaje. Si el sermón es "de asunto",
la introducción puede explicar la naturaleza, subrayar la importancia, mostrar la relación que con otros asuntos tenga,
o hacer referencia a alguna alusión histórica sugerida por
el tema. El empleo acertado de *una ilustración* sirve a menudo
para poner el asunto de relieve en la mente de los oyentes.
Con frecuencia se puede utilizar con provecho *una cita* no-

[27] Para la historia, véase Alfredo S. Rodríguez y García, *Biografía de Spurgeon*.
(El Paso: Casa Bautista de Publicaciones, 1934). pp. 41-42.
[28] Véase James I. McNair, *David Livingstone*, (México: Casa Unida de Publicaciones, 1949), pp. 170-73.

table de lo dicho por algún personaje que es especialmente estimado por la congregación. *La ocasión,* por supuesto, frecuentemente proporciona pensamientos introductorios adecuados que no deben ser desaprovechados. Además, a veces es posible dar principio al sermón con una referencia a *algún problema* que el mensaje propone discutir o resolver. Y no es imposible iniciar el sermón con *una declaración franca del propósito* que el predicador espera lograr mediante su mensaje. Finalmente, existe la posibilidad de introducir el sermón con una referencia a *algún evento contemporáneo.* Este parece ser un método predilecto del famoso evangelista Billy Graham. En una colección de ocho de sus sermones que se ha publicado bajo el título "Sermones de Decisión",[29] cuatro de los mensajes empiezan de esta manera. Cuando los eventos a que se hace alusión tienen una estrecha relación con el tema del sermón, nada hay que criticar en tal procedimiento.

b. El sostenimiento del movimiento progresivo del sermón.

Habiendo establecido contacto mental con su congregación y habiéndola interesado en su asunto, el predicador generalmente pondrá fin a su introducción con el claro anuncio de su proposición. Si ésta contiene una "palabra clave" que indique con claridad cuál principio de división va a regir en el plan, ya está listo para abordar el primer punto de su discusión. Si esta "palabra clave" falta, entonces conviene agregar a la proposición una "oración de transición" que haga ver con claridad cómo el predicador piensa dividir su asunto. Todo esto se precisa para *iniciar* el movimiento progresivo del sermón. Pero una vez iniciado, este movimiento progresivo tiene que ser *sostenido.* Este es el punto que queremos considerar ahora.

El sostenimiento del movimiento progresivo del sermón depende principalmente de cuatro cosas, a saber: un orden propio en las divisiones; transiciones fáciles de un pensamiento a otro; el uso predominante del tiempo presente al través de toda la discusión, y la eliminación estricta de toda digresión innecesaria.

29 Billy Graham, *Sermones de Decisión,* (El Paso: Casa Bautista de Publicaciones, 1953), pp. 11, 23, 33 y 45.

(a) El primer requisito, pues, del sostenimiento del movimiento progresivo del sermón es un orden propio en las divisiones.

Respecto al orden en que las divisiones deben ser arregladas no es posible establecer reglas fijas. El orden natural del pensamiento variará de sermón en sermón. En este asunto mucho tiene que ser dejado al instinto homilético del predicador. Todo lo que puede hacerse es señalar las principales variedades de orden que pueden ser empleadas en el arreglo de las divisiones e insistir en que un solo tipo de orden debe ser seguido en el arreglo de las divisiones de un sermón dado. Hay cuando menos siete posibilidades a seguir.[30]

i *El orden de la necesidad lógica.* Algunos materiales por su misma naturaleza preceden a otros. Algunos pensamientos no tienen ninguna fuerza lógica a menos que otros les preparen el camino. Algunas divisiones descansan necesariamente sobre otras.

ii. *El orden que se funda en la relación que existe entre causa y efecto.* No puede darse ninguna regla respecto a cuál debe preceder en la discusión. En algunos casos puede ser mejor ir de efecto a causa. La providencia divina razona con los hombres principalmente en esta forma.

iii. *El orden fundado en la relación entre género y especie.* Tampoco aquí es necesario considerar primero al género. El orden del descubrimiento es generalmente de especie a género. Así puede ser también en el discurso popular.

iv. *El orden fundado en el peso proporcional de los argumentos que se presenten.* El orden debe ser ascendente, presentando los argumentos más débiles primero y los más fuertes después, para llegar a un clímax. Los argumentos positivos deben seguir a los negativos; lo probable sigue a lo posible; lo absolutamente cierto a lo probable.

v. *El orden sugerido por el análisis psicológico.* Una porción considerable de los materiales del púlpito se agrupa en torno a las facultades dadas en el análisis de la mente. El intelecto, los sentimientos y la voluntad forman la base de tal división. Empezamos por el intelecto, pasando luego a los sentimientos y terminando con la voluntad. Pero los propó-

---

[30] Estas sugestiones son tomadas substancialmente de Phelps, *op. cit.*, pp. 88-90.

sitos de algunos sermones podrían demandar que fueran considerados en orden inverso.

vi. *El orden cronológico.*

vii. *El orden aconsejado por las demandas del interés de los oyentes.* Una de las metas principales de la predicación es la de particularizar a los oyentes y presentar la verdad a cada individuo con aquel orden progresivo más calculado para estimular su interés particular.

(b) El segundo requisito para el sostenimiento del movimiento progresivo del sermón es que haya transiciones fáciles de un pensamiento a otro. La falta de éstas hace que los oyentes experimenten una sensación algo parecida a la que se sufre cuando se viaja en carreta de bueyes por una calle empedrada. Los choques bruscos que su mente recibe al pasar abruptamente de una idea a otra lo hace perder todo sentido de relación entre las diferentes partes del discurso. Y esto es prácticamente fatal para el impacto total del mensaje. El movimiento progresivo del sermón no debe ser como el arranque de un tren carguero, sino como el suave desliz de un moderno tren de pasajeros cuando es conducido por un maquinista perito.

Hay grandes posibilidades de variedad placentera en este asunto de las expresiones que pueden ser empleadas para indicar un cambio de pensamiento. Las siguientes constituyen sólo una lista parcial por vía de sugestión: en primer lugar; por otra parte; además; un punto adicional es...; no sólo... sino en seguida; en consecuencia; ahora pues; ni tampoco; en resumen; para concluir. Aparte de tales expresiones, a menudo el predicador verá la necesidad de emplear oraciones gramaticales completas, y a veces hasta un párrafo entero, con el fin de ligar bien un nuevo pensamiento con lo que le ha precedido en el sermón. La pericia en este asunto demanda un esfuerzo constante y una continua observación de la práctica de los mejores oradores y escritores.

(c) El tercer requisito del sostenimiento del movimiento progresivo en el sermón es el uso predominante del tiempo presente al través de toda la discusión.

Hemos hecho énfasis ya en páginas anteriores sobre la necesidad imperiosa de que los temas para el púlpito cristiano sean pertinentes, es decir, que tengan que ver con los problemas espirituales de la actualidad. Hemos visto también que uno de los requisitos esenciales para la recta interpretación de cualquier texto bíblico es precisamente el que el intérprete sepa discernir cómo el significado original de los escritos sagrados tiene una aplicación práctica en la escena contemporánea. Todo esto se relaciona estrechamente con el punto que ahora tenemos bajo consideración. Es necesario que al través de todo el sermón el énfasis caiga sobre condiciones, deberes y perspectivas de la actualidad, dejando que lo histórico sea solamente un punto de partida para arrojar luz sobre lo presente. Esta idea fue expresada admirablemente por uno de los grandes teólogos evangélicos de nuestro siglo de la siguiente manera:

> Cuando basamos nuestra predicación en los Evangelios, viendo lo que Jesús era, lo que decía, lo que hacía y cuanto padeció, tengamos cuidado en hacer la aplicación en el tiempo presente. No prediques nunca acerca del Cristo histórico; predica acerca del Cristo vivo y soberano, o mejor, predícalo a él mismo como estando presente en toda la gracia de su vida y muerte terrenales, y en la omnipotencia de su poder para salvar. Nosotros tenemos vida, no porque él vivió, sino porque vive. Somos salvos, no porque tenemos altamente desarrollada nuestra imaginación histórica de tal manera que podamos hacer que las páginas de los evangelistas vivan y nos afecten como una escena dramática, no es por eso, sino porque confesamos con nuestra boca y creemos con nuestro corazón que Dios lo levantó de los muertos. La fe siempre tiene por su objeto lo presente, lo contemporáneo; y sin fe no hay religión.[31]

(d) El último requisito del sostenimiento del movimiento progresivo en el sermón es la estricta eliminación de toda digresión innecesaria.

A pesar de lo evidente que es que debe haber una constante vigilancia sobre este punto, es a menudo descuidado. Y su descuido acusa una preparación inadecuada. No habiendo trazado bien su línea de desarrollo antes de ascender al púlpito, el predicador es llevado por la ley de la asociación de ideas a incluir de repente algún pensamiento que antes no se le había ocurrido. Y al ceder a tal impulso, se deja llevar por su entusiasmo más allá de los límites útiles que tal pensamiento realmente tiene para la elucidación de su tema y para el logro del propósito específico de su sermón. Se desvía, pues, de su asunto, y cuando logra encarrilarse de nuevo, encuentra que consumió demasiado tiempo en su ex-

---

[31] James Denney, *Studies in Theology* (London: Hodder and Stoughton, 1899), p. 154.

cursión no premeditada, y que ya no le es posible cerrar con broche de oro, como la dignidad de su mensaje lo merece. El movimiento progresivo se interrumpió, y la fuerza vital del sermón menguó en consecuencia.

Es indispensable por tanto que el predicador prepare su sermón en detalle y que haga una completa revisión de todo su trabajo antes de tomar su lugar en el púlpito para evitar las digresiones dañinas que desvían la atención de sus oyentes de la línea principal del desarrollo del mensaje.

c. La culminación del movimiento progresivo del sermón.

Si el movimiento progresivo del sermón es iniciado con una buena introducción, si es sostenido mediante un desarrollo propio del plan, entonces se sigue que es llevado a feliz término mediante una conclusión en que todo el ímpetu del sermón es aprovechado en un ataque final sobre la voluntad de los oyentes, persuadiéndolos a actuar de acuerdo con el propósito específico que palpita en el corazón del predicador. A este respecto conviene tener en consideración lo siguiente:

(a) La importancia de la conclusión.

Es una verdad de conocimiento común que la pericia de un piloto aviador se demuestra, más que en otra cosa, en su habilidad para aterrizar felizmente al final de su vuelo. Es un hecho indiscutible que en una competencia de carreras, cualquier brillantez de actuación en las primeras etapas del recorrido queda opacada si el atleta no cruza la meta final al frente de los demás. Es innegable que quedan nulificados los esfuerzos de un cazador que sigue penosamente las huellas de una fiera al través del matorral y el pantano, si al localizarla yerra el tiro. No menos patente es, que la demostración de la pericia de un predicador y la medida del buen éxito de su sermón dependen en mucho de su capacidad para terminar bien su mensaje.

La conclusión del sermón constituye el ataque final a la fortaleza de la voluntad de los oyentes. Recordemos la definición de Pattison: "La predicación es la comunicación verbal de la verdad divina con el fin de persuadir". Meditemos también las palabras de Phelps:

> No puede ser un sermón aquello que es una simple discusión intelectual... El sermón se hace para conseguir resultados. La enfermedad más dañina en el ministerio es una satisfacción con otros éxitos que no sean los de ganar almas y de levantar una iglesia santificada.[32]

Seguramente que la nota persuasiva y el propósito redentor deben estar presentes en todas las partes del sermón, pero de una manera especial deben manifestarse en la conclusión. Es el momento decisivo. Es entonces cuando el predicador ha de hacer suyo el sentimiento del siervo de Abraham: "Ahora pues, si vosotros hacéis misericordia y verdad con mi señor, declarádmelo; y si no, declarádmelo" (Génesis 24:49).

Conviene hacer énfasis, entonces, en la necesidad de que la conclusión del sermón sea cuidadosamente preparada. Tan es así que algunos maestros de la homilética insisten en que debe ser la primera porción del sermón que el predicador formula. Y algunos predicadores maestros que emplean el método de la predicación improvisada, sin embargo tienen la costumbre de escribir y aprender de memoria las oraciones finales de sus sermones. Pero aunque no aceptemos la opinión de los primeros ni sigamos la práctica de los segundos, de todas maneras debemos dar atención seria y previsora a la conclusión de todo sermón que prediquemos. Es infundada la idea de que la terminación del mensaje debe ser dejada a la inspiración del momento, porque tal modo de pensar niega la posibilidad de la dirección del Espíritu Santo en la preparación para el púlpito, limitándolo en sus operaciones divinas al momento de la entrega del mensaje.

(b) Los elementos principales que pueden entrar en la conclusión del sermón.

i. *La recapitulación*. En la recapitulación el predicador ayuda a sus oyentes a recoger en una sola mirada la perspectiva general de todo el camino recorrido en el sermón. Con palabras breves, y sin la introducción de ningún material nuevo, vuelve a señalar las divisiones principales del discurso, siguiendo el orden que mejor se preste para llegar al clímax. No es necesario que exprese los pensamientos en la misma forma en que los había enunciado en el curso del mensaje.

---

[32] Phelps, *op. cit.*, pp. 103-104.

Es posible cultivar cierta elegancia de estilo con la búsqueda de la variedad en la expresión final. Sin embargo, la recapitulación debería ser clara, y si las divisiones principales del sermón han sido cuidadosamente formuladas, habría ventaja en repetirlas al pie de la letra. La recapitulación es especialmente útil para dar fin a sermones argumentativos.

ii. *La aplicación.* Spurgeon decía que "donde empieza la aplicación, allí empieza el sermón".[33] Y es cierto que a menudo es necesario que haya una continua aplicación de las verdades divinas contenidas en el pasaje. Esto es especialmente cierto cuando se está hablando a una congregación compuesta en su mayoría de personas de escasa preparación intelectual. En tales casos conviene hacer aplicaciones prácticas con frecuencia y no sobrecargar las mentes con simples abstracciones. Pero no obstante todo esto, habrá ocasiones en que la porción final del sermón deberá hacer hincapié particular sobre la relación práctica que tiene el asunto con la vida diaria de los oyentes. Esto será especialmente cierto en sermones cuyo énfasis principal es ético y devocional. Habrá que señalar la manera en que la verdad céntrica del sermón afecta los intereses más caros de los oyentes.

iii. *La demostración.* Por la demostración queremos decir que a menudo conviene que en la conclusión el ministro demuestre a su congregación la manera de llevar a cabo la empresa sugerida o de cumplir con el deber presentado en el sermón. Aquí también debemos advertir que es posible que todo el sermón sea una demostración. En los primeros momentos se puede indicar algún fin deseable, para luego dedicar todo el mensaje a una demostración de los diferentes pasos que el oyente debe dar para alcanzarlo. Pero hay otros sermones que no discuten en sus divisiones principales la manera de efectuar la buena cosa de que se ocupan. En tales cosas la "demostración" forma un elemento importante de la conclusión.

iv. *La persuasión.* Siempre debe haber en la conclusión un énfasis sobre la persuasión. Para poder persuadir, por supuesto, es necesario que se haya echado un cimiento sólido de conocimiento al través de todo el sermón, definiendo con claridad cuál es el deber de que se trata, e indicando las ra-

---

[33] Citado por Broadus, *Tratado Sobre la Predicación*, p. 122.

zones justas por qué es un deber. Entonces queda la tarea de persuadir la voluntad a cumplirlo. Se puede hacer por medio de una apelación a los deseos fundamentales que hay en todo hombre de ser feliz, de ser mejor de lo que es, y de tener seguridad en cuanto a los valores supremos de la vida. Se pueden aprovechar los resortes maravillosos de la memoria y de la imaginación para despertar sus sentimientos con el fin de impulsarle hacia la acción. Y por último, es legítimo ejercer presión sobre sus conceptos del deber, de la gratitud y de la benevolencia.

v. *La invitación.* Todo sermón debe concluir con una invitación. Esta invitación debe cuadrar con el propósito específico del mensaje. Es un contrasentido gastar treinta minutos con la presentación de un asunto vital y pertinente sin instar a los oyentes a que pongan por obra el deber que el sermón inculca. Hay que distinguir, sin embargo, entre *hacer una invitación* y *pedir una manifestación pública* de la decisión hecha en el corazón. Lo primero debe hacerse *siempre;* lo segundo depende del propósito general del sermón y de las circunstancias particulares de la congregación. En la opinión del que esto escribe, todo sermón evangelístico debe terminar en una conclusión que no sólo hace una invitación, sino que también pide una manifestación pública de la decisión hecha en el corazón del oyente. Es difícil que haya fe verdadera en Cristo como Salvador personal sin que haya también una valerosa disposición para confesarlo ante el mundo.[34] Pero en cuanto a los sermones doctrinales, de devoción, de consagración, de aliento y los sermones éticos, aunque se debe hacer siempre una invitación, no se sigue que siempre se debe pedir una manifestación pública de la decisión hecha. En esto el predicador tendrá que ser guiado por los impulsos del Espíritu Santo y por los dictados del sentido común.

Una invitación, para que sea eficaz, debe ser *clara.* Los oyentes deben poder entender absolutamente qué es lo que el predicador está invitándolos a hacer. En esto no debe haber ningún lugar para confusiones. Además, una invitación debe ser *positiva.* Por ejemplo, en vez de preguntar: "¿No habrá aquí alguna persona dispuesta a rendir su vida al Señor Jesús?", sería mucho mejor decir: "¿Cuántas de las personas

[34] Véanse Mateo 10:32, 33; Marcos 8:38; Romanos 10:9, 10.

aquí presentes tendrán el valor de entregar su vida esta noche al Señor Jesús?" La primera invitación tiende a producir en la mente de una persona inconversa una reacción de defensa. La respuesta lógica a la pregunta: "¿No habrá aquí una persona quien se entregue a Cristo?" es :"No, no habrá". Pero cuando la invitación es presentada en forma positiva, como en el segundo ejemplo, la reacción más natural es de responder al reto presentado en una forma favorable. Esto no es armar simples trucos psicológicos, sino tomar en cuenta la inclinación natural de la mente humana. El proverbista dijo que "el que prende almas, es sabio".[35] Esta sabiduría demanda una obediencia a las leyes mentales que Dios mismo plantó en nuestro ser. En tercer lugar una invitación debe ser *insistente*. Esto no se refiere tanto al tiempo gastado en ella, cuanto al espíritu de amor y de sinceridad con que el mensajero la presente. También debemos insistir en que la invitación debe *presentar una oportunidad para escoger entre dos contrastes bien marcados*. Para esto existe un amplio precedente bíblico,[36] y el predicador moderno será sabio si sigue tan autorizado ejemplo. Bien se ha dicho que

La predicación que tiene probabilidades de lograr una decisión es aquella que presenta un contraste vivo entre dos cursos de acción. Cuando dos matices de color gris son colocados juntos, uno parece ser más subido que el otro. Si los separamos, cada uno tiende a perder su respectiva cualidad de "obscuro" o "claro". Condiciones semejantes prevalecen en la esfera de los valores humanos. El mal siempre parece ser más sombrío cuando es contrastado con el bien; el bien siempre resplandece con mayor esplendor cuando se encuentra rodeado del mal... Un sermón tiene cierto parecido a una carretera: sólo cuando llegamos a una bifurcación del camino, nos detenemos para pensar en el rumbo que debemos tomar.[37]

Por último, el predicador debe hacer su invitación *dependiendo enteramente del poder del Espíritu Santo*. Después de todo es él el único que puede constreñir la voluntad humana a actuar permanentemente de acuerdo con la voluntad de Dios. Nuestro propósito no es el de poder contar un número de "decisiones" sino de lograr que haya cambios permanentes

[35] Proverbios 11:30.
[36] Véanse: Deuteronomio 30:15, 19; Josué 24:15; 1 Reyes 18:21; Jeremías 21:8; Ezequiel 18:31, 32; Mateo 16:25, 26; Hechos 2:38-40; 3:19, 23; Romanos 6:23; etc.
[37] Webb B. Garrison. *The Preacher and His Audience* (Westwood: Fleming H. Revell Co., 1954), p. 227.

en la vida de nuestros oyentes. Hemos de demostrar este propósito en una dependencia real y verdadera del poder imprescindible del Santo Espíritu de Dios. Tal dependencia evitará que cedamos a la tentación de forzar a alguien para que haga alguna manifestación pública que no corresponda a la realidad de su condición espiritual. Debemos decir también que tal dependencia exigirá el empleo de textos bíblicos apropiados en la invitación. Nunca debemos olvidar que la Palabra de Dios es la espada del Espíritu.[38] Sería, pues, un contrasentido privar al Espíritu de Dios de su propia espada en el preciso momento en que queremos que hiera la conciencia.

---

[38] Efesios 6:17.

Capítulo VI

EL SERMON EFICAZ
DEMANDA UNA ELABORACION ADECUADA

El plan del sermón, discutido en el capítulo anterior, constituye apenas el armazón estructural del mensaje. Un error en que frecuentemente incurre el predicador joven es el de pensar que una vez que haya formulado su bosquejo, ya está listo para predicar. La verdad es muy otra. "Cuando usted ha escogido un texto, formulado una proposición y bosquejado un plan para el sermón, por regla general la parte principal del trabajo queda por hacerse".[1] Ese armazón tiene que ser revestido.

Cambiando la figura, el plan del sermón puede ser comparado con el esqueleto humano. Este, importante como lo es, en ninguna manera constituye la totalidad del cuerpo. Cuando Ezequiel profetizó en medio de aquel famoso campo lleno de huesos, leemos que "hubo un ruido mientras... profetizaba, y he aquí un temblor, y los huesos se llegaron cada hueso a su hueso". Pero allí no terminaba el asunto. No era posible que unos simples esqueletos hicieran las batallas del Señor. De manera que pasamos adelante para leer lo que el profeta miró, "y he aquí nervios sobre ellos, y la carne subió, y la piel cubrió por encima de ellos... y entró espíritu en ellos, y vivieron, y estuvieron sobre sus pies, un ejército grande en extremo".[2] Los esqueletos tuvieron que ser revestidos de nervios, carne y piel, y ser animados por el soplo del Espíritu divino antes de poder cumplir los propósitos de Dios. Así le sucede al sermón también. Indispensable como le es el tener un buen bosquejo, mientras éste no esté revestido de materiales de elaboración adecuados, y mientras todo el conjunto no sea

1 Phelps, *op. cit.*, p. 93.
2 Ezequiel 37:7-10.

tocado por el soplo del Espíritu Santo, no habrá resultados para la gloria del Señor.

En el presente capítulo, pues, queremos tratar de la elaboración adecuada que el sermón eficaz demanda. Nuestra discusión girará en torno a tres consideraciones, a saber: la identificación de los materiales de elaboración más útiles; el descubrimiento de los mismos y la forma literaria que deben tener en el sermón terminado.

1. La Identificación de los Materiales de Elaboración más Utiles

A las distintas partes del bosquejo del sermón, discutidas en el capítulo anterior, se aplica a veces el calificativo de "elementos formales". Se denominan así porque imparten al discurso su forma y porque se encuentran en él en un orden prácticamente invariable. Todo sermón bien arreglado cuenta con su texto, título, introducción, proposición, divisiones y conclusión. Digo que este orden es *prácticamente* invariable porque hay que reconocer que es posible reservar el anuncio del texto hasta el fin de la introducción, si tal procedimiento ha de contribuir a aumentar el interés de la congregación. Lo mismo puede decirse respecto al título. Y aunque la redacción de una buena proposición sí es indispensable en la preparación del mensaje, es posible en ocasiones reprimir su anuncio formal a los oyentes. Pero en cuanto a la introducción como tal, las divisiones y la conclusión, el orden indicado es inviolable.

En cambio, hay otros elementos que entran en la composición del sermón que pueden aparecer en cualesquiera de sus partes. Tales elementos se distinguen con el calificativo de "funcionales". Ocupan su lugar en el sermón merced a la función que desempeñan. En el sentido más amplio esta función es la de persuadir la voluntad. Pero para persuadir la voluntad es menester hacer varias cosas. Hay que iluminar el entendimiento, convencer la razón, despertar el sentido de necesidad, redargüir la conciencia moral, y conmover los sentimientos. Los materiales homiléticos que desempeñan estas funciones indispensables constituyen precisamente la elaboración adecuada que el sermón eficaz demanda.

Es difícil hacer una clasificación rigurosamente exacta de

estos materiales. Los que son propios para la iluminación del entendimiento pueden ser llamados "materiales de explicación". Los que son útiles para el convencimiento de la razón pueden ser denominados "materiales de prueba o de argumentación". Pero no es tan fácil encontrar un término del todo propio para designar los materiales cuya función característica es la de despertar el sentido de necesidad, redargüir la conciencia moral y conmover los sentimientos. Por falta de un término más adecuado, y queriendo abarcar todos estos materiales en una sola clasificación, los denominaremos *materiales de apelación,* entendiendo por ello todo aquello que apela al entendimiento, a la razón, al sentido de necesidad, a la conciencia moral y a las emociones básicas del ser humano. Estos son los materiales homiléticos que sirven como "resortes" para mover la voluntad. Aparte de ellos, hay que tener en cuenta los *materiales de ilustración.* Estos son realmente auxiliares a los que acabamos de mencionar, puesto que la ilustración sirve tanto para explicar como para convencer, para hacer más agudo el sentido de necesidad, para redargüir la conciencia y para conmover los sentimientos. Pero la ilustración constituye un elemento tan indispensable para la predicación eficaz que es menester dedicarle consideración especial, a pesar del hecho de que tal consideración envuelve necesariamente cierta repetición. Así es que nuestra discusión tendrá que ver con dos clases de materiales de elaboración: materiales de apelación y materiales de ilustración.

(1) Los materiales de apelación.

a. De éstos los primeros que discutiremos son aquellos que apelan al *entendimiento.* El primer mandamiento de la ley sigue siendo "amarás al Señor tu Dios de todo tu corazón, y de toda tu alma, y de todas tus fuerzas, *y de todo tu entendimiento."*[3] La admonición de Cristo a los que le seguían fue, "Oíd, y entended"[4] y "el que lee, entienda".[5] La razón por qué la siembra de la palabra resulta a veces infructuosa consiste en que "oyendo cualquiera la palabra del reino, y no entendiéndola, viene el malo, y arrebata lo que fue sembrado en su corazón". En cambio, la siembra fructífera es descrita así:

3 Lucas 10:27 comparándose con Mateo 22:36-38.
4 Mateo 15:10.
5 Mateo 24:15.

"Mas el que fue sembrado en buena tierra, éste es el que oye y entiende la palabra, y el que lleva fruto".[6] Por eso fue que Felipe preguntó al eunuco etíope, "Mas ¿entiendes lo que lees?"[7] Y por eso también Pablo observó que "si la trompeta diere sonido incierto, ¿quién se apercibirá a la batalla? Así también vosotros, si por la lengua no diereis palabra bien significante, ¿cómo se entenderá lo que se dice? porque hablaréis al aire... procurad ser excelentes para la edificación de la iglesia... Oraré con el espíritu, mas oraré también con entendimiento; cantaré con el espíritu, mas cantaré también con entendimiento... en la iglesia más quiero hablar cinco palabras con mi sentido, para que enseñe también a los otros, que diez mil palabras en lengua desconocida".[8]

(a) La *necesidad* para una apelación al entendimiento de los que escuchan nuestros sermones descansa en dos consideraciones. La primera es que la gente que viene a oírnos realmente desea comprender mejor la Palabra de Dios. La prueba está en la atención que prestan al que sabe poner el sentido de modo que entiendan.[9] El predicador cuyo sermón carezca de un fuerte elemento instructivo realmente está defraudando las esperanzas de su congregación. Pero cuando procura enseñar, necesita recordar que no son vanas las palabras con que el himnólogo expresó el deseo del corazón creyente:

> **Dime la antigua historia del celestial favor, De Cristo y de su gloria, de Cristo y de su amor. Dímela con llaneza, propia de la niñez, Porque es mi mente flaca y anhela sencillez.**

La segunda consideración en que descansa la necesidad para una apelación al entendimiento en nuestros sermones es ésta: tal apelación es indispensable para el propósito total de la predicación cristiana. "La predicación es la comunicación verbal de la verdad divina con el fin de persuadir". Pero no es posible mover la voluntad sin primero iluminar el entendimiento. Ninguna persona sincera dará su asentimiento a algo que no entienda. Por esto el apóstol Pablo insiste en "que el obispo sea... apto para enseñar" (1 Tim. 3:2). Cuando gastamos tiempo en explicaciones claras, estamos sentando las bases para decisiones firmes.

---

[6] Mateo 13:19, 23.
[7] Hechos 8:30.
[8] 1 Corintios 14:8, 9, 12, 15, 19.
[9] Nehemías 8:8.

(b) La *esfera* de las apelaciones al entendimiento en la predicación es realmente triple. Es decir, en nuestros sermones hay tres cosas que tenemos la necesidad de explicar. A menudo es necesario aclarar *el significado* de los textos y de los temas del púlpito cristiano. Aquí es donde entra en juego el estudio histórico-literario del texto y el análisis lógico del tema, aunados al desarrollo de las capacidades de expresión que garanticen una presentación clara de los puntos esenciales. Además, hay muchas ocasiones cuando se precisa una explicación de *la pertinencia* de nuestros textos y temas. Es decir, a veces hace falta una clara indicación de la relación práctica que nuestros mensajes tengan para con la vida cotidiana de nuestros oyentes. Por fin, no es poco frecuente la necesidad de explicar *cómo los deberes inculcados desde el púlpito pueden ser llevados a cabo.* Alguien ha dicho que la palabra "cómo" es la voz más desatendida de cuantas forman parte del vocabulario cristiano. Esto no debe ser. Muy poco valor hay en convencer a una persona de su deber si ésta queda sin saber la manera de cumplirlo.

(c) Las *auxiliares* que facilitan toda apelación al entendimiento son cinco, a saber: la definición, la narración, la descripción, la ejemplificación y la comparación.

i. La *definición* es la respuesta terminante y por excelencia (la que basta para que sepamos exactamente qué es aquello por cuyo ser preguntamos) a la pregunta: "¿qué es esto?" Tiene por función delimitar con precisión lo definido, separándolo idealmente de todo lo demás. Como su propósito es dar cuenta del objeto, delimitarlo y aislarlo de todo lo que no sea él, lo que la definición enuncia debe corresponder al objeto, a todo el objeto y sólo a él. La definición rigurosa se hace con auxilio del género próximo y la diferencia específica. En realidad se puede decir que en el sentido lógico más estricto no hay más regla de la definición que ésta: *La definición debe contener el género próximo y la diferencia específica.* En la práctica, sin embargo, hay grande ventaja en tener siempre presentes las siguientes consideraciones: (i) La definición no debe ser ni demasiado amplia ni demasiado restringida. (ii) La definición no debe contener elementos superfluos. (iii) Lo definido no debe estar supuesto o incluido en la definición. (iv) La definición no debe ser tautológica, es decir: no debe contener repeticiones inútiles y viciosas. (v) La definición no debe ser negativa si puede ser positiva. (vi) La definición debe atenerse al contenido actual del concepto definido, no a la significación etimológica de la palabra que lo expresa.[10]

ii. Si bien la *narración* no apela únicamente al entendimiento (puesto que no faltan quienes aseveran que influye más sobre los sentimientos que sobre el intelecto), no por esto hemos de pasar por alto su gran valor educativo. Bien se ha dicho que

> La narración fue el único instrumento pedagógico usado por el hombre primitivo. Es la forma literaria más simple y comprensiva. Se presta para suministrar muchos conocimientos que enriquecen la mente y desenvuelven el pensamiento; se presta también para mejorar el lenguaje, aumentar el vocabulario y facilitar la expresión.
>
> De todas las formas literarias, es la más expresiva y de fácil comprensión, tanto para los niños como para los adultos. Un alto promedio de la inteligencia humana no entiende discursos ni argumentaciones; pero puede, en cambio, entender perfectamente bien una relación. Uno de los principios didácticos que pregona la moderna pedagogía, es el del aprendizaje indirecto. La narración responde eficazmente a ello. Quien oye o lee un relato, participa imaginariamente, como si fuera propia, de la experiencia narrada. Al hacerlo así, no se imagina un simple imitador del personaje central de la narración, sino asume una actitud vicaria: se coloca en el lugar del héroe; sufre con sus sufrimientos; se goza con sus alegrías. En suma, participa en los eventos de la narración como si fuese el propio héroe.[11]

Por lo dicho salta a la vista cuán importante es que el predicador cultive el arte de la narración. En ello debe tomar como modelo al Maestro de Galilea, pues no existe mejor ejemplo de la narración eficaz que las parábolas de Jesús. El estudio de ellas, así como de otras muestras de la buena narración, revela que ésta debe reunir las siguientes características: unidad de pensamiento, interés humano, sencillez de lenguaje y brevedad de expresión.

iii. La *descripción* apela al entendimiento por medio de la imaginación. Una descripción feliz hace que los oyentes vean lo que ha visto el que habla. Por esto se ha dicho con razón que "los tres requisitos de la descripción son: *mirar bien, retener bien y reconstruir bien*".[12]

---

[10] Francisco Romero y Eugenio Pucciarelly, *op. cit.*, pp. 70-78.

[11] Ottila O. de Chaves, *El Arte de Narrar*, (Buenos Aires: Editorial "La Aurora", sin fecha), pp. 18-19.

[12] Miguel de Toro y Gómez, *El Arte de Escribir*, (París: Librería Armand Colin, 1909), p. 230.

Los poderes de la observación y de la memoria pueden ser cultivados simultáneamente. Es principalmente una cuestión de voluntad y de disciplina. Un buen ejercicio es el siguiente: Durante un minuto, contemple fijamente algún cuadro o escena. Luego, apartando la vista, escriba la descripción más completa posible de lo que había estado mirando. Una vez hecha la descripción, compárela con el original para advertir los puntos de discrepancia. Si este ejercicio se repite diariamente, el interesado no tardará en notar una sorprendente mejoría, tanto en la perspicacia de su observación como en la facultad retentiva de su memoria.

El estudio de los buenos modelos literarios constituye la mejor manera de mejorar nuestro estilo descriptivo. Pero podemos decir, por vía de orientación, que una buena descripción será sugestiva más bien que agotadora. Es decir, presentará sus rasgos a grandes pinceladas, dejando que la imaginación del oyente supla los detalles.

iv. El valor de la *ejemplificación* como medio propio para apelar al entendimiento se debe a la marcada predilección de la mente humana para las verdades concretas. Filósofos hay, por supuesto, que se deleitan en los conceptos abstractos, pero su número es limitado. Y aun ellos, si van a la iglesia, probablemente quisieran descansar un poco de las arduas especulaciones con que se han ocupado entre semana. De nuestro Señor se dijo que "los que eran del común del pueblo le oían de buena gana".[13] Si queremos que otro tanto se diga de nosotros, es preciso que nuestra enseñanza, así como la de él, abunde en ejemplos concretos. Estos deben ser preeminentemente apropiados. El predicador no debe dejar su selección a la inspiración del momento. Debe esmerarse en buscar los que con la mayor propiedad posible hagan resaltar el punto que desee aclarar.

v. Por último, tenemos la *comparación*. Esta, huelga decirse, abarca también el contraste. La necesidad de su empleo frecuente como medio de explicación obedece a una de las leyes fundamentales de la enseñanza. Esta ley ha sido formulada por un eminente educador de la siguiente manera: "La verdad que ha de enseñarse ha de ser aprendida por medio de la verdad que ya es conocida".[14] El siguiente párrafo, aun-

---

13 Marcos 12:37.

que escrito originalmente desde el punto de vista de la instrucción de la niñez, contiene un principio vital que es igualmente aplicable a toda apelación al entendimiento, sea cual fuese la edad de las personas aludidas.

> El acto de conocer es en parte un acto de comparación y juicio de encontrar algo en las experiencias pasadas que expliquen y hagan significativas las nuevas experiencias. Si un amigo nos relata una experiencia o aventura, interpretamos su relación por medio de una comparación con algo muy parecido en nuestra propia experiencia; y si dice algo que no tiene semejanza alguna con algo que ya conocemos, le pedimos que nos dé explicaciones e ilustraciones que traigan los hechos extraños a relación con nuestro punto de vista. Si a los niños se dice algo nuevo e infamiliar, probablemente tratarán en vano de comprender y pedirán mayor luz e información, si no es que abandonan por completo el esfuerzo para conectar la nueva idea con su experiencia. Las figuras de retórica, tales como símiles, metáforas y alegorías, han nacido de la necesidad de relacionar las nuevas verdades con escenas, objetos y experiencias familiares. Son otras tantas cosas inventadas para adquirir lo desconocido por medio de lo conocido, para tratar de hacer que lo antiguo arroje luz sobre lo nuevo.[15]

De estas cinco auxiliares, pues, disponemos en nuestros esfuerzos por apelar al entendimiento de nuestros oyentes. Seamos sabios y constantes en su empleo.

b. Consideremos en seguida los materiales de elaboración que apelan a *la razón*. Estos, como hemos dicho arriba, bien podrían ser llamados "materiales de argumentación". Los tales abarcan tanto los razonamientos que empleamos para establecer la verdad como aquellos a que recurrimos para refutar el error.

(a) El lugar del razonamiento en la predicación.

En un capítulo anterior discutimos el lugar importante que el discurso argumentativo ocupaba en la predicación apostólica. A las consideraciones allí expuestas cabe agregar que el Apóstol Pablo afirmaba que él era "puesto para la defensa del evangelio" (Fil. 1:17). Además, aconsejaba a Tito a "convencer a los que contradijeren" (Tito 1:9) y a Timoteo lo envió a Tesalónica para que, entre otras cosas, "confirmase" a los creyentes "en cuanto a la fe" (1 Tes. 3:6). Todas estas

---

[14] John Milton Gregory, *Las Siete Leyes de la Enseñanza,* (El Paso: Casa Bautista de Publicaciones, 1946), p. 64.
[15] *Ibid.,* pp. 66-67.

expresiones arrojan luz sobre el lugar de la argumentación en la predicación cristiana. La verdad bíblica es combatida por la duda y la incredulidad y torcida por la herejía. El celo de los creyentes a menudo languidece por causa de una falta de comprensión de las sólidas razones que asisten a su fe, y la obra del evangelismo frecuentemente fracasa porque el embajador no sabe presentar la causa de su Rey en la forma convincente que amerita. En una palabra, es necesario que el predicador recuerde siempre que su tarea es la de convencer la razón, lo mismo que iluminar el entendimiento, despertar el sentido de necesidad, redargüir la conciencia moral y conmover los sentimientos. Todos estos son procesos que se precisan para la persuasión.

(b) El cultivo de los poderes de razonamiento.

Toda persona de mente sana está dotada de poderes naturales de razonamiento. Pero estos poderes, para que alcancen su pleno desarrollo, tienen que ser cultivados. Para el predicador del evangelio tal cultivo se convierte en una imperiosa necesidad. Lo puede lograr de varias maneras. Si tiene modo de hacer estudios formales de lógica, no debe desaprovechar la oportunidad, puesto que la lógica es "la ciencia del razonamiento". Pero si le es imposible tomar clases en la materia, puede hacer estudios personales mediante la lectura privada de algún buen texto. Aparte de tales estudios teóricos, mucho se puede aprender de la lectura de las buenas obras polémicas y de los tratados sobre evidencias cristianas. Toda disciplina científica moderna está desarrollada sobre una base lógica rigurosa, de manera que el estudio de las ciencias físicas, así como el de la filosofía y de la psicología arrojará mucha luz práctica sobre la manera correcta de razonar. La participación en bien organizadas sociedades para debates sería de provecho, y no carecería de beneficio la práctica de sostener discusiones amistosas con personas cultas cuyas opiniones difieren marcadamente de las nuestras.

(c) La naturaleza esencial del razonamiento en la predicación.

i. Podemos decir, en primer lugar, que muchas veces el

predicador necesita *dar razones* en apoyo de la tesis que sustenta. Esto a veces será el área total del mensaje, como vimos cuando discutimos los diferentes principios de división que pueden regir en el plan del sermón. Pero más frecuentemente constituirá sólo una parte del discurso. Las razones que se den pueden ser de dos clases: pueden ser hechos concretos, o pueden ser ideas o ideales. Cuando la razón dada es un hecho concreto, a menudo será necesario comprobarlo mediante una apelación al testimonio. Al hacer tal cosa hay que tomar en cuenta el número de los testigos independientes y el carácter de los mismos, así como el carácter de la cosa atestiguada. Cuando la razón dada es una idea o un ideal, entonces cabe indicar cuál es la autoridad que propone la idea o sustenta el ideal. En esta conexión tiene especial peso la autoridad de las Escrituras.

ii. En segundo lugar, el predicador necesita *seguir una línea de razonamiento*. Para ello se precisa un entendimiento claro de las características esenciales de dos tipos fundamentales de inferencias lógicas.

(i) Las inferencias directas. El razonamiento puede ser simple o complejo. Es simple cuando de una verdad se deriva otra directamente. Por ejemplo, de la declaración en el sentido de que todos los argentinos son americanos, inferimos directamente que algunos americanos son argentinos. O si afirmamos que algunos estudiantes son empleados, tenemos que concluir también que algunos empleados son estudiantes. De la proposición: ningún hombre honrado es hipócrita, se sigue naturalmente que ningún hipócrita es hombre honrado.

(ii) Las inferencias indirectas. Con más frecuencia, sin embargo, utilizamos el razonamiento complejo, o sean las inferencias indirectas. Estas son de tres grandes clases: los razonamientos deductivos, los inductivos y los que son por analogía. Como se ha observado ya, el razonamiento deductivo "en sentido estricto es en sus formas capitales una conclusión de lo universal a lo particular o a lo singular, y en todas sus formas, una conclusión a partir de lo universal. La inducción es una conclusión de lo singular o lo particular a lo universal. Y la conclusión por analogía pasa de lo singular o particular a lo singular o particular afín".[16]

---
[16] Romero-Pucciarelly, *op. cit.*, pp. 86-92.

La validez del argumento deductivo depende principalmente de la validez de las premisas en que se funda. Admitidas éstas, su conclusión es terminante. El razonamiento inductivo se funda, no en la declaración de leyes universales, sino en la observación de casos particulares. De tal observación surge la construcción de una hipótesis. Si la hipótesis así construida resiste la prueba del razonamiento deductivo, llevando a conclusión lógica todas sus implicaciones, entonces queda verificada. Así es que en realidad la inducción proporciona el camino por el cual se establecen las leyes universales, las cuales a su vez constituyen los puntos de partida para el razonamiento deductivo.

El razonamiento por analogía nunca termina en una resuelta afirmación. Lo más que puede hacer es demostrar una fuerte probabilidad. No obstante esta circunstancia, este argumento es quizá el que se emplea con mayor frecuencia que cualquier otro.

> Por esta sencillísima manera de razonar se descubrió el oro de Australia. Un hombre llamado Hargreaves observó que las montañas de la nueva Gales del Sur se parecían a las de California, donde había estado él cavando en minas de oro; por lo que vino a deducir que, siendo semejantes los montes del país a los californianos en varios aspectos, habían de serlo también en otros, y tendrían también las entrañas henchidas de oro. Y a pocas pruebas que hizo, vio que había razonado bien, y que había oro.[17]

(d) Tipos de argumentos especiales útiles en la predicación. De éstos hay cuatro, a saber; el argumento *a fortiori*, el dilema, el argumento *ad hominem* y el argumento de reducción al absurdo.

i. El argumento *a fortiori* es aquel que demuestra que si algo es verdadero en un caso menos probable (real o supuesto), tiene que ser considerado como mucho más cierto en un caso más probable. Generalmente lleva en su conclusión la expresión "cuánto más" o alguna equivalente, como lo demuestra el siguiente ejemplo.

> Si un hombre dedica años a adquirir el arte de modelar el barro para convertirlo en vasos hermosos, ¡cuánto más tiempo debería

17 W. Stanley Jevons, *Nociones de Lógica*, (New York: D. Appleton and Company, 1923), p. 10.

invertirse en adquirir el arte de modelar lo que es tan delicado y
sutil y sin embargo eterno, que llamamos alma humana![18]

Este tipo de argumento aparece muy frecuentemente en
las Escrituras, como se puede comprobar, consultando los siguientes pasajes: Ezequiel 15:5; Mateo 6:26, 30; Mateo 7:11;
Lucas 11:11-13; Lucas 23:31; Romanos 8:32; 2 Corintios 3:7-11;
Hebreos 2:2-4; Hebreos 10:28, 29; 1 Pedro 4:17, 18.

ii. El dilema presenta dos supuestos contradictorios tales
que no importa por cuál se tome la decisión, el resultado será
lo mismo.

También este tipo de argumento se halla en las Escrituras.
Véanse Mateo 21:25; Marcos 12:14 y Hechos 5:38, 39. A continuación consignamos un hermoso ejemplo tomado de los escritos de Francisco I. Madero, iniciador de la Gran Revolución
Mexicana de 1910.

> En cuanto a arrostrar los peligros referidos, mi contestación inva-
> riable a los amigos que me hablan de ellos con el ánimo de disua-
> dirme de mi empresa, ha sido siempre encerrada en el siguiente
> dilema: o bien no es cierto que el peligro sea tan grande, y en tal
> caso tenemos alguna libertad aprovechable para trabajar por el
> provecho de nuestra Patria procurando la formación de un Partido
> Nacional Independiente; o bien es real el peligro, lo cual de-
> muestra que no hay ninguna libertad, que nuestra Constitución es
> burlada, que nuestras instituciones son holladas, que la opresión
> ejercida por el gobierno es insoportable; y en esos casos supremos,
> cuando la libertad peligra, cuando las instituciones son amenaza-
> das, cuando se nos arrebata la herencia que nos legaron nuestros
> padres y cuya conquista les costó raudales de sangre, no es el
> momento de andar con temores ruines, con miedo envilecedor;
> hay que arrojarse a la lucha resueltamente, sin contar el número
> ni apreciar la fuerza del enemigo.[19]

iii. La idea esencial del argumento *ad hominem* es la de
echarle en cara al contrincante su propia actuación o su
propio dicho. Ejemplos de lo primero tenemos en Mateo 12:27
y Gálatas 2:14. De lo segundo tenemos una muestra en Lucas 19:22.

iv. El argumento de *reducción al absurdo* consiste en demostrar que la posición del contrincante, llevada a su conclusión lógica *prueba demasiado*, acabando por quedar en un
absurdo. Tanto Cristo como el apóstol Pablo echaban mano

---

[18] Henry Ward Beecher. Citado por Thomas H. Hughes, *La Psicología de la Predicación y de la Obra Pastoral*, (Buenos Aires: Editorial "La Aurora", Sin fecha), p. 64.

[19] Gabriel Ferrer de M., *Vida de Francisco I. Madero*, (México: Secretaría de
Educación Pública, Sin fecha), pp. 55-56.

de este tipo de argumento para refutar a sus enemigos. Véanse Mateo 12:24-27; y 1 Corintios 15:13-19.

(e) Para concluir esta breve reseña de los materiales de elaboración que apelan principalmente a la razón, tengamos en cuenta las siguientes sugestiones prácticas acerca de la argumentación.[20]

i. No debemos intentar la prueba de algo si no estamos persuadidos de que es verdad y si no estamos seguros de poder probarlo.

ii. Todo argumento debe comenzar con algo que admiten plenamente las personas a quienes hablamos.

iii. Siempre debemos usar argumentos que sean inteligibles a nuestros oyentes y propios para impresionar sus respectivas mentes.

iv. Para no cansar a nuestros oyentes con demasiada lógica, debemos tener cuidado especial de intercalar ilustraciones apropiadas.

v. Antes de pasar a un nuevo escalón en el argumento, es bueno repetir con variaciones placenteras el progreso que el argumento ha seguido hasta ese punto.

vi. No debemos tratar de decirlo todo, sino escoger un número conveniente de los argumentos más eficaces.

vii. La argumentación en el púlpito debe tener como fin, no el de triunfar, sino el de hacer bien.

c. Pasemos ahora a una discusión de los materiales de elaboración que apelan al sentido de necesidad.

La aceptación de una verdad depende no sólo de que sea comprendida o de que su fuerza sea recomendada a la razón con buenos argumentos. Es menester demostrar que llena una necesidad que el oyente tiene y que sabe que tiene. Es cuando los hombres sienten la necesidad de algo que entran en acción para conseguirlo. El hombre primitivo sentía la necesidad de comer y salía en busca de alimento. El joven obrero moderno siente la necesidad de una preparación escolar, y se priva de paseos y hasta del sueño necesario con el fin de asistir a la escuela nocturna. En cualquier caso, la resolución tomada obedece al hecho de haber sentido una necesidad.

---

[20] Estas sugestiones representan una adaptación de las ideas expresadas por Broadus, *op. cit.*, p. 111, y Sangster, *op. cit.*, p. 87.

Así es que si el predicador cristiano va a lograr que sus oyentes entreguen su corazón a Cristo y su vida al Reino de Dios, tendrá que hacerles ver que tal decisión contribuirá a la satisfacción de alguna necesidad humana básica que se ha hecho sentir en su vida. Tendrá que demostrar que el evangelio de Cristo llena las necesidades del alma. Estudiantes de la psicología han sugerido que las necesidades humanas pueden ser reducidas a tres grandes categorías, correspondientes a los tres instintos humanos básicos:

(a) La necesidad del amor.

Esta necesidad halla su raíz en el instinto humano básico del sexo, que reclama amor, compañerismo y mutua simpatía. Apelamos a este sentido de necesidad cuando ensalzamos el amor de nuestro Padre celestial; cuando discutimos las amplias simpatías humanas de Cristo, nuestro Salvador y Mediador; y cuando demostramos cuán íntimo y verdadero es el compañerismo divino efectuado en el corazón del creyente mediante el Espíritu Santo.

(b) La necesidad de poder, o sea de significancia.

Esta necesidad halla su raíz en el instinto humano básico que los psicólólogos han dado en llamar "el instinto gregario". Este es el instinto que "nos impele a buscar un sitio y significado en el rebaño, un sentido en la sociedad".[21] Apelamos a este sentido de necesidad cuando predicamos la norma cristiana de la grandeza (el servicio abnegado de los demás); cuando indicamos cuáles son las condiciones de poder en el servicio y testimonio cristianos; y cuando declaramos el valor inherente de la personalidad humana y el hecho de que Dios no hace acepción de personas.

(c) La necesidad de seguridad.

Esta necesidad halla su raíz en el instinto humano básico de la conservación, instinto que exige la seguridad y bienestar de la vida. En esencia es más que el mero impulso a vi-

---

[21] Hughes, *op. cit.*, p. 89.

vir. Tiene un impulso a vivir bien y aun a vivir mejor. Apelamos a este sentido de necesidad cuando hablamos de la realidad del perdón de los pecados; cuando describimos las satisfacciones de una vida de triunfo sobre las tentaciones de la carne; cuando indicamos cuán completa es la victoria del creyente sobre la tumba y cuán segura es su glorificación final.

> Bien podemos creer que las necesidades básicas de la naturaleza humana se deben a que "hay eternidad en su corazón", como lo afirma la Biblia, y a que Dios alentó algo de su naturaleza y semejanza en el hombre. Así que los sentidos más amplios de la naturaleza instintiva del hombre, el ímpetu de los impulsos básicos hacia adelante, hacia una satisfacción más amplia y permanente, descansan en el hecho de haberse impartido a la humanidad un elemento de la vida de Dios y existen para llevar a los hombres hacia él para que hallen así esas más altas satisfacciones. Es bien evidente, gracias a nuestro conocimiento de la experiencia cristiana a través de los siglos, que cuando el alma encuentra su domicilio en Dios, encuentra al mismo tiempo satisfacción para estas necesidades básicas... Las tres necesidades básicas se unen en una gran necesidad: la de Dios.[22]

d. Pero la persuasión precisa también una apelación al sentido de deber, o sea *a la conciencia moral*.

La conciencia es aquella voz interna que Dios ha hecho resonar en el alma de cada ser humano racional, y que desempeña las siguientes funciones. En primer lugar, insiste en el hecho de que existe una positiva distinción moral entre lo bueno y lo malo — distinción que es tan marcada como es la diferencia entre cielo e infierno. Luego, cuando en una situación dada el individuo ha comprendido qué es lo bueno y qué lo malo, la conciencia le ordena terminantemente que haga el bien. Es posible, por supuesto, que no obedezca la orden, pero ésta se da de todos modos. Bien se ha dicho que las grandes crisis de la vida surgen cuando se tiene que decidir entre obedecer a la voz de su conciencia o a las voces contrarias del amor propio, de la pasión o de la autoridad externa. En tercer lugar, una vez que el individuo haya tomado su decisión, la conciencia se erige en juez de la acción cometida, calificándola de buena o mala. Si la estima buena, colma de satisfacción a su autor. Si la estima mala, le hace sufrir los dolores del remordimiento. Por último, la conciencia desempeña una función predictiva, ahondando en el corazón huma-

---

[22] Hughes, *op. cit.*, pp. 89-90.

no la convicción de que "está establecido a los hombres que mueran una vez, y despues el juicio" (Hebreos 9:27).

Si la voz de la conciencia es acatada, se vuelve cada vez más estridente. Si es desobedecida, se corrompe (Tito 1:15) y se cauteriza (1 Timoteo 4:2). Si el individuo persiste en su desobediencia, puede acabar por incurrir en la blasfemia en contra del Espíritu de Dios (Marcos 3:22-30; Hebreos 10:26-31).

El vigor de la vida espiritual suele estar en proporción directa a la sensibilidad de la conciencia. Esto explica por qué muchas veces las personas que con mayor ahínco se oponen a la fe evangélica, cuando se convierten llegan a ser los obreros más eficaces en la viña del Señor. La tarea, pues, del predicador cristiano es la de despertar de su letargo fatal a la conciencia adormecida, y de señalar la obra perfecta de Cristo como fuente de paz para la conciencia atribulada. Para fines tan delicados, ¿habrá materiales apropiados de qué echar mano?

Para contestar esta pregunta es necesario recordar en primer lugar que sólo el Espíritu de Dios puede redargüir "al mundo de pecado, y de justicia, y de juicio" (Juan 16:8-11). "No con ejército, ni con fuerza, sino con mi espíritu, ha dicho Jehová" (Zacarías 4:6). "Una vez habló Dios; Dos veces he oído esto: Que de Dios es la fortaleza" (Salmo 62:11). "Si Jehová no edificare la casa, En vano trabajan los que la edifican: Si Jehová no guardare la ciudad, En vano vela la guarda" (Salmo 127:1). "La salvación pertenece a Jehová" (Jonás 2:9).

Al mismo tiempo, hemos de recordar también que el instrumento predilecto que el Espíritu emplea para mover el corazón del hombre es la Palabra de Dios. Por esto es llamada "la espada del Espíritu" (Efesios 6:17). Como tal "es viva y eficaz, y más penetrante que toda espada de dos filos: y que alcanza hasta partir el alma, y aun el espíritu, y las coyunturas y tuétanos, y discierne los pensamientos y las intenciones del corazón" (Hebreos 4:12). Por ella nace la fe (Romanos 10:17). Es ella el medio empleado por el Espíritu para engendrar vida espiritual (1 Pedro 1:23). Por ella el alma redimida es lavada de las contaminaciones que se le adhieren por el camino de la vida (Juan 15:3; Efesios 5:26).

Así es que, sin temor a equivocarnos, insistimos en que

los materiales de elaboración más apropiados para redargüir la conciencia moral son las palabras mismas de la Biblia. No debe pasar inadvertido el hecho de que el predicador más poderoso de nuestra generación, el doctor Billy Graham, hombre que ha predicado a mayor número de personas inconversas y que ha sido usado por Dios para lograr mayor número de profesiones de fe que cualquier otro evangelista desde los tiempos apostólicos, respalda cada punto de sus mensajes con un "la Biblia dice..." Por ejemplo, en su sermón intitulado "¿Cómo es Dios?", no menos de veinte veces encontramos expresiones como éstas: "voy a llevarlos a la Biblia"; "la Biblia declara"; "la Biblia nos enseña"; "dice la Biblia"; "la Escritura declara"; "esta expresión de la Biblia". Tal práctica, junto con las señales que le siguen, debe convencernos de que Dios aún sostiene lo que dijo hace más de dos milenios y medio: "Así será mi palabra que sale de mi boca: no volverá a mí vacía, antes hará lo que yo quiero, y será prosperada en aquello para que la envié" (Isaías 55:11).

Por tanto el predicador que desee que sus mensajes sean instrumentos en las manos del Espíritu Santo para redargüir las conciencias de los hombres, debe velar por el contenido bíblico de sus sermones. Debe tener por meta mínima lo siguiente: primero, que la idea central del sermón tenga una relación legítima con la recta interpretación de su texto, y segundo, que cada división principal de su plan encuentre apoyo sólido en el sentido verdadero de alguna declaración específica de las Escrituras. Estas, puesto que fueron inspiradas por Dios, son autoritativas. Su mensaje es válido en todo tiempo, en todo lugar y para todas las personas, sea cual fuese su edad, su cultura, su raza o su condición de vida. Además, sus palabras gozan del apoyo peculiar del Espíritu de Dios. Así es que el predicador sabio, en todo y por todo procurará seguir el ejemplo de aquel que encabezó su profecía con estas palabras: "Oíd, cielos, y escucha tu, tierra; porque habla Jehová" (Isaías 1:2).

e. Por último, el sermón eficaz debe presentar materiales de elaboración que apelan *a los sentimientos de los oyentes.*

(a) En relación con esto hay dos extremos que evitar. Uno es el de apelar casi exclusivamente a las emociones. Ejemplo tenemos de las funestas consecuencias de tal procedimiento en la parábola del sembrador. De su semilla leemos que "parte cayó en pedregales, donde no tenía mucha tierra; y luego salió, porque no tenía la tierra profunda: Mas salido el sol, se quemó; y por cuanto no tenía raíz, se secó". Cuando los discípulos pidieron al Señor una explicación, éste les dio la siguiente interpretación: "Y asimismo éstos son los que son sembrados en pedregales: los que cuando han oído la palabra, luego la toman con gozo; mas no tienen raíz en sí, antes son temporales, que en levantándose la tribulación o la persecución por causa de la palabra, luego se escandalizan" (Marcos 4:5, 6, 16, 17). En una palabra, la semilla esparcida entre pedregales representa al oyente que es fácilmente conmovido en su naturaleza emotiva, pero que poco comprende y menos se convence de la profunda falta que le hace estar en verdadera paz para con Dios. La predicación que está sobrecargada de apelaciones emotivas puede provocar muchas "profesiones de fe", pero producirá pocas verdaderas conversiones al Señor.

Por otra parte, es igualmente contraproducente el extremo opuesto. En la predicación cristiana la carencia de toda apelación a los sentimientos constituye una falsa representación de Aquél que supo llorar ante la tumba de Lázaro, de regocijarse en las bodas de Caná, de compadecerse de las multitudes hambrientas y enfermas y de arder en ira al encontrar que la casa de su Padre se había convertido en cueva de ladrones. Hay un lugar legítimo en la obra del púlpito para las apelaciones a los sentimientos básicos del ser humano: la gratitud, la lealtad, la compasión, el temor, la vergüenza y la indignación.

(b) La razón para insistir en que debe haber en todo sermón algún material de elaboración que apele a las emociones es ésta: tal apelación desempeña una doble función de tremenda importancia para los propósitos de la persuasión.

En primer lugar, la apelación a las emociones tiende a unificar la congregación. Esta verdad ha sido presentada magistralmente por un eminente psicólogo cristiano de la siguiente manera:

La psicología moderna ha hecho evidente que las emociones — o sea el aspecto afectivo de la conciencia — son las fuerzas unificadoras de la vida comunal; que la transfusión y la intercompenetración de personalidades por una emoción dominante puede fundir a los individuos en la vida colectiva y en una conciencia colectiva en que su sentido de individualidad separada casi llega a perderse y ellos se vuelven como uno... El intelecto o la razón parece separar a los hombres y acentuar su individualidad... Lo volutivo, o los aspectos activos de la vida, también parecen tender a la división... Pero en la esfera de las emociones, hay una medida de fusión personal, de mutua compenetración de espíritu con espíritu; y cuando las reacciones emotivas han sido profundamente conmovidas, la congregación puede llegar a ser "de una sola mente y de un solo corazón."[23]

Pero lo que es de aún mayor importancia es lo siguiente. La apelación a las emociones constituye el ataque más certero sobre la fortaleza principal de la voluntad individual. Como lo ha expresado un escritor contemporáneo,

La apelación a las emociones es importante en la predicación persuasiva porque las emociones constituyen precisamente los resortes que mueven la voluntad. Para lograr una respuesta favorable es menester alcanzar las emociones... Es posible convencer a una persona respecto a la verdad de cierta proposición o idea, pero si vamos a lograr que actúe en relación con esa proposición o idea, tendremos que poner en juego la fuerza motriz de la acción, o sean las emociones. Por ejemplo, desde un punto de vista racional es posible que un individuo comprenda la necesidad de contribuir a una campaña para combatir la poliomielitis, y a pesar de estar convencido de que tal cosa es buena y necesaria, dejar de dar su contribución a la campaña. Pero si se le hace sentir lo que su vida sería si su propio hijo tuviera la poliomielitis, entonces será posible persuadirlo a contribuir. En la predicación persuasiva, la que busca una respuesta específica, es imperativo echar mano de las emociones.[24]

(c) Pues bien, si la excitación de los sentimientos de sus oyentes desempeña papeles de tanta significación para el propósito total de la predicación, ¿cómo puede el hombre de Dios lograr tocar los resortes emotivos de su congregación? Hay tres maneras legítimas de hacerlo.

La primera es por medio de la memoria. Cuando el predicador conoce bien a su congregación, puede evocar en sus oyentes el recuerdo de situaciones que los conmovieron en lo pasado. Este recuerdo tenderá a conmoverlos nuevamente.

La segunda es por medio de la imaginación.

Por la imaginación le parece al oyente ver lo que le describimos,

---

[23] Hughes, *op. cit.*, pp. 90-91.
[24] Ronald Sleeth, *Persuasive Preaching*, (New York: Harper & Brothers Publishers, 1956), p. 60.

y el efecto de esto sobre sus sentimientos se aproxima al efecto
producido por la vista. Para producir este efecto en la imaginación generalmente necesitamos presentar detalles bien escogidos.
Sin éstos es imposible que una narración o descripción produzca
efecto.[25]

Pero de todos los medios, el más poderoso es la pasión
sincera del mismo predicador. Aunque Adolfo Hitler distaba
mucho de ser un profeta de Dios, no cabe duda de que conocía los secretos del discurso persuasivo. Desde ese punto
de vista, el mensajero cristiano hará bien en ponderar sus
palabras.

Sólo un torbellino de pasión ardiente puede cambiar los destinos
de un pueblo, pero sólo aquel que abriga la pasión en su propio
pecho puede despertarla en los demás.[26]

(d) Para terminar, es menester tener presente siempre
que toda apelación a las emociones debe ser seguida de una
oportunidad práctica para actuar. Bien se ha dicho que

... despertar una emoción profundamente y dejarla así es una
especie de orgía que tiene sabor a desenfreno espiritual, a una
excitación frívola que sólo puede desmoralizar el alma. El impulso
emotivo debe conducir a sendas de pensamientos y conocimiento
y por ahí a actos de servicio y a una entrega personal. Sin este
movimiento posterior la emoción deja de ser saludable y espiritual
para convertirse en lo contrario. De modo que sobre las agitadas
olas de emoción el predicador debe impartir la verdad y enseñar
a su gente de modo que la verdad que le ha sido revelada llegue
hasta ellos por vía de la atención conseguida y el interés despertado en semejante estado emotivo. Pero también debe condu-
cirles a decisiones definidas, primero a obrar mediante una rendición más cabal a Cristo y luego a vivir su vida servicial y de
sacrificio para el reino de Dios.[27]

La persuasión de la voluntad humana puede ser compa-
rada con la toma de una ciudad amurallada. Exactamente
como los ejércitos de la antigüedad al sitiar una ciudad ene-
miga dirigían sus ataques en contra de las puertas del
muro, de esta misma manera debe actuar el predicador. La
voluntad de sus oyentes está protegida por un muro alto y
fuerte. Este muro está formado por sus hábitos, sus prejuicios,
su ignorancia, su indiferencia, sus compromisos sociales y fa-

[25] Broadus, op. cit., p. 126.
[26] Adolph Hitler, Mein Kampf, (New York: Reynal & Hitchcock, 1940), p. 137.
[27] Hughes, op. cit., pp. 91-92.

miliares, su egoísmo, su maldad. Pero en este muro hay cinco puertas. Sus nombres son: el entendimiento, la razón, el sentido de necesidad, la conciencia moral y la emoción. He aquí los puntos vulnerables en las defensas de la voluntad. Por alguna de estas cinco puertas el predicador ha de lograr entrar a la ciudadela del alma. Y para mayor seguridad en su empresa, no debe descuidar el ataque a ninguna de las cinco.

Pasemos ahora al siguiente tipo principal de los materiales de elaboración que son útiles al heraldo de la verdad.

(2) Los materiales de ilustración.

a. Su importancia para la predicación. La ilustración es aquella parte del sermón que ayuda a la congregación a ver con los ojos de la mente. Apela a los poderes de la imaginación.

La mentalidad de nuestro siglo ha sido calificada con el término "cinematográfica". No han muerto, por supuesto, todos los filósofos y amantes del razonamiento abstracto, pero constituyen una positiva minoría. Tal vez esto ha sido siempre la verdad de las cosas, pero no cabe duda de que en los últimos cincuenta años se ha hecho un hincapié inusitado sobre el aprendizaje por medio del ojo a expensas de la más rigurosa disciplina lógica.

> Los psicólogos nos informan que adquirimos nuestros conocimientos al través de nuestros cinco sentidos de acuerdo con las siguientes proporciones aproximadas: por medio de la vista, el 85%; por medio del oído, el 10%; por medio del tacto, el 2%; por medio del olfato, el 1½%; y por medio del sabor, el 1½%.[28]

Esto explica por qué las revistas de mayor circulación son las que publican el mayor número de cuadros gráficos. Explica también por qué los métodos de enseñanza más populares, tanto en las escuelas primarias como en las vocacionales, son las que aprovechan las ayudas audio-visuales que la técnica moderna ha sabido elaborar. Y esto establece también la absoluta necesidad de que el sermón cristiano abunde en buenas ilustraciones.

b. Diferentes tipos de ilustración. Uno de los mejores li-

28 Faris D. Whitesell & Lloyd M. Perry, *Variety in Your Preaching.*, (Los Angeles Fleming H. Revell Co., 1954), p. 111.
29 W. E. Sangster, *The Craft of Sermon Illustration.* (Philadelphia: The Westminster Press, Copyright 1950 by W. L. Jenkins). pp. 26-45.

bros recientes sobre este asunto[29] enumera nueve tipos de ilustración que pueden ser empleados con provecho en la predicación. Son: (1) las figuras de lenguaje, especialmente el símil y la metáfora; (2) la analogía; (3) la alegoría; (4) la fábula; (5) la parábola; (6) la alusión histórica; (7) el incidente biográfico; (8) la experiencia personal; y (9) la anécdota. Es interesante observar que todos éstos, menos el último, fueron empleados por "los santos hombres de Dios" que hablaron bajo la inspiración del Espíritu Santo, y que buen número de ellos fueron sancionados por nadie menos que nuestro mismo Señor y Salvador.

Sería prolijo pretender señalar siquiera una sola muestra de todas las figuras de lenguaje empleadas por los escritores inspirados. Un estudiante del asunto ha puntualizado el uso de veintidós diferentes figuras de lenguaje en la Biblia. Tantos son los símiles y las metáforas que no se sabe cuáles escoger como muestras, pero mencionaremos los siguientes ejemplos. *Del símil:* "¿No es mi palabra como el fuego, dice Jehová, y como martillo que quebranta la piedra?" (Jeremías 23:29). *De la metáfora:* "Yo soy la vid verdadera, y mi Padre es el labrador" (Juan 15:1). *Una analogía* notable fue la que empleó Cristo en su conversación con Nicodemo: "Y como Moisés levantó la serpiente en el desierto, así es necesario que el Hijo del hombre sea levantado; para que todo aquel que en él creyere, no se pierda, sino que tenga vida eterna" (Juan 3:14). El ejemplo clásico del uso de *la alegoría* en la Biblia se encuentra en Gálatas 4:21-31 en donde Pablo aplica la historia de Sara y de Agar a los dos pactos, el de la ley y el de la gracia. *La parábola* fue empleada frecuentemente por Cristo para ilustrar la verdad. Treinta y tres son las que se nos han conservado en los Evangelios, y en todas ellas vemos cómo el Señor supo aclarar una verdad espiritual mediante una acertada comparación con algún acontecimiento real o probable de la vida cotidiana del pueblo en medio del cual andaba. *La fábula* fue empleada por el rey Joás en su controversia con Amasías, rey de Judá (2 Reyes 14:9, 10). *La alusión histórica* le sirvió a nuestro Señor para hacer resaltar la dureza de corazón de los habitantes de Nazaret (Lucas 4:25-27). *El incidente biográfico* proveyó al autor de la Epístola a los Hebreos con una serie de ilustraciones acerca de la fe (véase el capítulo 11). *La experiencia personal* fue empleada repetidas veces por el apóstol Pablo para ensalzar la gracia de Dios (véanse Hechos caps. 22, 24, 26; 1 Timoteo 1:2-15 y 2 Corintios 11:22-30).

De los nueve tipos de ilustración ya mencionados, el único que no es recomendado por un claro precedente bíblico es *la anécdota*. Quizá esta consideración debería dar en qué pensar a algunos predicadores que parecen depender casi exclusivamente de esta manera de iluminar la verdad. No cabe duda de que se puede abusar del uso de la anécdota. Pero el hecho de su abuso por algunos no constituye razón para su abandono por todos. La anécdota es intensamente humana, y cuando está bien narrada, es casi seguro que será interesante. Y cuando es bien escogida, pocas veces deja de ser efectiva. Spurgeon defendía el uso de la anécdota en la predicación y la empleaba frecuentemente y con acierto. La siguiente es un buen ejemplo.

> Recuerdo una historia tocante al señor Hume, el cual afirmaba constantemente que le basta al hombre la luz de la razón. Estando una noche en casa de un buen ministro de religión, había estado discutiendo el asunto y declarando su firme creencia en la suficiencia de la luz de la naturaleza. Al despedirse, el ministro ofreció alumbrarle con una vela para que pudiera bajar por las escaleras con seguridad. "No", contestó Hume. "Me será suficiente la luz de la naturaleza. Bástame la iluminación de la luna". Sucedió que en ese instante una nube cubrió a la luna y el señor Hume, tropezándose, rodó por las escaleras. Desde la altura el ministro exclamó: "Ah, señor Hume, siempre hubiera sido mejor haberse dejado iluminar desde arriba.[30]

c. Las ventajas prácticas del empleo de las ilustraciones en la predicación. Ante evidencia tan clara de la aprobación divina de la ilustración en la predicación, es incomprensible la actitud de algunos predicadores contemporáneos que hacen caso omiso de tan necesario auxilio en sus trabajos en el púlpito. Y aún menos explicable resulta cuando consideramos cuáles son las ventajas del uso de las ilustraciones en los sermones. Podemos sugerir las siguientes.

(a) La ilustración explica. Es decir, arroja luz sobre el asunto bajo discusión. En esto vemos el verdadero sentido etimológico de la palabra. Ilustrar es iluminar. La ilustración

30 C. H. Spurgeon, *Sermons,* (New York: Funk & Wagnalls Company, n. d.), I, p. 32.

ha sido llamada "la ventana del sermón". En otras palabras, la ilustración es útil para aclarar el sentido de las cosas.

(b) La ilustración aumenta el interés de los oyentes. Uno de los predicadores escoceses que ha dado justo renombre al púlpito cristiano de aquel país fue Tomás Guthrie (1803-1873). Respecto a su primer pastorado un historiador nos dice que:

> De las mil personas que residían dentro de los confines de su parroquia, todas menos tres asistían a su iglesia, y durante los siete años de su ministerio en aquel lugar, no hubo más de un solo caso de crimen que se registrara en la comunidad.[31]

Durante su ministerio posterior en la ciudad de Edinburgo, el templo de San Juan (con capacidad para mil personas) se llenaba domingo tras domingo, y la gente se apiñaba en los pasillos e improvisaba asientos en la buhardilla del edificio. Una de las causas de su grande popularidad consistía en el uso liberal que hacía de las ilustraciones.

> Pocos hombres han comprendido tan bien como él cuán grande es el poder de una ilustración apropiada, y ningún predicador jamás empleó la ilustración con mayor efectividad que él. El suyo era un mundo lleno de cuadros, y para él cada verdad era un concepto concreto, o no era nada.[32]

(c) La ilustración ayuda poderosamente para conservar la atención de los oyentes. La atención mental se puede describir como una serie de actos más bien que como un estado de reposo o de fijación. Arriba de los edificios altos y de las antenas de las radiodifusoras se colocan luces rojas que sirven de amonestación para los aviadores que hacen vuelos nocturnos. Para asegurar que se fijen en estas señales, se las arregla de tal modo que se encienden y se apagan sucesivamente. La razón por tal arreglo es la siguiente. Se sabe que es más fácil llamar la atención de los pilotos por una luz que emite una serie de iluminaciones breves que por un foco que brilla continuamente. De la misma manera, una sucesión de ilustraciones bien escogidas y presentadas contribuye poderosamente a la conservación y al aumento de la atención de la congregación.

[31] F. R. Webber, *A History of Preaching*, (Milwaukee: Northwestern Publishing House, 1955), II, pp. 336, 340.
[32] T. Harwood Pattison, *The History of Christian Preaching*, (Philadelphia, American Baptist Publication Society, 1903), p. 326.

(d) La ilustración fortalece el argumento y de esta manera ayuda al convencimiento de la razón.

(e) La ilustración conmueve los sentimientos, cooperando en esta forma para la persuasión de la voluntad.

(f) La ilustración ayuda poderosamente a la memoria.

(g) La ilustración proporciona "descansos mentales" que ayudan a la congregación a no cansarse de las porciones argumentativas del sermón. Estos "descansos mentales" son de especial valor en los sermones doctrinales.

(h) La ilustración hace posible una repetición placentera de verdades importantes que el sermón procura presentar y hay que recordar que la repetición es una de las leyes fundamentales de la enseñanza.

d. Las cualidades esenciales de una buena ilustración.

Convencidos de la valiosa aportación que la predicación recibe de la buena ilustración, nos incumbe ahora preguntar cuáles son las características esenciales de ésta.

(a) En primer lugar, una buena ilustración es *comprensible*. Una ilustración que no se entiende es tan inútil como una lámpara que no brilla. Para que una ilustración sea comprensible, es necesario que su material básico esté tomado de una esfera de experiencia que sea común tanto del predicador como de sus oyentes. La experiencia de cualquier individuo puede ser dividida en dos partes principales, a saber: su experiencia personal, que abarca solamente aquello que le ha sucedido directamente a él; y su experiencia total, la cual abarca todo cuanto ha leído y todo lo que otros le han comunicado de sus propias experiencias personales o de lo que ellos han leído u oído. Claro está que la esfera de la experiencia total es mucho más extensa que la de la experiencia personal. El requisito mínimo, pues, para que una ilustración sea comprensible es que su material básico esté tomado de la esfera de la experiencia total, tanto del predicador como de sus oyentes. Pero si es tomado de la esfera de la experiencia personal, tanto del uno como de los otros, será mucho más comprensible, y por tanto una ilustración mejor.

(b) Además, una buena ilustración es *pertinente*, es decir, *apropiada*. Sobre este punto no puedo hacer nada mejor que consignar la siguiente cita de un renombrado predicador congregacional inglés:

Una ilustración que necesita ser explicada es del todo inservible. Una lámpara debe desempeñar la labor propia de una lámpara. He visto algunas ilustraciones que se parecían a estas delicadas lucecitas de sala que sirven únicamente de adorno. Las ilustraciones de un predicador verdadero se parecen a los faroles de la calle. No llaman la atención a sí mismos, pero arrojan raudales de luz sobre el camino. De poco valor le serán las luces de adorno: los faroles de la calle le servirán a cada vuelta del camino.[33]

(c) En tercer lugar, una buena ilustración es *interesante*. Para que lo sea, es necesario que contenga material propio para despertar el interés, ¿qué, pues, es lo que le interesa a la gente? Le interesa lo que atañe a sus propias necesidades. Le interesan también los asuntos y las relaciones personales. Además, le llama la atención cualquier cuadro de acción o de conflicto. Y alguien ha dicho que mucho le interesa saber "algo extraño acerca de cosas que se ven todos los días o algo familiar respecto a cosas que no tienen la más remota conexión con su propia vida diaria".

(d) Tampoco debemos olvidar que una buena ilustración es *gráfica*. Es decir, apela a la imaginación del oyente, haciéndole ver lo que el predicador está diciendo. Alejandro Maclaren es bien conocido como "el príncipe de los expositores bíblicos" y bien merece tal fama. Pero muchos ignoran que sus sermones están repletos de buenas ilustraciones. Por ejemplo, en su mensaje intitulado "Culpa y Perdón"[34] hay no menos de treinta y una ilustraciones distintas. Todas ellas son buenas. En cuanto a la cualidad que estamos discutiendo — la de apelar vigorosamente a la imaginación — la siguiente es un ejemplo.

El predicador está discutiendo el hecho de que el pecado nunca cumple lo que promete; que halaga y atrae al hombre con promesas falsas para después burlarse de él. Veamos cómo Maclaren ilustra el punto.

Persigue una hermosura vaporosa que le parece encantadora, y cuando la alcanza y levanta el velo, disponiéndose a abrazar a la tentadora, una hedionda calavera clava en él sus huecas órbitas y su asquerosa boca es la que cuchichea a su oído.

(e) Hay que agregar también que una buena ilustración

[33] J. H. Jowett, *The Preacher His Life and Work*, (New York: Harper & Brothers Publishers, 1912), p. 141.
[34] *Sermones de Diez Eminentes Predicadores*, Compilador F. W. Patterson, (El Paso: Casa Bautista de Publicaciones, 1951), 9-24.

es *breve*. Su propósito es el de arrojar luz sobre el asunto que está bajo consideración, sin desviar la atención a otras cosas secundarias. Puede desempeñar este papel con mayor felicidad si no es demasiado extensa. Muchas de las mejores ilustraciones se parecen al brillo momentáneo de los relámpagos que repentinamente iluminan el sendero para el hombre que atraviesa un campo en medio de la obscuridad de una noche tempestuosa. En el sermón de Maclaren a que hicimos alusión en el párrafo anterior, hay un total de treinta y una ilustraciones. La más extensa consta de ciento cuarenta y una palabras, pero ésta es una excepción. El promedio de su extensión es de treinta y una palabras. Lo mismo se descubre cuando uno examina los sermones de Spurgeon. En su mensaje intitulado "Pan Bastante y Sobrante" se encuentran veintitrés diferentes ilustraciones. A pesar del hecho de que tres de ellas son anécdotas, y por tanto un poco extensas, el promedio de la extensión de las veintitrés ilustraciones es solamente de treinta y siete palabras.

(f) Además, una buena ilustración es *digna de crédito*. No queremos decir con esto que toda ilustración ha menester forzosamente de una base de hechos históricos. Hay lugar legítimo para lo que se puede llamar "la ilustración hipotética".[35] Pero cuando una ilustración es representada como algo que realmente sucedió, el predicador tiene la obligación moral de comprobar cada dato esencial y de presentar su material en una forma desprovista de toda exageración.

(g) Por fin, una buena ilustración tendrá cierta frescura propia. Es decir, *no será trillada*. En esto consiste el mal característico de buena parte de las anécdotas que se encuentran en los libros de ilustraciones que se publican. Todo el mundo las conoce ya. La manera de garantizar que nuestras ilustraciones tengan un debido sabor de originalidad es tomarnos la molestia de buscarlas dentro de la literatura y de la historia propias del pueblo al cual tenemos el honor de predicar. Hacemos un gran mal a la causa de nuestro Salvador cuando

---

[35] Una ilustración hipotética es una en que los materiales empleados son todos imaginarios, como se ve en el siguiente ejemplo tomado del sermón ya aludido de Spurgeon:
Si desde una roca, colocada al borde de un abismo, estuvieras colgado pendiente de un débil hilo a punto de romperse en cualquier momento, y si estuvieras así para desplomarte en el espantoso abismo, ciertamente no dormirías, te sentirías alarmadísimo.

presentamos su mensaje con ilustraciones extranjeras. El evangelio no es patrimonio de ningún pueblo particular; es de alcances universales. Y dentro de la literatura e historia patria de cualquier pueblo hay abundancia de buen material ilustrativo. Es éste un campo en que relativamente poco se ha espigado y la razón no es difícil de encontrar. Se precisan esfuerzo y discernimiento. Pero el predicador que está dispuesto a pagar el precio de estudiar la literatura y la historia de su propio país, será premiado con una riqueza de ilustraciones que tendrán el grandísimo valor de no haber perdido su fuerza por el uso constante que otros habrán hecho de ellas.

e. Las fuentes de donde podemos obtener material ilustrativo.

En nuestras lecturas y en nuestra observación estamos encontrando constantemente una abundancia de materiales ilustrativos para nuestros sermones. Nunca debemos carecer de buenas luces con qué iluminar el sendero del caminante que busca la celestial Jerusalén. Si hacemos uso de nuestros dos ojos, y si nos disciplinamos para conservar en una forma permanente y fácilmente accesible el fruto de nuestras lecturas y de nuestra observación, se levantarán para llamarnos bienaventurados todos cuantos nos escuchan predicar.

f. Advertencias oportunas respecto al uso de la ilustración en la predicación.

Toda cosa buena puede llegar a ser usada con abuso. La ilustración no es una excepción a este regla. Así es que para dar fin a nuestra discusión de este asunto tan importante, conviene tener en cuenta las siguientes advertencias que al respecto ha hecho uno de los grandes predicadores de nuestra generación.[36]

(a) Nunca debemos construir un sermón en torno a una ilustración. La cosa principal debe ser la casa y no la ventana.

(b) No debemos emplear ilustraciones que necesitan ser explicadas. Una lámpara que arroje tan poquita luz que se necesite otra lámpara para encontrarla, no vale la pena.

(c) Evítese la monotonía en las ilustraciones empleadas de semana en semana.

---

[36] Estas ideas representan una condensación y adaptación del material presentado por W. E. Sangster, *The Craft of Sermon Illustration*, (Philadelphia: The Westminster Press, Copyright 1950 by W. L. Jenkins). pp. 101-118.

(d) No procuremos ilustrar lo que es obvio.

(e) Tengamos cuidado de no faltar nunca a la más rigurosa verdad en los datos que consignamos en nuestras ilustraciones.

(f) No nos hagamos el héroe de nuestras propias ilustraciones. Es legítimo emplear las experiencias personales, pero sólo cuando sirven para glorificar a Cristo.

(g) Nunca debemos emplear una ilustración que quite la atención de los oyentes del asunto principal del sermón.

2. *Las Fuentes de las Cuales los Materiales de Elaboración Pueden Ser Obtenidos*

No es suficiente saber con qué se debe revestir el armazón estructural de su sermón. Hay que saber también en dónde pueden obtenerse los materiales de elaboración apropiados que hacen falta. Las fuentes principales que cada predicador debe cultivar y consultar para este efecto son las siguientes: su propia observación de la vida; un plan definido y sistemático de estudio; y un archivo homilético debidamente clasificado.

(1) La observación.

Quizá el mejor material de elaboración que el predicador puede emplear es aquel que recoge mediante su propia observación de la vida. Tal material tiene la ventaja de ser fácilmente entendido por la siguiente razón. Lo que el predicador ha podido observar probablemente habrá sido observado también por otras personas de su congregación. La comunidad de experiencia así establecida proporciona la base más sólida para una clara comprensión. Además, estos materiales tendrán cierto sabor de originalidad. Agréguese a esto el entusiasmo natural que se siente al estar presentando a otros el producto de su propio esfuerzo, y se comprenderá por qué los materiales de elaboración que son recogidos mediante la observación personal del predicador tienen grandes probabilidades de ser interesantes. Por último, no hay límite a la cantidad de material que puede ser recogido de esta manera. Como dijo Spurgeon

Con tal de que tengáis sesos en la cabeza, cualquier cosa que suceda en vuestro derredor os será útil. Pero si vais a despertar el interés de vuestras congregaciones y hacerles bien, tendréis que mantener vuestros ojos abiertos y utilizar todos los poderes con que Dios os ha dotado. Si lo hacéis así encontraréis que al estar simplemente caminando por las calles, cualquier cosa os hará pensar en algún texto de la Escritura. O si ya habéis escogido vuestro texto, lo que viereis os ayudará a explicarlo en una forma que despierte el interés de vuestra congregación y que lleve la verdad a su mente y a su corazón. Por ejemplo, hoy la nieve cubrió la tierra, y el suelo negro parecía blanco y hermoso. Así les sucede a algunos hombres que experimentan una reformación transitoria. Parecen ser tan limpios, tan puros y tan celestiales como si fueran santos en verdad. Pero cuando se levanta el sol de la prueba, y cuando les ha tocado un poco del calor de la tentación, ¡cuán pronto revelan su negrura verdadera al derretirse toda su bondad superficial![37]

(2) Un plan de estudio.

Pero el predicador no puede depender únicamente de sus poderes de observación, importantes como éstos son. Ha menester también de trazarse (y de seguir) un plan definido de estudio que tenga por finalidad la adquisición de un dominio general del contenido de la Biblia.

Damos por sentado aquí que el hombre que es llamado por Dios hará cuanto pueda por adquirir una buena cultura general. Aprovechará todas las oportunidades que tenga para hacer estudios formales en las escuelas. Cultivará el hábito de la buena lectura. Procurará también un curso completo en algún buen seminario para proveerse de la herramienta de su oficio. Todo esto lo damos por sentado. Pero aquí nos referimos al deber de seguir por toda la vida un plan definido y sistemático de estudio bíblico particular.

Tal plan incluirá en primer lugar una disciplina de lecturas bíblicas devocionales, destinadas al desarrollo de su propia vida espiritual. Tal cosa no es fácil. A no ser que haya verdadera fuerza de voluntad, las distracciones del mundo, las flaquezas de la carne y las artimañas del diablo se combinarán para estorbar los más santos propósitos y para hundir al profeta de Dios en una rutina incesante de actividades estériles. En este asunto se requiere toda la resolución de un Daniel, toda la piedad mística de un Pablo y toda la paciencia de un Job.

[37] C. H. Spurgeon, *The Art of Illustration*, (New York: Wilbur B. Kitcham, 1894), p. 126.

Pero aparte del cultivo de su vida espiritual, el predicador debe tener algún plan de estudio sistemático cuya finalidad será la de ampliar constantemente el caudal de sus conocimientos bíblicos. Como dijo un eminente predicador del siglo pasado,

> ... uno de los principales requisitos para el ministerio es el de tener un conocimiento íntimo de las Escrituras... Gran parte de nuestro trabajo consiste en escudriñar las Escrituras, y el mejor predicador será siempre un hombre poderoso en las Escrituras.[38]

Hay muchas maneras provechosas de estudiar la Biblia. Puede ser estudiada por etapas históricas, por libros, por capítulos, por párrafos, por versículos, por palabras de especial significación, por personajes, por temas o por doctrinas. El predicador sabio estará ocupado siempre en alguno de estos métodos de estudio.[39]

Pero sea cual fuese el plan que de momento esté siguiendo, el predicador alerta siempre procurará captar todas las posibilidades que el pasaje bajo consideración presente para su trabajo en el púlpito. Para el efecto necesitará seguir un plan de exégesis que sea propio para hacer resaltar el significado original y los valores contemporáneos de los textos bíblicos.

Tal plan le obligará, en primer lugar, a ceñir su estudio a unidades completas de pensamiento. Estas pueden ser: una oración gramatical completa, un párrafo o algún grupo de párrafos conexos. Pero sea cual fuese la extensión del pasaje escogido, éste debe ser examinado a la luz de su respectivo contexto. Además, el pasaje debe ser leído varias veces, aprovechando para ello todas las diferentes versiones que se tengan a la mano. Al estar leyendo, el predicador debe hacerse la siguiente pregunta: ¿Tengo la seguridad de conocer el signi-

---

[38] James Stalker, *The Preacher and His Models*, (London: Hodder & Stoughton, 1891), p. 108.

[39] En relación con este asunto deseo pasar a mis lectores una sugestión valiosa que recibí hace varios años de una fuente ya olvidada. Consiste en el uso de lápices de color para marcar la Biblia. Se le asigna a cada color un asunto. Al estar leyendo la Biblia, se subrayan las líneas que traten de cada asunto con el color correspondiente. El significado de los colores depende, por supuesto, del gusto individual. Mi propio plan es el siguiente: Uso lápiz de color rojo para subrayar los pasajes que hablen de la sangre; azul para la oración; verde para el Reino de Dios; amarillo para el Espíritu Santo; anaranjado para la iglesia; café para el pecado y sus consecuencias; y el color morado para las venidas del Señor (en el A. T., para su primera venida y en el N. T., para la segunda).

ficado de cada palabra, el fondo histórico de cada evento, la situación geográfica de cada lugar y la significación de cada acto consignado en este pasaje? Si la respuesta en cualquier caso es negativa, entonces deben hacerse las investigaciones necesarias para aclarar el punto. Una vez hechas estas aclaraciones, el predicador debe estar listo para determinar cuál es la idea central del pasaje. Anotada esta idea central, el siguiente paso es el de hacer una lista de todas las demás ideas que el pasaje contiene o sugiere. De la lista así hecha debe ser posible formular algunos temas propios para el púlpito, y quizá hasta elaborar algunos bosquejos sencillos. Todos estos temas y bosquejos embrionarios deben ser conservados en alguna forma conveniente para modificaciones y elaboraciones futuras.

La explotación fiel y constante de estas sugestiones garantizará que al predicador nunca le faltará materia prima con qué elaborar sus mensajes.

(3) El archivo homilético.

Como hemos visto ya, el predicador obtiene sus materiales de elaboración de dos fuentes principales, a saber: de su propia observación de todo cuanto pasa en su derredor, y de un programa vitalicio de estudio bíblico. Al hacer hincapié sobre esta última fuente, no hemos querido dar la idea de que el predicador no debe leer más libros que la Biblia. Tal impresión sería del todo falsa. Pero sí queremos insistir en que el estudio bíblico serio debe ser la principal ocupación intelectual del heraldo de Dios. De tal estudio obtendrá la materia prima de sus sermones.

Los materiales que de estas dos fuentes se recogen tendrán relación a veces con el sermón próximo a predicarse, y a veces tendrán que ver con simples ideas embrionarias que el predicador espera poder utilizar en alguna ocasión futura. El problema que surge en este último caso es el siguiente: ¿cómo es posible asegurar que estos materiales podrán ser localizados cuando el predicador llegue a necesitarlos?

Respecto a este problema, cierto maestro contemporáneo de homilética ha dicho que

No hay substituto para la memoria, y gran parte del gozo de la

preparación de sermones consiste precisamente en el arreglo de materiales que el predicador ha almacenado en lo profundo de su mente y de su corazón... Las mejores ilustraciones brotan espontáneamente de la memoria, evocadas en el momento necesario por la operación de las leyes de la asociación de ideas. La facilidad natural de la memoria varía de persona a persona, pero la que se tenga puede ser mejorada por el uso. El aprendizaje de memoria de pasajes selectos de la prosa clásica, de las grandes poesías y de secciones enteras de la Escritura constituye una excelente disciplina mental... Y las posesiones así adquiridas afectarán tanto la manera de pensar como el estilo oratorio del predicador.[40]

No ponemos en tela de duda ni el valor incalculable de la memoria ni el sagrado deber de cultivarla. Pero la experiencia nos ha enseñado a todos que suele fallarnos lamentablemente en ocasiones harto inconvenientes, y que es prudente tener a la mano algún medio propio para resucitar el recuerdo olvidado.

Así es que no titubeamos en decir que todo predicador ha menester de algún sistema para localizar en un momento dado los materiales homiléticos que ha logrado recoger con el paso de los años, sean éstos los objetos de sus propias observaciones o los productos de su estudio y lecturas.

Ya hemos discutido el "semillero homilético" (pp. 89-90) en que el predicador anota todas las ideas germinales, todas aquellas "ráfagas de iluminación", que se le ocurren y que desea poder desarrollar después en forma más completa. Pero aparte de su "semillero" hace falta lo que podríamos llamar un "archivo general" en que el predicador puede guardar en alguna forma clasificada los apuntes diversos, artículos o recortes de periódicos y revistas, poesías, folletos y otros materiales sueltos que estime sean de utilidad. En cuanto a la mejor manera de arreglar este archivo existe grande diversidad de opiniones. Algunos colocan todo en cuadernos de hojas sueltas. Otros acostumbran copiar sus materiales en tarjetas para archivarlos bajo un índice de asuntos. Todavía otros prefieren almacenar estos materiales en carpetas o sobres que van rotulados por temas o asuntos. Este es un asunto en que cada uno tendrá que "ocuparse en su propia salvación con temor y temblor". Aunque en el apéndice que aparece al final del libro el lector encontrará una descripción detallada del sistema que este autor recomienda, tanto por su sencillez como

---

[40] George Miles Gibson, *Planned Preaching*, (Philadelphia: The Westminster Press, Copyright 1954 by W. L. Jenikns). pp. 114-115.

por su versatilidad y economía, lo único en que quiero insistir terminantemente es esto: ¡TENGA USTED ALGUN SISTEMA Y UTILICELO CONCIENZUDAMENTE!

3. La Forma de Expresión Apropiada Para Estos Materiales de Elaboración

(1) La importancia de la forma.

Cuando el predicador ha determinado cuáles son los materiales de elaboración que su sermón necesita, y cuando los ha localizado, le resta la tarea de darles forma. La importancia de este paso no debe ser tenida en poco. La forma de expresión constituye el medio de comunicación entre el predicador y sus oyentes. Estos podrán apreciar los pensamientos de aquél sólo cuando la forma de expresión empleada sea adecuada. Poco importa cuán buenas sean las ideas del predicador si éste no sabe comunicarlas a su congregación en una forma inteligible, interesante y persuasiva. Así es que el ministro sabio no menospreciará el estudio serio de las cualidades de estilo literario que deben caracterizar a un buen sermón.

(2) El deber de escribir.

Al estar pensando en este aspecto de su trabajo el predicador tendrá siempre presente una distinción fundamental, a saber: que el sermón es un discurso para ser escuchado, y no un ensayo para ser leído. En tal virtud procurará incorporar en la forma definitiva de sus materiales precisamente aquellas cualidades de estilo que aumentarán la efectividad del sermón como un discurso hablado.

Pero esto no quiere decir que el predicador no debe escribir. La verdad es absolutamente lo contrario. No hay nada que discipline y desarrolle los poderes de expresión verbal como la práctica de escribir bien. Así es que el ministro será sabio si en los primeros años de su carrera se fija las siguientes metas mínimas: de escribir *algo cada día;* de escribir totalmente cuando menos un sermón por mes; y de escribir completamente la conclusión y la introducción de cada sermón que prepare. En relación con esto no puede menos que ser altamente instructivo el siguiente testimonio de un eminente predicador inglés.

> Mi propia práctica durante los primeros años de mi ministerio, cuando tenía que predicar a la misma congregación dos veces por domingo, fue la de escribir totalmente un sermón y preparar el otro solamente en la forma de apuntes breves. Al escribir un sermón por semana, esperaba desarrollar la capacidad para expresarme con claridad, precisión y brevedad; al predicar un sermón por semana sin haberlo escrito, esperaba desarrollar la libertad y facilidad propias de un verdadero estilo improvisado. Los dos métodos se complementaban mutuamente. La gente nunca se dio cuenta de mis métodos, ni pudieron distinguir los sermones preparados de un modo de los que fueron preparados del otro. El transcurso de los años trae consigo mayor dominio del arte, y es probable que uno llegue a sentir cada vez menos necesidad de escribir sus sermones totalmente. Puede optar por escribir solamente el principio y el fin de su sermón, y quizá las partes más estrechamente enlazadas de su argumento... El hombre que nunca ha escrito sus sermones y que no tiene la menor intención de cambiar de costumbre, está destinado casi seguramente a una mediocridad de repeticiones inconscientes. Sin darse cuenta de ello repite constantemente las mismas ideas, las mismas ilustraciones, las mismas frases. Parece incapaz de expresarse con sencillez. Procura disfrazar la pobreza de sus ideas con un exceso de adjetivos. En el mejor caso es algo redundante, y en las peores circunstancias degenera en un palabrero vano.[41]

(3) Las cualidades de estilo que deben ser cultivadas por el predicador.

El propósito de una disciplina en la práctica de escribir es el de cultivar aquellas cualidades de expresión verbal que sean más adecuadas para los fines de la persuasión. Conviene pues, preguntar cuáles son estas cualidades. En la opinión del que esto escribe son cuatro, a saber: la pureza, la claridad, la energía y la de ser interesante.

a. *La pureza.* Esta cualidad abarca tanto la corrección gramatical con que se habla y escribe, como la pureza de lenguaje con que se expresa. El predicador tiene una obligación ineludible de hablar bien su propio idioma. El estudio de otros idiomas puede serle de mucho provecho, pero el estudio del propio es absolutamente indispensable. Este estudio debe abarcar la disciplina gramatical y la lectura de los mejores autores de su propia nación y de los demás países hispanos.

b. *La claridad.* Respecto a la tremenda importancia que

---

41 Sangster, *The Craft Sermon Construction*, p. 176.

esta cualidad tiene para la predicación cristiana, vale la pena leer la siguiente declaración de un competente profesor de homilética del siglo pasado.

El estilo ha de ser despojado de todo, recortado y podado rigurosamente y sin piedad ninguna hasta que exhiba la realidad exacta del pensamiento que lleva consigo para que lo lleve directamente al entendimiento. ¿Para qué hemos de hablar si no es para ser entendidos? ... La afectación censurable que evita la claridad, el discurso sencillo y que reviste el pensamiento con palabras largas y altisonantes, y que intercala en el discurso frases poco familiares, extranjeras y clásicas, solamente por el afán de aparentar erudición y profundidad, deben ser despreciados por todo predicador de la verdad de Dios. Este es el recurso de las inteligencias superficiales. Mueven el fango sólo para que ninguno vea el fondo de su superficialidad. Las mentes poco educadas se impresionan con la obscuridad y la confunden con la profundidad; pero los oyentes más cultos descubren la superficialidad y se disgustan con la afectación. Pero aun cuando lograran engañar del todo, ¡qué recurso tan miserable y vergonzoso para hombres comisionados por Dios para enseñar, y cuando la enseñanza puede decidir del destino eterno! (1 Corintios 14:9).[42]

Para lograr un estilo claro se precisan varias cosas. En primer lugar, debe haber claridad de pensamiento en la mente del predicador. Las discusiones ambiguas e imprecisas generalmente indican que quien habla o escribe no ha comprendido su asunto. Las ideas vagas no engendran explicaciones claras.

Pero aunque la concepción clara de la idea es la base fundamental de toda claridad de expresión, hay otras consideraciones de importancia que deben ser tenidas en cuenta también. Es necesario en segundo lugar que el predicador sepa definir sus ideas con precisión. No hay dos palabras que signifiquen absolutamente lo mismo. La riqueza inagotable del idioma de Cervantes hace posible, por una parte, que se diga lo que se quiere; pero por otra parte, esta misma abundancia exige que se diga lo que se debe.

Además, las ideas así definidas deben ser expresadas en palabras comprensibles para los que escuchan el sermón. Como dijo una autora citada ya en páginas anteriores:

Lo sencillo y claro todos lo comprenden y a todos interesa. El que las palabras familiares y significativas estén al alcance de todos los auditores no significa que haya que desdeñar la elevación y co-

---
[42] Johnson, op. cit., p. 351.

rrección del lenguaje; pero sí que es necesario conocer el lenguaje del ambiente en que se relata un cuento o historia antes de poder contarlo con eficiencia. Hay expresiones que cambian de sentido según los lugares; y se da el caso que en diversas provincias o zonas una misma palabra puede tener sentidos opuestos. Esta circunstancia puede, en ocasiones, echar a perder totalmente un relato si no se la advierte.[43]

La claridad es promovida también por el encadenamiento lógico de los diversos pensamientos del sermón. Dios es el creador de las facultades lógicas de la mente humana. Si el predicador tiene cuidado de dar a su sermón un arreglo que sea compatible con estas facultades, es seguro que será entendido. Pero si sus pensamientos son lanzados al aire en forma inconexa, es igualmente seguro que su discurso fracasará.

Por fin, la expresión clara es auxiliada por la repetición placentera y variada de las ideas principales del sermón. Cuando uno está leyendo, si no entiende algo puede detenerse y volver sobre sus pasos para leer el pasaje otra vez, pero hasta ahora no se ha ideado una manera del todo satisfactoria para permitir que los miembros de la congregación interrumpan al predicador para pedirle que repita algo que no entendieron bien. Siendo así, el ministro debe tener cuidado de repetir varias veces las ideas principales de su sermón, procurando hacerlo con la variedad de expresión necesaria para evitar la monotonía. Como hemos visto ya, en esto consiste precisamente una de las ventajas de utilizar un número suficiente de buenas ilustraciones.

c. *La energía.* "Esta es la cualidad que le da fuerza al estilo. La claridad revela el pensamiento al oyente... La energía hace que toque y hiera con poder la mente del que oye".[44] Tal energía, por supuesto, no es lo mismo que vehemencia. No se trata de que el predicador sea un gritón que golpee el púlpito y camine agitadamente de un lado de la plataforma a otro. La energía del sol es silenciosa, pero no por eso deja de producir efectos que ninguna otra potencia puede efectuar. La energía espiritual que debe caracterizar a la predicación cristiana es precisamente aquel poder que penetra el alma y la hace volverse de su pecado a un Dios perdonador.

Tal energía es demandada por la misma naturaleza del

43 Ottila O. de Chaves, *op. cit.,* pp. 35-36.
44 Johnson, *op. cit.,* p. 360.

mensaje que tenemos que proclamar. La predicación cristiana se ocupa de intereses espirituales eternos. Tales conceptos no pueden ser discutidos dignamente en una forma carente de poder. Por otra parte, si el heraldo de la verdad ha vivido en íntima comunión con su Dios, y si ha conocido a fondo la condición espiritual de sus oyentes, es imposible que su alma no se estremezca al hacer entrega de su mensaje. Tal hombre tiene que hablar con la energía impartida por el Espíritu Santo.

Pero aparte de estas consideraciones básicas que se relacionan netamente con el fondo de la predicación, hay también algunos factores relacionados con la energía que son afectados por la forma en que el pensamiento del sermón es expresado.

La energía, o sea el vigor, de pensamiento del sermón es aumentada por el empleo de las formas de expresión más directas posibles. Las cláusulas complejas (es decir, las que contienen, además de la oración principal varias oraciones subordinadas) tienen su debido lugar en la literatura cuyo propósito principal es el de agradar. Pero en un sermón, cuyo propósito es el de persuadir, la expresión debe ser más directa. Esto no quiere decir que no haya lugar para cierta elegancia de expresión en un sermón. Pero sí quiere decir que la elegancia debe quedar subordinada rigurosamente a las demandas de la claridad y de la energía.

La energía de expresión puede ser aumentada también por el uso de oraciones gramaticales enfáticas. Tales oraciones pueden ser formuladas por la inversión del orden acostumbrado de las palabras, por el uso de la antítesis, y a veces por el empleo de construcciones quebradas.

Además, la energía de expresión se consigue por el uso acertado del lenguaje figurado. Entre las figuras más útiles para este fin tenemos la metáfora, la metonimia, la hipérbole, la personificación, el apóstrofe, la exclamación, la interrogación y la dramatización.

Por último, la energía puede ser impartida a nuestra forma de expresión por el empleo de seleccionados proverbios populares. En esta conexión, sin embargo, cabe la advertencia de que algunos proverbios son notoriamente falsos. El predicador debe tener cuidado, por tanto, de advertir tal falsedad en el caso de hacer uso de ellos.

d. La última cualidad que debe caracterizar al estilo del

sermón es la de *ser interesante*. En esta conexión cabe la siguiente cita de Spurgeon:

> Empero debe tenerse presente que hay algunas congregaciones cuya atención no se puede distraer fácilmente por la razón de que no quieren interesarse. Sería inútil reñirles en tal caso, pues eso equivaldría a tirar un palo a una ave para agarrarla. Estad seguros de que casi siempre la única persona que merece reñirse, es el predicador mismo. Es verdad que los oyentes deben atender, pero no por eso es menos el deber que tenéis de hacerlos atender. Debéis atraer los peces a vuestro anzuelo, y si no vienen, debéis acusar al predicador y no a los peces. Compeledles a que se estén quietos por algún tiempo para escuchar lo que Dios tenga que decir a su alma. Se le contestó muy bien a aquel ministro que había recomendado a una anciana que tomara un poco de polvo de tabaco para no dormirse durante el sermón, que si él pusiera un poquito de más polvo de tabaco en su sermón, ella estaría bien despierta. Debemos meter en nuestros sermones o más polvo de tabaco, u otra cosa más excitativa, y hacerlo en abundancia... Debéis hacer desviar los pensamientos de vuestro auditorio, de la dirección de la cual han corrido por seis días, y darles un carácter a propósito para el domingo. Debéis tener fuerza suficiente en vuestro discurso y en su asunto, para levantar a los oyentes desde la tierra a la cual propenden por naturaleza, y elevarlos más cerca del cielo.[45]

La cuestión del interés tiene mucho que ver, por supuesto, con el contenido del sermón. La gente tiene interés en aquello que atañe a sus necesidades básicas (la necesidad de amor, la necesidad de poder, y la necesidad de seguridad); en asuntos y relaciones personales; en cuadros de acción y en dramas de conflicto. Todo esto se refiere al contenido del sermón.

Pero para que un sermón despierte y sostenga el interés de la congregación se precisa no sólo que contenga material interesante, sino que éste sea presentado en una forma interesante. Esto requiere varias cosas.

En primer lugar, las ideas deben ser expresadas en una forma concreta y particular más bien que abstracta y general. Las palabras concretas y particulares son las que evocan imágenes mentales. Y cuando la mente del oyente es así puesta en acción, tal participación intelectual garantiza su interés.

Además, debe haber variedad en la forma en que los diversos materiales del sermón son presentados. Los materiales que apelan al intelecto deben alternarse con los que conmueven los sentimientos; los que convencen la razón deben ir acom-

---

45 Spurgeon, *Discursos a mis Estudiantes*, pp. 228-230.

pañados de los que despiertan el sentido de necesidad y de los que redarguyen la conciencia moral. Y al través del todo debe haber una constante iluminación procedente de un número suficiente de buenas ilustraciones.

Por otra parte, el predicador no debe descuidar el valor tremendo que para el interés tiene el empleo del principio de contraste. Lo disparejo siempre llama la atención, mientras que lo uniforme tiende a producir una sensación de monotonía. El sermón que mueve sobre un solo nivel será menos interesante que el que presenta contrastes vivos entre posibilidades opuestas.

Por fin, la sabiduría en el arreglo contribuye al aumento del interés. Cuando el argumento está tan bien entrelazado que cada punto asienta las bases para el que sigue; cuando el problema planteado es seguido por la presentación de la correspondiente solución; cuando el sermón empieza con una necesidad ingente de la congregación para después indicar con claridad cómo esta necesidad puede ser suplida por Jesús; cuando el orden es ascendente, conduciendo por pasos firmes hacia un clímax, entonces el sermón, merced a su arreglo, tendrá más probabilidades de ser interesante.

Si el predicador logra que su presentación de la verdad sea caracterizada por la pureza, la claridad, la energía y la calidad de ser interesante, habrá logrado un estilo verdaderamente atractivo. Por este motivo no consigno entre las cualidades de un buen estilo la de la hermosura, o sea de la elegancia. Esta última cualidad tiene un gran parecido con la felicidad. El que busca la felicidad nunca la encuentra. Pero si se olvida de ella, entregándose a una vida de servicio abnegado a favor de los demás, la halla. De la misma manera, el hombre que se esfuerce en cultivar un estilo bello, generalmente descubre que su producción literaria resulta artificial y pomposa. Pero cuando se olvida de la elegancia de expresión como tal, concentrando toda su atención en un esfuerzo por expresar sus ideas en un lenguaje puro, con claridad, con energía y de una manera interesante, encuentra que ha logrado un estilo realmente bello.

Capítulo VII

EL SERMON EFICAZ
DEMANDA UNA COMUNICACION PERSUASIVA

El propósito total de la predicación es el de persuadir. Así es que todo lo que se ha dicho hasta este punto tiene que ver con la persuasión. La idoneidad del predicador, la determinación del propósito específico del sermón, el encuentro del mensaje bíblico apropiado, la formulación de un buen arreglo, y el descubrimiento y la selección de los materiales de elaboración más adecuados, todo esto tiene una sola finalidad, a saber: la de influir sobre la voluntad de los oyentes para que éstos actúen de acuerdo con la voluntad de Dios.

Hasta aquí todo está encerrado dentro del alma del predicador. Pensamientos profundos se han apoderado de su mente. Pasiones santas han subyugado su corazón. Propósitos nobles han cautivado su voluntad. Pero si ha de cumplir fielmente con su responsabilidad, el ministro tiene que *comunicar* todo esto a las personas que componen su congregación. Es necesario que ellos piensen, sientan y actúen de acuerdo con la voluntad de Dios, así como ésta sea revelada al través del mensaje predicado. Un discurso religioso que no redunde en tal *comunicación persuasiva* de ideas, sentimientos y propósitos no merece el calificativo honroso de sermón. Se comprenderá, pues, que es imposible exagerar la importancia de este aspecto del trabajo del predicador.

En el presente capítulo queremos dar alguna consideración a los principales factores que influyen en la comunicación persuasiva del sermón eficaz. Estos factores son dos, a saber: el cultivo por el predicador de buenos hábitos como orador, y la preparación de un ambiente propicio para la persuasión.

1. El Predicador Debe Cultivar Buenos Hábitos Como Orador

(1) El primer buen hábito que el predicador necesita cultivar es el de hacer la debida preparación para cada ocasión en que tenga que presentar el mensaje de Dios. Esta preparación abarca tres aspectos importantes, como son: el aspecto físico, el aspecto emocional y el aspecto homilético.

a. Al hablar del *aspecto físico* de la preparación del predicador, estamos teniendo en cuenta realmente dos cosas: su salud y su presentación.

No faltan, por supuesto, ejemplos de grandes predicadores que lo han sido a pesar de la fragilidad de su constitución física. Ricardo Baxter (1615-1691), gran puritano inglés, fue descrito por uno de sus contemporáneos como "la víctima de los tratamientos de no menos de treinta y seis doctores, un inválido que apenas conocía una sola hora libre del dolor",[1] Y a pesar de semejante desventaja, hizo una obra monumental. Roberto Hall (1764-1831), el gran bautista, calificado por algunos como uno de los predicadores más famosos del siglo diecinueve, nunca disfrutó de buena salud. Padecía cierto malestar de la espina dorsal que a veces le obligaba a acostarse boca arriba en el piso de su cuarto de estudio para poder trabajar. Algunos de sus discursos más poderosos fueron escritos mientras yacía en tal posición. Aun cuando estaba en el púlpito no se encontraba libre del dolor, teniendo muchas veces que cogerse fuertemente de la cintura para poder seguir adelante con el sermón.[2]

Pero estas excepciones no hacen más que establecer la regla. Más que cualquiera otra persona, el predicador del evangelio ha menester de "una mente sana en un cuerpo sano". Para ello, no debe descuidar el ejercicio corporal.

No es necesario que el predicador se distinga como atleta, ni que sea figura prominente en juegos deportivos. Pero sí es conveniente que haga sistemáticamente determinados ejercicios que tonifiquen su sistema y le permitan la conservación de su salud, que tan necesaria le es para su ocupación principal. Hay riesgo de que el predicador olvide este aspecto de su vida, por descuido o por ocuparse exclusivamente en trabajos mentales... El predicador no

[1] T. Harwood Pattison, *The History of Christian Preaching*, (Philadelphia: American Baptist Publication Society, 1903), p. 191.
[2] F. R. Webber, *A History of Preaching*, (3 vols.; Milwaukee: Northwestern Publishing House, 1952), I, p. 445.

debe avergonzarse de manejar una hacha, un azadón o cualquier instrumento de trabajo. El mejor predicador que el mundo ha conocido los manejó hábilmente y esto sin duda fue parte de su preparación para el desempeño de su misión divina.[3]

Además de su salud, el predicador debe cuidar de su presentación personal. Por ser tan apropiada, me permito consignar otra cita de aquel eminente predicador y catedrático, don Alejandro Treviño.

Producto de la preparación física, es la buena apariencia...; pero también es el producto de la educación de las buenas maneras. El predicador se pone, cuando da su mensaje, al frente de un auditorio más o menos numeroso que tiene los ojos fijos en él, y su aspecto llamará la atención antes que su sermón. Si aquél es agradable, dispondrá al auditorio para escuchar con provecho su predicación. Si no lo es, hay riesgo de que fracase en ésta.[4]

Así es que el predicador tendrá cuidado en subir al púlpito con su traje limpio y bien planchado, sus zapatos lustrosos, su corbata bien arreglada, y con todos sus botones en su debido lugar. Estará bien peinado y recién afeitado, recordando que "una cara con barba crecida por descuido y una cabeza despeinada indican incuria, descortesía y falta de respeto a la congregación".

b. De aún mayor importancia es el *aspecto emocional* de su preparación. Bien se ha dicho que

Un discurso o sermón es más que un conjunto de palabras audibles... Es la comunicación de la totalidad de la personalidad... Cada vez que una persona se levanta para hablar, está comunicándose simultáneamente en dos idiomas. Uno es el idioma de la mente: el modo intelectual. El otro es el idioma de los sentimientos: el modo emocional. Estas dos comunicaciones simultáneas no dicen necesariamente la misma cosa. La verdad es que no sólo pueden decir cosas distintas, sino que a menudo se contradicen. Y en tales casos el mensaje de las palabras (el modo intelectual), no sólo es debilitado por el mensaje contrario de los sentimientos (el modo emocional), sino que es efectivamente cancelado. El principio que obra en semejante caso es realmente sencillo: CUANDO EL MODO INTELECTUAL Y EL MODO EMOCIONAL ESTAN EN DESACUERDO, LOS OYENTES INSTINTIVAMENTE DAN CREDITO AL MODO EMOCIONAL, Y PASAN POR ALTO AL MODO INTELECTUAL. Este hecho hace que sea de vital importancia que el predicador sepa lo que está diciendo mediante el modo emocional, y que tenga sumo cuidado de lograr que sus sentimientos apoyen sus ideas.[5]

---

[3] Alejandro Treviño, *El Predicador*, (El Paso: Casa Bautista de Publicaciones, 1950), pp. 27-28.

[4] *Ibíd.*, p. 28.

[5] Dwight E. Stevenson & Charles F. Diehl, *Preaching People From the Pulpit.* (New York: Harper & Brothers Publishers, 1958), p. 73.

Esto no es sino otra manera de decir que el predicador debe ser sincero. Su mensaje ha de ser una realidad viva para él mismo. Necesita sentir lo que dice. Pero tal sentimiento no puede ser el producto de un esfuerzo consciente. Tiene que brotar espontáneamente de las profundidades de su corazón. Tiene que ser la manifestación de ciertas actitudes permanentes que deben caracterizar todo su ministerio.

(a) En primer lugar, para que el predicador pueda sentir la viva realidad de su mensaje, es necesario que tenga la debida actitud *para con su congregación*. Esta debe ser una actitud de respeto, de comprensión y de genuino amor.

(i) Cuando decimos que el predicador debe tener una actitud de *respeto* para con su congregación, queremos decir dos cosas: Primera, que debe tener una profunda convicción de que sus oyentes merecen lo mejor de que él sea capaz. Segunda, que debe tener el discernimiento necesario para descubrir las posibilidades ocultas de su congregación. Cuando Cristo vio por primera vez a Simón, le dijo: "Tú eres Simón, hijo de Jonás tú serás llamado Cephas (que quiere decir, Piedra)".[6] Lo que llamó la atención al Señor no era tanto lo que ya era aquel rudo pescador, sino lo que era capaz de llegar a ser. Movido por aquel discernimiento, invitó a Pedro para vivir en íntima comunión con él, y gastó en su desarrollo una cantidad incalculable de esfuerzo paciente. El predicador que tenga en estima este ejemplo de su Señor jamás cederá a la diabólica tentación de creer que merece estar en un lugar "de mayor categoría". Pensará más bien en el valor intrínseco de cada vida que ha sido encomendada a su cuidado y hará todo lo que esté de su parte para lograr que estas vidas respondan a las esperanzas que Dios tiene puestas en ellas.

(ii) Además, el predicador debe tener para con su congregación una actitud de *comprensión*. Tal actitud se manifestará en un esfuerzo constante por indagar el por qué del pensamiento ajeno. Haciendo lo posible por colocarse en la situación en que se encuentren las personas con quienes esté tratando, el predicador procurará ver las cosas desde el punto de vista en que ellas las vean. Adentrándose así en el pensamiento y en los sentimientos de su congregación sabrá mejor satisfacer sus necesidades espirituales.

---

[6] Juan 1:42.

(iii) Por último, el predicador debe tener para con su congregación una actitud de *amor genuino*. Debe tener siempre presentes las inspiradas palabras del Apóstol de los Gentiles: "Si hablo las lenguas de los hombres y de los ángeles, mas no tengo amor, vengo a ser metal que resuena, o címbalo que retiñe. Y si tengo don de profecía, y entiendo todos los misterios y toda la ciencia; y si tengo toda la fe, como para trasladar montes, pero no tengo amor, nada soy. Y si reparto todos mis bienes para dar de comer a pobres, y si entrego mi cuerpo para que me quemen, mas no tengo amor, de nada me aprovecha".[7] Si la comprensión le ayuda al predicador para *saber* ayudar a sus oyentes, el amor le impulsa a *querer* ayudarles. Y cuando los oyentes saben (no dejarán de saberlo) que su ministro les ama, estarán dispuestos a recibir de buena voluntad las admoniciones y los consejos que él les dé.

(b) Podemos decir en segundo lugar, que el predicador sentirá la viva realidad de lo que dice cuando tenga la debida actitud *para con su mensaje*. Hay dos cosas que debemos decir a este respecto. Por una parte, es necesario que el predicador tenga plena consciencia de que su mensaje es de Dios. Por otra, necesita estar convencido de que lo que va a decir contribuirá efectivamente a la satisfacción de las más apremiantes necesidades espirituales de su congregación.

(c) En tercer lugar, el predicador sentirá la viva realidad de su mensaje cuando tenga la debida actitud *para consigo mismo*. Esta actitud debe ser la de olvidarse de sí mismo por causa de su lealtad a Dios, su amor para con su congregación y su fe en el mensaje que Dios le ha dado. A semejanza de Juan el Bautista, ha de pensar en sí mismo como una simple voz. Su ambición debe ser la de hablar de tal manera que al oírle, las gentes sigan a Jesús.[8]

Estas actitudes del predicador para con su congregación, para con su mensaje y para consigo mismo, representan el producto espontáneo de una disciplina constante en la oración, la meditación en la Palabra, y el trato íntimo con las personas a las cuales tiene que predicar. A su vez, constituyen la preparación necesaria para que al hablar, la fuerza

[7] 1 Corintios 13:1-3 según la Versión Hispanoamericana.
[8] Juan 1:37.

de sus ideas sea respaldada por el vigor y la sinceridad de sus sentimientos.

c. El último aspecto de la preparación del predicador es *el homilético*. En los capítulos anteriores hemos discutido en detalle las varias fases de esta preparación. Lo único que queremos hacer aquí es indicar en el compás más breve posible cuáles son los pasos sucesivos que el predicador tiene que dar en la preparación concienzuda de un sermón dado. Estos pasos son diez. Ningún hombre está realmente listo para subir al púlpito si no puede decir en relación con cada uno de ellos. "Consumado es". Helos aquí:

(a) La determinación del propósito específico del sermón.

(b) El descubrimiento de un texto bíblico que contiene el mensaje que satisfará esta necesidad espiritual.

(c) La derivación legítima de un tema vital y pertinente, basándose en el texto escogido.

(d) La formulación de este tema como proposición.

(e) La elección del principio de división que va a regir en el plan.

(f) La organización del plan del sermón de acuerdo con el principio de división escogido.

(g) La selección y el arreglo de los materiales de elaboración más adecuados.

(h) La escritura del sermón. El predicador debe tener por meta el escribir totalmente, cuando menos, un sermón por mes. Pero para cada sermón que prepare, debe escribir totalmente la introducción y la conclusión.

(i) Aprender de memoria las siguientes partes del sermón: la oración inicial de la introducción y la proposición; el bosquejo fundamental (divisiones principales y primeras subdivisiones); y los últimos dos o tres renglones de la conclusión.

(j) La revisión cuidadosa del sermón unas cuantas horas antes de predicarlo. En relación con este paso final, me permito citar las siguientes palabras:

En realidad cada sermón verdadero pasa por dos etapas: la de su creación y la de su resurrección. Primero tiene que ser creado en el cuarto de estudio del predicador; después tiene que ser resucitado de entre los muertos el primer día de la semana. Esto significa que el predicador necesita tomar el tiempo necesario para volver a vivir su sermón el domingo por la mañana. No estamos hablando simplemente de la necesidad de adueñarse del bosquejo y de la fraseología del sermón escrito. Nos referimos a la necesidad de volver a vivir el sermón, de adentrarse nuevamente en su propósito, en su pasión y en la realidad conmovedora de su verdad. Esto requiere tiempo, quizá unas dos horas. Pero constituye una parte de su preparación que no puede ser pasada por alto... De otra manera lo que el predicador diga no será de ninguna manera un sermón. Será más bien la noticia fúnebre de una idea que si bien vivió alguna vez ahora yace muerta.[9]

(2) El segundo buen hábito que el predicador necesita cultivar es el de predicar sin depender de un manuscrito o aun de notas extensas.

No pasamos inadvertido el hecho de que muchos grandes predicadores han empleado otros métodos para la presentación de sus mensajes. Algunos han escrito sus sermones para aprenderlos de memoria al pie de la letra y luego recitarlos en el púlpito. Otros más, después de escribir, han leído su manuscrito. Y muchos otros han seguido la práctica de llevar al púlpito un bosquejo extenso, refiriéndose a él frecuentemente durante el sermón.

Concedemos a cada hombre el derecho de trabajar como mejor pueda hacerlo. Además, reconocemos que hay algún mérito en cada uno de los métodos mencionados en el párrafo anterior. Sin embargo, la convicción firme del que esto escribe es que el heraldo de Dios no debe predicar dependiendo de un manuscrito (sea éste escrito sobre las tablas de la memoria o sobre algún pliego de papel) ni aun de notas extensas. Bien puede llevar al púlpito el bosquejo fundamental de su sermón, pero no debe consultarlo excepto en un caso de emergencia. Predicará mucho mejor si se acostumbra a mirar los rostros de su congregación y hablarles de corazón.

Este método de presentación ofrece cinco ventajas positivas de gran valor.

a. En primer lugar, obliga al predicador a hacer una preparación homilética cabal de cada sermón. Para predicar sin depender de un manuscrito o aun de notas extensas, es absolutamente indispensable haber dado cada uno de los diez pasos especificados anteriormente. Pero una vez hecho esto, el predicador encontrará que este método es mucho más fácil de lo que se había imaginado.

b. En segundo lugar, este método deja lugar para la

9 Stevenson & Diehl, op. cit., p. 57.

constante dirección del Espíritu Santo al través de toda la presentación del sermón. Por regla general es aconsejable que el sermón sea presentado en la misma forma en que fue preparado. El Espíritu Santo debe guiar tanto en la preparación del mensaje como en su presentación. Pero se presentan ocasiones en que el Espíritu de Dios le indica al predicador que debe agregar algún pensamiento que no había incluido en la preparación original de su sermón. Si está recitando de memoria, la intromisión de un pensamiento nuevo puede romper de tal manera el encadenamiento de las palabras aprendidas de memoria, que resulte imposible continuar con la recitación. Y si está leyendo de un manuscrito, tal intromisión rompe el estilo del discurso. Pero si está hablando espontáneamente, dando libre expresión a sus pensamientos, tal intromisión de ideas nuevas no resta nada del impacto total del sermón.

c. Una tercera ventaja de este método de presentación consiste en que contribuye poderosamente al desarrollo de las facultades del predicador. Le obliga a pensar mientras habla. Ejercita su memoria en la forma más ventajosa, a saber: en la asociación atinada de ideas afines. Finalmente le acostumbra a depender de Dios, y como corolario, fortalece su confianza en sí mismo.

d. Por otra parte, este método hace posible un constante intercambio de ideas y de sentimientos entre el predicador y su congregación. Para los efectos de la persuasión esto es imprescindible. Un buen discurso público es en realidad un diálogo, una conversación. Por un lado el orador comunica sus ideas y sentimientos mediante palabras, gestos del rostro, movimientos del cuerpo y el timbre de su voz. Por el otro lado, el auditorio recoge esta comunicación y responde, comunicando al que habla su aprobación, su hostilidad o su indiferencia mediante la postura de su cuerpo, los gestos de su rostro y la constancia de su atención. Pero si entre el que habla y los que escuchan se interpone un papel, queda rota la comunicación y lo que debía ser una conversación degenera en un monólogo.

e. Por último, este método es el que más agrada a las personas que componen nuestras congregaciones. Si alguien duda de la exactitud de esta afirmación, lo invito a hacer la siguiente prueba: que pregunte a diez personas que asisten con regularidad a los cultos de predicación, pidiéndoles que le indiquen cuál método de presentación prefieren que su ministro emplee en la predicación de sus sermones.

Si a todo esto se objeta, alegando que representa un ideal demasiado difícil de alcanzar, hay que replicar enérgicamente de la siguiente manera: ¡Difícil, sí; demasiado, no!

Difícil, sí lo es. Todas las cosas que valen cuestan. Para nada pretendemos que la capacidad de predicar sin depender de un manuscrito o aun de notas extensas constituya una excepción a esta regla. Hemos indicado ya que este método exige una preparación homilética cabal. Pero, ¿es esto demasiado pedir a un hombre que es llamado de Dios para entregar al mundo un mensaje de perdón y vida nueva? ¿No merece nuestro Salvador lo mejor de que seamos capaces? ¿Y no podrá el Omnipotente suplir todas nuestras faltas y darnos la capacidad necesaria para desempeñar dignamente la tarea que nos ha encomendado? Para contestar tales preguntas sólo hay que hacerlas.

Si todo esto parece ser una tierra prometida demasiado difícil de conquistar; si obstruyen nuestro paso los gigantes del temor al fracaso y de la esclavitud habitual a métodos inferiores, digamos con Caleb: "Subamos luego, y poseámosla; que más podremos que ella".[10] Habiendo hecho todo lo que esté de nuestra parte para tener una preparación cabal, arrojémonos por la fe en los brazos del Señor, y descubriremos que el Dios de Abraham, de Isaac y de Jacob manifestará una vez más el brazo extendido de su gran poder. ¡Sí podemos predicar sin depender de un manuscrito o aun de notas extensas!

(3) El tercer buen hábito que el predicador necesita cultivar es el de hacer buen uso de su voz.

La voz constituye nuestro principal vehículo para la comunicación persuasiva de ideas y sentimientos. Tal comunicación es afectada, ciertamente, por otras consideraciones. Influyen en ella tanto los movimientos del cuerpo como los gestos del rostro. Pero la voz sigue siendo nuestro principal vehícu-

---

[10] Números 13:30.

lo de expresión. Por medio de ella nos comunicamos con nuestras congregaciones tanto según el modo intelectual como según el modo emocional. Es muy importante, pues, que demos seria consideración al buen cultivo de nuestra voz.

> Las buenas voces producen convicción; las voces defectuosas engendran duda. Además, una buena voz es escuchada con agrado, y cualquiera cosa que le ayuda a un auditorio a escuchar, le ayuda también a creer. Cuando menos se sabe que la medida en que un orador logra captar la atención de su auditorio determina en gran manera la medida en que éste responda a su mensaje. Y una buena voz ayuda a conservar la atención de los oyentes. Así como es fácil leer lo que esté escrito en un buen estilo literario, de la misma manera es fácil escuchar lo que se dice en una buena voz. Por lo contrario, una voz que sea débil, desentonada, áspera o que ganguee, llama la atención a sí misma tan poderosamente que los oyentes dejan de prestar atención a las ideas que el orador esté presentando.[11]

a. Para cultivar una buena voz, necesitamos saber, en primer lugar, cuáles son las cualidades esenciales que ésta debe tener. Son cuatro, a saber: fuerza, pureza de tono, claridad y buena expresión, o sea naturalidad.

Una buena voz tiene *fuerza*. Esta debe ser suficiente para que el orador sea oído por las personas que están sentadas en las últimas filas del salón. También debe ser suficiente para sostener un largo intervalo de sonido sin la necesidad de volver a tomar aliento. Queda sobreentendido, por supuesto, que esta fuerza no debe ser tan explosiva que lastime el tímpano de las personas que se encuentran más cercanas al púlpito.

Una buena voz se caracteriza, además, por *la pureza de tono*. Por regla general las definiciones debieran expresarse en términos positivos. Pero aquí tenemos un caso en que es más fácil expresar lo que queremos decir en términos negativos. Es decir, un tono es puro cuando carece de ciertos defectos. Un tono puro es aquel que no es *ronco*, que no es *áspero* y que no *ganguea*.

La tercera cualidad de una buena voz es *la claridad*. Esta se relaciona con la pronunciación de las diferentes palabras y con la velocidad con que acostumbra el orador hablar. Una voz es clara cuando cada palabra es pronunciada distintamente y cuando no se habla con demasiada rapidez para im-

---

11 Lew Sarett y William Trufant Foster, *Basic Principles of Speech*, (Boston: Houghton Mifflin Company, 1946), p. 202.

pedir que los oyentes capten fácilmente lo que se ha dicho.

Por último, una buena voz es caracterizada por la *buena expresión,* o sea *la naturalidad.* Empleamos aquí la voz "expresión" en la cuarta acepción que le asigna el Diccionario de la Real Academia, a saber: "viveza y propiedad con que se manifiestan los afectos en la oración o en la representación teatral..." En otras palabras, una buena voz comunica fielmente todos los diversos matices sutiles de sentimiento que embargan la mente y el corazón del que habla.

b. El cultivo de una buena voz exige, en segundo lugar, un conocimiento práctico del proceso algo complejo de la producción de la voz, y una comprensión clara de la relación que existe entre los distintos movimientos de este proceso y las diferentes cualidades de una buena voz.

En la producción de la voz intervienen varias partes de nuestro organismo. Las principales de éstas son: el diafragma y los demás músculos costal-abdominales, los pulmones, la tráquea, la laringe (en ella se hallan las llamadas "cuerdas vocales"), la faringe, el velo del paladar, la cavidad bucal, la cavidad nasal, la lengua, los dientes y los labios. La acción de todos estos órganos en la producción de la voz ha sido descrita como sigue:

> ...es ya sabido que el órgano de la voz no es otra cosa sino un instrumento de viento, esto es, un aparato en que los sonidos se producen por las vibraciones más o menos rápidas del aire al pasar por una abertura de forma particular y de dimensión variable. El aire llega de los pulmones por la tráquea, penetra en la laringe donde entra en vibración y produce los sonidos pasando después a la faringe, a las fosas nasales y a la boca, cuyas cavidades obran como cajas sonoras de refuerzo y modifican además el timbre del sonido. Los experimentos hechos por los fisiólogos han demostrado que las cuerdas vocales vibran como las lengüetas batientes de los tubos sonoros y que los sonidos así producidos son más o menos agudos según la tensión mayor o menor de las cuerdas vocales y de las modificaciones que esta tensión produce en la forma y dimensiones de la abertura de la glotis. Cuando el sonido llega a la boca, su tono está determinado y no experimenta más modificaciones que las que se refieren al timbre y a la articulación de la voz para construir las palabras.[12]

Este proceso que se acaba de describir consta realmente de cinco movimientos distintos: la respiración, la fonación, la amplificación, la articulación y la integración.

[12] "Acústica", *Diccionario Enciclopédico Hispano-Americano,* Vol. I, p. 402.

(a) La *respiración* es la base fundamental de la producción de la voz. Como es bien sabido, la respiración consta de dos movimientos, a saber: la aspiración, mediante la cual recibimos el aire en los pulmones; y la espiración, mediante la cual expulsamos el aire de los pulmones. Para los usos biológicos la relación entre la aspiración y la espiración es más o menos de una a una. Pero para los usos del habla, esta relación es aproximadamente de una a siete. Es decir, cuando hablamos la duración de la espiración es más o menos siete veces mayor que la de la aspiración.

En la producción de la voz la respiración debe ser costalabdominal. Es decir, los pulmones deben ser considerados como una especie de fuelle que es manejado por la interacción del diafragma y los demás músculos que se encuentran en el abdomen y en el costillar. El aflojamiento del diafragma y de algunos de los músculos del costillar permiten la expansión de los pulmones. En cambio, cuando estos músculos son puestos en tensión, ejercen presión sobre los pulmones obligándolos a expulsar el aire que contienen. Para que la voz tenga la fuerza necesaria, es indispensable que el orador se discipline en la práctica de la respiración costal-abdominal. Esta manera de respirar asegurará que la voz tenga fuerza y que pueda ser sostenida durante intervalos suficientemente largos para permitir la expresión de unidades completas de pensamiento.

El movimiento de la respiración se relaciona, pues, con la cualidad de la fuerza. Para lograr hablar con la fuerza suficiente, y para poder sostener la voz durante intervalos suficientemente largos, es indispensable la práctica de los ejercicios de respiración que se encuentran en el Apéndice B de este libro.

(b) El segundo movimiento en la producción de la voz es *la fonación.* Como ha dicho atinadamente el doctor Navarro Tomás:

La columna de aire espirado pasa desde la tráquea a la laringe. ...En el centro de este tubo, en posición perpendicular a sus paredes, se hallan las cuerdas vocales. Las cuerdas vocales son dos músculos gemelos, elásticos, a modo de pliegues o labios, formados por la capa muscular que reviste interiormente los cartílagos de la laringe. Por uno de sus extremos, dichas cuerdas se hallan sujetas al vértice o parte delantera de la tiroides; por el extremo opuesto acaba cada una de ellas en un aritenoides, pudiendo ambas, según los distintos movimientos de los aritenoides, tenderse o aflojarse, aproximarse entre sí hasta poner sus bordes en contacto,

o separarse más o menos, dejando entre ellos una abertura triangular, cuyo nombre es glotis. Cuando respiramos de una manera
normal, la glotis está ampliamente abierta; cuando hablamos, las
cuerdas se juntan, la glotis se cierra, y la presión del aire, empu-
jando desde los pulmones, obliga a las cuerdas a entreabrirse; pero
su propia elasticidad les hace volver instantáneamente a cerrarse,
produciendo de este modo una serie rapidísima de movimientos
uniformes y regulares que, al poner en vibración la columna de
aire que va escapándose al exterior, producen el sonido que llamamos voz.[13]

(c) Después del movimiento de la fonación, sigue *la amplificación*. El tono producido por la vibración de las cuerdas
vocales al impulso de la columna de aire que es expulsado de
los pulmones por la acción del diafragma y los músculos del
pecho, no es el mismo tono que escuchamos cuando la persona
habla. Este tono es amplificado y modificado al pasar por la
cavidad faríngea, la cavidad bucal y la cavidad nasal. Estas
cavidades actúan como cajas sonoras, impartiendo cierta resonancia al tono producido por la vibración de las cuerdas vocales. Su efecto es el de impartirle al tono un timbre más rico,
melodioso y penetrante.

*Con los dos movimientos de la fonación y la amplificación
se relaciona la cualidad de la pureza de tono.* Claro está, por
supuesto, que los defectos que a veces le restan pureza al tono
de la voz pueden ser atribuidos a causas orgánicas. La ronquera, por ejemplo, puede ser producida por una sinusitis cró-
nica o aguda. El gangueo puede ser indicio de la presencia de
algún crecimiento u obstrucción en las cavidades nasales que
reducen su tamaño o las deforman. En tales casos, hay que
consultar a un médico y seguir el tratamiento que éste indique.

Pero muchas veces los defectos que le restan pureza al
tono de la voz (la ronquera, la aspereza o el gangueo) son el
producto de malos hábitos que pueden ser eliminados.

Hay dos causas no orgánicas que producen *la ronquera:*
por una parte, una excesiva tensión en los músculos de la
garganta al hablar; por otra, la costumbre de hablar fuera del
"tono normal".

La excesiva tensión en los músculos de la garganta puede
ser eliminada si uno aprende a hablar de tal manera que estos
músculos se encuentren siempre en un estado de "tonicidad".

---

[13] T. Navarro Tomás, *Manual de Pronunciación Española,* (Madrid: Publicaciones
de la Revista de Filosofía Española, 1953), pp. 10-11.

Es decir, que ni estén demasiado flojos ni demasiado tensos. Para ello es indispensable que se dedique algún tiempo cada día a la práctica de los ejercicios de entonación muscular que se encuentran en el Apéndice B de este libro.

Pero también es necesario que se sepa ubicar bien el tono de la voz. La ronquera es producida muchas veces porque la persona está habituada a hablar fuera de su "tono normal". Esto lastima las cuerdas vocales, y las puede dañar permanentemente, si se persiste en darles tal maltrato. Es muy importante, pues, que se establezca cuál es el tono normal en que se debe hablar. Hay dos maneras de hacerlo.[14]

Con la ayuda de un piano, solfee para abajo hasta llegar a la nota más baja que pueda sostener sin dificultad. Luego, solfee para arriba cinco semitonos, o sean cinco teclas del piano. Esta última nota será generalmente el tono normal en que el individuo debe acostumbrarse a hablar. Si no sabe solfear, el problema puede ser un poco más difícil, pero más o menos el mismo resultado puede ser obtenido de la siguiente manera. Acuéstese boca arriba en el piso, procurando tener todo el cuerpo en un estado de completo reposo. Luego, sin ningún esfuerzo, diga "a-a-ah" suavemente, como si estuviera suspirando. El tono emitido al suspirar de esta manera se aproximará bastante al tono normal que se debe emplear habitualmente en su habla.

La aspereza de la voz puede atribuirse en parte a una excesiva tensión en los músculos de la faringe. En tal caso, los ejercicios de tonicidad muscular mencionados arriba (véase el Apéndice B) ayudarán mucho para la eliminación del defecto. Pero puede ser atribuida también a una falta en el movimiento de la amplificación. Hay que recordar que las cavidades faríngea, bucal y nasal imparten riqueza de timbre a la voz, haciéndola más melodiosa. La práctica de los ejercicios de resonancia que se encuentran en el Apéndice B de este libro ayudarán en la eliminación de este defecto.

El defecto del *gangeo,* si no es el producto de algún mal orgánico, se debe a una amplificación deficiente. La práctica diaria de los ejercicios de resonancia mencionados en el párrafo anterior constituye en tal caso un deber imprescindible.

(d) Después de la respiración, la fonación y la amplifi-

---

[14] Estas sugestiones son tomadas de Stevenson y Diehl, *op. cit.*, p. 20.

cación, sigue el movimiento de *la articulación*. En este movimiento intervienen la lengua, los dientes, los labios, el velo del paladar y las mandíbulas. La acción combinada y coordinada de estos órganos produce los sonidos peculiares de las vocales y las consonantes, formando así las palabras que pronunciamos y lanzándolas al espacio.

Con el movimiento de la articulación se relaciona la cualidad de la claridad. Para hablar con claridad se precisa tanto una pronunciación distinta como una velocidad conveniente. Lo primero se puede lograr en gran parte mediante la práctica asidua de los ejercicios de articulación que se encuentran en el Apéndice B de este libro. Respecto a lo segundo, hay que llamar la atención al hecho de que competentes autoridades en la materia han demostrado que "no se pueden pronunciar ni oir distintamente más de cinco sílabas por segundo".[15] Por tanto, hay que insistir en que el orador no debe hablar demasiado aprisa.

Esta opinión está corroborada por la amplia experiencia del doctor Tomás Navarro Tomás. En su libro *Pronunciación Española* consigna un trozo literario que según pruebas hechas con los estudiantes de sus propias clases exige de sesenta a sesenta y cinco segundos para ser leído en alta voz en el tono ordinario que correspondería usar ante los estudiantes de una clase poco numerosa. He aquí el trozo:[16]

> —¿Qué hace usted, señora? ¿Por qué no va a su tertulia? Todavía están en los poyetes el señor cura, el boticario y el escribano. Váyase usted a hablar con ellos.
> —Ya es tarde; pronto se volverán y desisto de ir hasta allí. Prefiero volverme charlando contigo.
> —¿Y de qué hemos de charlar nosotros? Yo no sé decir sino tonterías. No he leído los libros y papeles que usted lee, y como no le hable de los guisos que mi madre hace o de mis bordados y costuras, no sé de qué hablar a su merced.
> —Háblame de lo que hablas a Antoñuelo cuando estás con él de palique.
> —Yo no sé lo que es palique, ni sé si estoy o no estoy a veces de palique con Antoñuelo. Lo que sé es que yo no puedo decir a su merced las cosas que a él le digo.
> —¿Y qué le dices?
> —¡Pues no quiere usted saber poco! Ni el padre Anselmo, que es mi confesor, pregunta tanto.
> —Algo de muy interesante y misterioso tendrá lo que dices a Antoñuelo, cuando ni al padre Anselmo se lo confiesas.

15 "Sonido", *Diccionario Enciclopédico Hispano-Americano*, Vol. XX, p. 517.
16 T. Navarro Tomás, *op. cit.* pp. 198-199.

—No se lo confieso porque no es pecado, que si fuese pecado se
lo confesaría. Y no se lo cuento tampoco, porque a él no le importa nada, y a usted debe importarle menos que a él. (Juan Valera, Juanita la Larga, cap. VII).

Si yo no cuento mal, este trozo tiene trescientas setenta
y una sílabas. Dividiendo este número de sílabas por los sesenta y cinco segundos que el doctor Navarro dice que requiere
su lectura "en el tono ordinario que correspondería usar ante
los estudiantes de una clase poco numerosa", sacamos un promedio de 5.7 sílabas por segundo. Y si tomamos en cuenta
que la buena lectura de este mismo trozo ante un auditorio
más numeroso probablemente requeriría que fuese leído un
poco más lentamente, llegamos a la misma conclusión antes
citada, a saber: "que no se pueden pronunciar ni oír distintamente más de cinco sílabas por segundo".

(e) Finalmente tenemos el movimiento que llamamos *integración*, término por el cual designamos toda la complicada
operación de nuestro sistema nervioso central que hace posible
que las palabras articuladas en la boca formen parte inteligible de la expresión de nuestros pensamientos.

*Con el movimiento de la integración está estrechamente
relacionada la cualidad de la buena expresión, o sea de la naturalidad.* La adquisición de esta última cualidad de una buena
voz exige dos cosas. Por una parte, el orador necesita estar
en un buen estado emocional. Tiene que olvidarse de sí mismo
y pensar en la necesidad espiritual de sus oyentes y en el
poder divino que está en su mensaje para aliviar sus cargas.
De esta manera se librará de la nerviosidad que es producto
de una preocupación desmedida con el posible buen éxito de
su mensaje, y hablará con buena expresión, o sea con naturalidad.

Por otra parte, el orador necesita disciplinarse en la práctica de la variación. Esta debe abarcar tres cosas: tono, volumen y rapidez.

Es indispensable la variación (modulación) del tono. En
otras palabras, hay que cultivar el "campo de entonación" más
extenso de que el orador sea naturalmente capaz. No se debe
hablar en un solo tono al través de todo el discurso. Hacer
tal cosa no sólo fatigaría las cuerdas vocales del que habla,
sino que acabaría por adormecer profundamente a la mayor
parte de su congregación. Bien se ha dicho que

El orador que tenga un campo de entonación amplio y que lo utilice habitualmente en toda su extensión, será por regla general un orador más interesante que aquél cuyo campo de entonación es más limitado.[17]

También es necesario que el predicador varíe el volumen (fuerza) con que habla. Al principio del sermón es generalmente aconsejable que emplee solamente el volumen que sea necesario para que las personas que están más distantes del púlpito le puedan oir con claridad. Luego, debe ir subiendo y bajando el volumen de su voz con el fin de hacer énfasis en los puntos de mayor importancia y de indicar las transiciones de un pensamiento a otro.

Finalmente, debe haber variación en la rapidez con que se habla y un empleo juicioso de la pausa, que en el discurso hablado tiene que desempeñar el papel que juegan los signos de puntuación en la palabra escrita.

En resumen, podemos decir que cualquier persona que esté dotada de órganos de fonación normales puede mejorar la calidad y la fuerza de su voz si toma en serio los siguientes cinco consejos:

i. Que aprenda a respirar debidamente y a gobernar el aliento.

ii. Que se discipline en mantener todo su cuerpo en un estado de "tonicidad muscular" cuando habla.

iii. Que sepa ubicar correctamente el tono de su voz, procurando empezar a hablar siempre en su "tono normal"

iv. Que se empeñe en pronunciar cada palabra distinta y claramente.

v. Que se entregue de lleno a su mensaje, olvidándose de sí mismo en su anhelo de ayudar a sus oyentes en la satisfacción de las más profundas necesidades de su alma.

c. Como una consideración especial, el predicador debe tener muy en cuenta la necesidad de adaptar su manera de hablar a las demandas de la acústica del salón.

En la construcción de muchos de nuestros templos evangélicos se puede advertir un defecto capital. En el afán de tener un bonito salón de cultos a veces se les ha olvidado a los hermanos que el propósito principal de dicho salón es el de proveer un lugar apropiado para que el mensaje de Dios sea

17 Stevenson & Diehl, op. cit., p. 20.

escuchado con claridad. En consecuencia muchos templos adolecen de una mala acústica. En algunos casos se ha procurado remediar el defecto con la adquisición de un aparato de sonido. Pero como el predicador no puede contar siempre con tales ayudas electrónicas, conviene que sepa qué es lo que puede hacer cuando tiene que predicar en un salón cuya acústica es defectuosa. En tales casos las siguientes sugestiones deben serle de mucho provecho:[18]

(a) No hable muy aprisa.

(b) Divida sus oraciones en frases más breves que de costumbre.

(c) Haga pausas frecuentes.

(d) Pronuncie las palabras con especial cuidado.

(e) Varíe el volumen y tome nota de los resultados.

(f) Complemente las palabras con acción.

(4) Antes de poner fin a nuestra discusión de los buenos hábitos que el predicador debe cultivar como orador, conviene que hablemos un poco acerca de *la acción.*

En otros años, los que abordaban este asunto solían asentar una larga serie de reglas. Creían necesario aconsejar al orador respecto a todo — la actitud del cuerpo, la postura de la cabeza, los gestos del semblante, los ademanes de los brazos y de las manos, y la colocación de los pies. Había una forma "correcta" para cada aspecto de la acción.

Pero tal insistencia en reglas arbitrarias no sólo tendía a matar la espontaneidad del orador, sino que no dejaba de confundirlo, puesto que las autoridades en la materia a menudo estaban en desacuerdo entre sí. Tengo sobre mi escritorio dos textos de "oratoria sagrada" escritos a fines del siglo pasado. En uno de ellos se encuentra la siguiente regla:

> La mano derecha debe siempre dominar el gesto: su movimiento comienza por el lado izquierdo y acaba en el derecho; mientras está en acción, la otra mano debe apoyarse en el púlpito o hallarse extendida sobre el pecho. La mano izquierda no debe accionar casi nunca, y nunca sola; ...[19]

En el otro texto, publicado como el anterior con todas las debidas licencias eclesiásticas, leemos entre los "defectos de la acción" el siguiente:

---

[18] Estas sugestiones están tomadas de Sarett y Foster, *op. cit.,* p. 104.
[19] Miguel Yus, *Elocuencia Sagrada,* (Madrid: Librería Católica de Gregoria del Amo, 1894), p. 341.

Accionar siempre con un solo brazo, y no acompañar de vez en cuando con el izquierdo para la grandeza y vida de la acción.[20]

Muy diferente, y mucho más sensata, es la actitud de los mejores maestros contemporáneos del arte de hablar en público.

Ningún orador puede alcanzar su máxima eficiencia — y en muchos casos ni siquiera lograr una eficiencia ordinaria — sin tener una comprensión cabal de los usos del movimiento corporal...

Huelga decirse que no abogamos por una acción de exhibición, por ademanes, disposiciones del cuerpo o gestos que son hechos de acuerdo con reglas fijas y como fines en sí mismos. Abogamos sólo por aquella acción que brote de los impulsos recónditos y que tenga por fin algo más noble que la exhibición de cierta gracia o destreza, a saber: la comunicación de ideas y sentimientos, el estímulo de una respuesta, y la liberación de poderes personales...

Cada orador entrega simultáneamente dos discursos. Uno es entregado por medio de palabras. Este es el discurso audible. El otro es entregado por medio de los movimientos del cuerpo, tanto por los que son más obvios como por los que son más difíciles de percibir. Este es el discurso accionado. Cuando los dos discursos se refuerzan mutua y consecuentemente, el auditorio le cree al orador. Pero cuando los dos discursos discrepan entre sí — cuando las palabras dicen una cosa y la acción corporal dice otra distinta — el auditorio da poca importancia a las palabras y confía en el mensaje de la acción.[21]

He aquí dos conceptos básicos que el predicador cristiano debe tener presentes siempre. En primer lugar, debe comprender que la acción sí juega un papel importante en la comunicación de su mensaje. Desempeña una variedad de funciones que le favorecen tanto a él como a su congregación. Por lo que toca a ésta, la acción contribuye a la conservación de su atención; le ayuda en la interpretación de las ideas del que habla; y sirve para comunicarle parte de la misma pasión que arde en el pecho del predicador.

En lo que respecta al predicador mismo, la acción corporal le sirve como una especie de válvula de escape para las tensiones nerviosas que son inherentes a la situación en que se encuentra. A la vez, revela mucho acerca de su verdadero estado emocional y así afecta (para bien o para mal) la comunicación persuasiva de su sermón.

El segundo principio básico es éste: que la acción debe ser

---

[20] Melchor de Tivisa, *Compendio de Elocuencia Sagrada*, (Barcelona: Librería y Tipografía Católica, 1890), p. 242.

[21] Sarett y Foster, *op. cit.* pp. 128, 129 y 140. Estos autores dedican tres capítulos enteros a su discusión de la acción.

espontánea. La verdad es que cuando el predicador está conmovido por la verdad que proclama, le es inevitable accionar. Cuando se olvida de sí mismo y se pierde en un entusiasmo sincero por la entrega de su mensaje, la acción brota espontáneamente de los impulsos recónditos de su alma, y no debe pensar en impedirla, ni en someterla a reglas arbitrarias.

De todo esto concluimos que la única regla que puede establecerse respecto a la acción en el púlpito es ésta: *que no debe haber reglas*. Llénese el predicador de su mensaje. Conciba en su corazón un amor sincero para su congregación. Recuerde su solemne obligación como "dispensador de los misterios de Dios". Luego, olvídese de su propia persona, y la acción se cuidará de sí misma.

2. La Preparación de un Ambiente Propicio para la Persuasión

La comunicación persuasiva del sermón es afectada no sólo por los hábitos oratorios que el predicador se haya formado, sino por el ambiente que le rodea al predicar. Cualquier hombre que tenga alguna experiencia en el ministerio cristiano se ha encontrado en ocasiones frente a una situación tan cargada de elementos de distracción, que le ha sido sumamente difícil establecer y mantener contacto mental con su congregación. Por otra parte se habrá gozado muchas veces de un medio ambiente tan favorable que la comunicación del mensaje parecía remontarse sobre alas de águila. Es indudable que la principal explicación de estas cosas consiste en la presencia o en la ausencia del poder del Espíritu Santo. Pero a la vez no hay que dudar que se pueden atribuir también en parte a la participación que la congregación haya tomado (o dejado de tomar) en un verdadero culto de adoración, y al cuidado que el predicador haya tenido (o dejado de tener) en atender a ciertos detalles físicos que pueden influir en el espíritu de la reunión.

(1) Participación congregacional en un culto de reverente adoración.

La adoración cristiana es esencialmente la comunión del alma redimida con Dios en Cristo. Es la respuesta sentida e inteligente que esta alma da a la revelación que el Padre hace en el Hijo por medio del Espíritu Santo. En el culto público los medios empleados para dar expresión, tanto a la revelación divina como a la respuesta humana, son cinco: el canto, la oración, la lectura de las Escrituras, la ofrenda y el sermón.

Nuestro interés hasta este punto ha girado exclusivamente en torno al último de estos cinco elementos, o sea el sermón. De ningún modo deseamos restar importancia a las consideraciones hechas ya. Estamos plenamente convencidos de que el sermón debe dar cima a una experiencia vital de la presencia de Dios en medio de la congregación. Pero lo hará con mayor facilidad cuando forme parte íntegra de un culto de adoración en que cada elemento componente recibe la reverente atención que merece. Estamos de acuerdo con las palabras de un eminente predicador escocés del siglo pasado.

> "Quiero comunicaros la convicción urgente de que cada elemento del culto entraña su propio significado, y que el descuido de cualesquiera de las partes resultará inevitablemente en un descenso en la temperatura espiritual de todo el culto... Es menester que dejemos de considerar el sermón como el soberano aislado del culto y a todos los demás ejercicios como un séquito de subordinados. Debemos considerar que todo es de una importancia vital y sagrada, y todo debe entrar al santuario revestido de fuerza y de hermosura."[22]

En otras palabras, el ministro predicará mejor cuando cumpla mejor como un guía en la adoración. No debe considerar que los actos del culto que preceden al sermón son simples "ejercicios de apertura". Más bien debe conceptuar el culto como un todo unificado. Y debe pensar que su responsabilidad es la de conducir a su congregación hasta la misma presencia de Dios y de mantenerla en comunión con él desde el primer himno hasta el amén final. Tal cosa no es fácil. Su consecución requiere una seria atención a los siguientes puntos.

a. El canto congregacional.

Parte indispensable de un verdadero culto de adoración es el canto congregacional. Es conveniente que cada iglesia procure tener un buen coro. Este puede rendir un servicio ins-

[22] J. H. Jowett, op. cit., pp. 162, 170.

pirador de mucho provecho cuando es bien dirigido y cuando tiene un concepto propio de su papel como colaborador en la adoración. Una de sus principales funciones debe ser la de dirigir el canto congregacional y de enseñar a la congregación la manera correcta de cantar los himnos nuevos que de vez en cuando deben ser incluidos en el programa de adoración. Pero nunca debe darse el caso de que el coro usurpe el lugar que le corresponde a la congregación en la alabanza del Señor. En la adoración pública debe haber la más amplia participación congregacional posible, especialmente en el canto.

El *número* de himnos que deben ser cantados dependerá del propósito que se tenga en la mente para el culto en cuestión. Conviene que un sermón evangelístico sea precedido por un animado servicio de canto en que la congregación entone de cuatro a cinco himnos y cantos evangelísticos bien seleccionados. Cuando el propósito del sermón es de edificación, el número puede ser menor, pero es de dudarse que jamás deba ser menor de tres.

La *selección* de los himnos debe ser motivo de seria meditación para el predicador. Aparte de su Biblia, el himnario debe ser el libro que mejor conozca, y debe tener especial empeño en guiar a su congregación en la expresión de sus más profundos sentimientos religiosos mediante el canto de los grandes himnos. El primer himno siempre debe ser de adoración. Su letra debe elevar el pensamiento hacia Dios. Himnos como "¡Santo, Santo, Santo!", "¡Oh, Padre, Eterno Dios!", "A Nuestro Padre Dios", "Nuestra Fortaleza", "Sólo a Ti, Dios y Señor", "Gloria Patri", "A Dios, El Padre Celestial" y "Oh Jehová, Omnipotente Dios" son buenos ejemplos. El segundo himno bien puede ser de alabanza, de acción de gracias o de petición. Si hay lugar para un tercer himno antes del sermón, éste bien puede ser alusivo al tema del mensaje. Para concluir debe haber un himno de dedicación o de invitación.

Cabe aquí una palabra acerca de la manera de *anunciar* los himnos. Algunas iglesias tienen un tablero al frente en el cual indican los himnos que deben ser cantados durante el culto. Otras publican el orden del culto en el boletín, colocando un ejemplar de éste en la mano de cada miembro de la congregación. Pero es difícil evitar todo anuncio de los himnos. Vale más aprender a anunciarlos bien. En seguida ofrecemos dos ilustraciones de lo que a nuestro juicio es la mejor manera de hacerlo. Nótese que el número es anunciado dos veces para asegurar que el mayor número de los presentes lo oiga claramente. Además, en breves palabras se dice algo apropiado acerca del mensaje o del autor del himno.

> "Himno número once. A CRISTO DOY MI CANTO. Cantemos con júbilo este himno de alabanza al nombre de nuestro Salvador. Número once."
>
> "Himno número setenta y tres. Carlos Wesley, el gran himnólogo metodista, escribió más de seis mil himnos. De todos ellos uno de los mejor conocidos es CARIÑOSO SALVADOR. Unámonos en el canto de este gran himno de fe y de gratitud. Número setenta y tres".

Todo esto quiere decir que la congregación necesita ser educada en el uso de su himnario. Nuestro pueblo latinoamericano es amante de la buena música, y no debemos echar en saco roto esta inclinación natural, pues es un don de Dios que debe ser cultivado. Así es que el pastor sabio procurará que su iglesia conozca y sepa cantar correctamente el mayor número posible de los himnos consignados en su himnario. Y si este repertorio es limitado o defectuoso, procurará que se cambie de himnario para poder mejorar la alabanza que se rinde al Señor. Buscará la manera de incluir en el calendario de actividades de su iglesia algunas semanas de énfasis sobre la buena música, y dará su apoyo sincero y entusiasta a la formación de grupos corales, permitiéndoles una participación activa en los cultos de la iglesia.

Al hacer todo esto, hay dos cosas en que debe poner especial cuidado. Uno es el error de convertir el culto de adoración en una clase de teoría y solfeo. Es bien sabido que por diversas razones muchas de nuestras congregaciones están acostumbradas a cantar mal. Yerran el tiempo, y a veces hasta la melodía de varios de los himnos. Que estos defectos deben ser corregidos, no cabe duda. Pero deben ser corregidos en una hora que no sea la del culto de adoración. En el culto de adoración todo cuanto se hace, debe contribuir a enfocar la atención de la congregación en Dios. Y es dudoso que haya muchas personas que sean capaces de adorar a Dios y pensar simultáneamente en los pormenores técnicos de la música. Es preferible que de momento la congregación cante mal, pero con la mente fija en Dios, a que cante correctamente, pero con toda su atención puesta en su manera de cantar.

La segunda cosa que amerita la atención cuidadosa del predicador es la cuestión de la música especial. Esta debe ser siempre una música que despierte los sentimientos devotos de la mayoría de los presentes. En otras palabras, la congregación debe poder sentirse como partícipe activo del canto que está escuchando de parte del conjunto coral o del solista. Todo lo que huela a exhibicionismo ha de ser suprimido con una mano firme. Sólo Dios debe ser glorificado en el culto de adoración.

b. La oración pública.

La oración pública difiere de la privada en varios particulares. Por una parte, ésta puede ser muy extensa mientras que aquélla debe ser relativamente breve. Además, cuando se ora en la cámara secreta, puede hacerse en silencio, hablándole a Dios sólo con el corazón. Pero al orar en público, se está obligado a dar a sus sentimientos una expresión tan fuerte y clara que la última persona en el salón puede seguirle mental y espiritualmente, sintiéndose partícipe en la plegaria que está siendo elevada al Señor. No en vano acostumbramos decir que el hermano fulano "nos guiará en oración". Por último, la oración pública desempeña una función didáctica que es completamente ajena a la índole peculiar de la oración privada. No quiero decir que el ministro debe utilizar la oración como un medio de instrucción respecto a las doctrinas que desea promulgar o las prácticas que desea promover en su iglesia. La oración va dirigida a Dios y no a los hombres. Pero sí quiero decir que cuando el ministro ora en público está enseñando a sus hermanos a orar. De su ejemplo en este respecto ellos aprenderán más de lo que aprenderían de diez sermones sobre el tema "Cómo Orar". No sólo la fraseología de sus oraciones, sino el espíritu con que ora y las peticiones en que acostumbra hacer énfasis llegarán a caracterizar las devociones privadas de su grey.

Por regla general debe haber tres oraciones en el culto de adoración: la invocación, que casi siempre viene después del himno inicial (aunque bien puede precederlo); la oración pastoral, o de intercesión, que comúnmente se coloca en el programa en algún punto conveniente entre la lectura bíblica y el sermón; y la oración final.

La invocación, como su nombre lo indica, debe ser una oración breve en que el ministro invoca el Santo Nombre de Dios, ensalzando algunas de sus excelencias divinas y suplicándole que manifieste su presencia en medio de la congregación. La oración pastoral, o de intercesión, es generalmente más extensa. En ella el pastor actúa como un verdadero sacerdote de Dios. Haciendo suyas las debilidades y las caídas de su rebaño les lleva al trono de la gracia en humilde confesión. Regocijándose en sus bendiciones, les ayuda a expresar su gratitud al Señor. Compadeciéndose de sus cargas y pesares, ruega por ellas con ferviente petición. Y recordando que además de ser miembros de una iglesia local, son ciudadanos del Reino de Dios, les guía en solícita intercesión por la causa mundial del Cristo Redentor. Mientras el pastor ora, la congregación también está orando. Esta oración debe ser uno de los momentos más solemnes de todo el culto. Debe ser una experiencia de verdadera comunión con Dios. En la oración final el pastor generalmente hará una de dos cosas. Si la presencia del Espíritu, en todo el culto, ha dado por resultado la manifestación pública de decisiones hechas en el corazón de algunos de sus oyentes, entonces querrá encomendar estas almas al cuidado del Señor, rogando por su fidelidad y continuo crecimiento espiritual. Si no ha habido tales manifestaciones públicas, entonces encomendará el mensaje en las manos del Señor, rogándole que haga cumplir su promesa de prosperar la proclamación de su Palabra.

Para que la oración pública sea lo que debe ser, el pastor necesita prepararse para ella. No estoy sugiriendo que siga una liturgia. Tampoco soy partidario de la idea de escribir las oraciones antes de subir al púlpito. Con Spurgeon podemos estar "seguros de que la oración libre y espontánea es la más bíblica, y debe ser la forma más excelente de las súplicas públicas".[23] Pero esto no quiere decir que no debe haber preparación antes de orar en público. Sí la debe haber. Ante todo, el predicador debe prepararse mediante una constante disciplina en la oración privada. Sólo aquél que ha hablado mucho con Dios a solas está realmente capacitado para hablar con él en público. Además, debe estudiar cuidadosamente las oracio-

23 Spurgeon, *op. cit.*, p. 91.

nes bíblicas para descubrir el secreto del poder que en oración
tuvieron hombres como Moisés, Samuel, David, Daniel y el
apóstol Pablo. Debe empapar su alma en el lenguaje de los
Salmos. Y debe complementar sus estudios bíblicos con la lectura de las mejores obras de devoción que puede adquirir. Y
por último, debe ser fiel en la visitación pastoral para poder
tener conocimiento de las necesidades de su grey.

c. La lectura pública de las Escrituras.

Otro momento solemne en el culto de adoración debe ser
aquel en que el ministro abre el Libro para dar de comer del
maná divino a la hambrienta congregación. ¡Cuán importante
es que sepa hacerlo bien!

> La lectura de la Biblia ofrece un campo amplísimo para el enri-
> quecimiento del culto de adoración, y es de lamentarse el hecho de
> que con tanta frecuencia las Escrituras son leídas mal. Media vida
> gastada en el estudio le ha dado al predicador una gran familia-
> ridad con los detalles más íntimos del Libro. Conoce el fondo his-
> tórico de cada porción. Pero esta misma familiaridad le hace ol-
> vidar a veces que gran parte del Libro es cosa extraña para sus
> hermanos que tienen que gastar la mayor parte de la semana tra-
> bajando por el pan que perece, y que muchos de ellos son comple-
> tamente incapaces de colocar la lección del día dentro del marco
> histórico que le corresponde.
> Sin embargo de ser así, la importancia del Libro desafía todo
> cálculo humano. En un sentido único es la Palabra de Dios. No
> es el primer libro de su clase: ocupa una categoría solitaria. Cuan-
> do el Libro es leído bien y hecho vivir para el pueblo, puede hacer
> por ellos lo que los sermones a menudo dejan de hacer: puede ser
> la misma voz de Dios hablando a sus almas. Y si deja de ser pre-
> cisamente esto, la razón ha de buscarse en la falta de seriedad con
> que algunos hombres se acercan a la tarea. Toda su manera deja
> la impresión de que para ellos cualquiera persona — hasta un
> niño — puede leer las Escrituras en público. La gente escucha con
> respeto, pero con sólo una décima parte del entendimiento o del
> vivo interés que un lector hábil sabe comunicar a su congrega-
> ción.[24]

En relación con este asunto hay dos cosas que merecen
nuestra consideración. La primera es *la selección* del pasaje
que va a ser leído. Hay una tendencia marcada en algunos
círculos de seleccionar siempre un pasaje que tenga estrecha
relación con el tema del sermón. Hay ocasiones, indudablemente, cuando esto conviene hacerse. Tal procedimiento se

[24] W. E. Sangster, *The Approach to Preaching* (Philadelphia: The Westminster
Press, Copyright, 1952 by W. L. Jenkins). pp. 69-70.

presta para conseguir una unidad *estrecha* a través de todo el culto. Esto es de desearse, por ejemplo, en la celebración de días especiales, como el Domingo de Resurrección, La Navidad, el Día de la Biblia, el aniversario de la iglesia, etc. Pero por regla general lo que el ministro debe procurar en el culto de adoración es más bien una unidad *amplia*. Muchas veces ésta puede ser conseguida, cuando menos en parte, por la selección de un pasaje que no tenga estrecha relación con el tema del sermón.

Queremos decir que en el culto de adoración debe haber alimento espiritual para todos los presentes. El sermón, si es lo que debe ser, no puede tener más de un solo propósito específico. Pero el carácter heterogéneo de cualquiera congregación constituye una garantía casi absoluta de que habrá una variedad de necesidades espirituales que piden ayuda y satisfacción. ¿Cómo podrá el ministro hacer frente a esta situación? Si todo el culto sigue una sola línea de pensamiento, hay peligro de que algunas almas sean del todo defraudadas en su esperanza de hallar ayuda para el problema personal que les aqueje.

> En el culto de adoración debe haber algo que satisfaga el hambre de cada corazón presente. En un espíritu de patética expectación, una piadosa mujer sureña asistió una noche a una iglesia bien conocida de la ciudad de Nueva York. Por seis semanas durante la parte más negra del año de 1917 había estado cuidando a su hermano, el cual había enfermado de fiebre tifoidea en uno de los acuartelamientos del norte. Cuando se atrevió por fin a abandonar su lado, se dirigió a la iglesia, esperando hallar paz para su atribulado corazón. Pero esa noche la única cosa que ocupaba la mente del predicador era el patriotismo cristiano, tema que desde hacía mucho había inflamado el corazón de la mujer visitante. Aun en las oraciones no hubo nada que consolara a una persona que se encontraba presa de los efectos desastrosos de la guerra. Después de más de una hora de estar en un culto en que las oraciones le parecían sermoncitos, aquella mujer salió disimuladamente del templo, casi tropezándose por las escaleras porque sus lágrimas la cegaban. ¿Cuál de estos dos tenía un concepto propio de lo que el culto público de adoración debe ser; la mujer que estaba en la banca, o el hombre que ocupaba el púlpito?[25]

Así es que cuando el sermón va a tratar de un tema doctrinal, la lectura bíblica bien puede presentar un mensaje de consagración. O si el sermón va a ser evangelístico, la porción

25 A. W. Blackwood, *The Fine Art of Public Worship* (New York: Abingdon-Cokesbury Press, 1939), pp. 178-179.

bíblica que se lee en la primera parte del culto podría ser
sólidamente doctrinal. Si el mensaje predicado va a tratar de
un tema ético, muchas veces convendría escoger la lectura bíblica de entre los muchos pasajes de la Biblia que inspiran la
devoción personal. La idea es de procurar que haya alimento
bíblico adecuado para llenar las necesidades espirituales del
mayor número posible de los miembros de la congregación.

Una vez que el pasaje haya sido seleccionado, la atención
del ministro debe volverse a *la manera de leerlo*. Por supuesto
que habrá ocasiones en que convendrá que la lectura se haga
antifonalmente o al unísono. En tales casos el coro puede rendir un verdadero servicio en ayudar a la congregación a mantener el debido compás en la lectura. Pero lo que nos interesa
aquí es más bien la necesidad de que el ministro mismo sepa
leer las Escrituras interpretativamente. Su lectura debe ser toda una exposición del pasaje.

No estamos abogando por la costumbre de algunos predicadores (entre ellos el mismo Spurgeon) de intercalar palabras de explicación en la lectura. Esto generalmente resulta
contraproducente. Sí conviene a veces que la lectura sea pre-
cedida por el anuncio de un título apropiado para el pasaje,
v. gr: "Un Salmo de Gratitud", "La Oración de Daniel", "La
Transfiguración", etc. En otras ocasiones el predicador querrá
introducir su lectura con dos o tres oraciones breves y bien
pensadas que identifiquen el autor, describan la condición de
las personas a quienes las palabras inspiradas fueron originalmente dirigidas o que indiquen cómo el trozo escogido se relaciona con su contexto. Tales palabras introductorias ayudan
a la congregación a entender mejor la conexión histórica del
pasaje que va a ser leído. Pero más importante que todo esto
es la manera en que el ministro hace la lectura misma. Su
meta debe ser la de leer *interpretativamente*.

La lectura interpretativa de las Escrituras las hace vivir.
Eventos históricos son convertidos en acontecimientos contemporáneos. Escenas lejanas son revestidas de todo el colo-
rido de un panorama familiar. Pasiones que antaño ardían
en pechos patriarcales son encendidas ahora en corazones mo-
dernos. Los oyentes son transportados mentalmente al escena-
rio bíblico y convertidos en testigos presenciales de todo cuanto allí ocurrió.

Los requisitos de la lectura interpretativa son cinco. En

primer lugar, el lector tiene que identificarse plenamente con los personajes que hablan o actúan en el trozo bíblico que ha escogido para leer. Luego, tiene que recordar que una buena lectura se parece grandemente a una conversación animada. Por otra parte, tiene que aprender a hacer uso inteligente de la pausa. Además, necesita determinar cuáles son las palabras de su pasaje que deben recibir mayor énfasis en la lectura. Finalmente, necesita variar la rapidez con que las diferentes porciones del pasaje son leídas.

La identificación del lector con los personajes que hablan o que actúan en el pasaje escogido para ser leído, se logra mediante lo que alguien ha llamado "la imaginación histórica". Queremos decir que en alas de su imaginación el lector procura trasladarse al tiempo y lugar de los acontecimientos narrados en su pasaje, esforzándose en captar nuevamente toda su viva realidad. Esto requiere un estudio cuidadoso del trozo en cuestión, especialmente desde el punto de vista histórico. La identidad del autor, la fecha en que escribió, las costumbres practicadas en su época, las condiciones de las personas a quienes sus palabras fueron originalmente dirigidas, el propósito con que escribió — todo esto tiene que ser investigado. Entonces el lector puede "ver" lo que está leyendo y en consecuencia puede leer más inteligentemente.

La idea de que la buena lectura se parece mucho a una conversación animada, es un concepto que no ha recibido todo el énfasis que merece. Quizá la razón estriba en el hecho de que nuestras conversaciones suelen ser "vivas" mientras que la mayor parte de nuestras lecturas son "muertas". Pero sea esto como fuere, la mejor manera de convencerse es por medio de una prueba sencilla. Adopte el estilo de conversación en su manera de leer en público, y tome nota del aumento de interés de parte de su congregación.

. El uso inteligente de la pausa desempeña un papel doble en la lectura pública de las Escrituras. Ayuda tanto al que lee como a los que escuchan. En cuanto al primero, las pausas que hace le sirven de dos maneras: le ayudan a respirar para tener fuerza pulmonar con que seguir leyendo; y le dan oportunidad para echar una mirada anticipada a lo que tiene que leer en seguida y así estar preparado mentalmente para leer con buena expresión. En lo que se refiere a la congregación, las pausas que hace el lector le sirven como signos de puntuación, aclarándole el sentido de lo que está escuchando.

En su preparación para la lectura pública de las Escrituras, conviene que el ministro haga una transcripción del pasaje escogido, indicando por medio de una clave conveniente cuáles son las partes que deben ser leídas pausada o aceleradamente, cuáles son las palabras que deben recibir mayor énfasis en la lectura y en qué puntos conviene hacer pausas breves o largas. Una pausa breve podría ser indicada con una línea diagonal, así: /. Una pausa más larga, con dos líneas diagonales: //. Las palabras que deben recibir mayor énfasis podrían ser *subrayadas*. Una velocidad normal en la lectura podría ser indicada escribiendo la letra "N" arriba de la primera palabra de la frase que debe ser leída de esta manera. Donde el paso debe ser acelerado, se podría indicar escribiendo una "R" (para "rápido") arriba de la primera palabra de la frase correspondiente. Y la letra "D" (para "despacio") podría indicar que la velocidad debe ser disminuida a menos de lo normal. Semejante transcripción de la parábola del hijo pródigo resultaría más o menos como sigue:

```
      N           N                             N
      Y dijo:/ Un hombre tenía dos hijos;/ y el menor de ellos
                       R         R
dijo a su padre:/ Padre,/ dame la parte de la hacienda que
                    N                              N
me pertenece://  y les repartió la hacienda.//  Y no muchos
                    R                         R           R
días después,/ juntándolo todo el hijo menor,/ partió lejos/ a
                              N       D
una provincia apartada;//  y allí//  desperdició su hacienda/
D                         N
viviendo perdidamente.//  Y cuando todo lo hubo malgastado,/
N                                                   D
vino una grande hambre en aquella provincia,/  y comenzóle
                    N     R
a faltar.//  Y fué/ y se llegó a uno de los ciudadanos de aquella
```

          N   D
tierra,/ el cual le envió a su hacienda/ para que apacentase/
D   R
los puercos.// Y deseaba henchir su vientre de las algarrobas
                         D   N
que comían los puercos;// mas nadie se las daba.// Y volviendo
      R   N   R
en sí,/ dijo: ¡Cuántos jornaleros/ en casa de mi padre/ tienen
                    D   D   R
abundancia de pan,// y yo/ aquí/ perezco de hambre!// Me
            R   N   D
levantaré,/ e iré a mi padre,/ y le diré: Padre,/ he pecado
              D   N
contra el cielo,/ y contra ti;// Ya no soy digno de ser llamado
      N
tu hijo;// hazme como a uno de tus jornaleros.// Y levan-
          N   N   N
tándose,/ vino a su padre./ Y como aun estuviese lejos,/ violó
      N   R   R
su padre,/ y fué movido a misericordia,/ y corrió,/ y echóse
                       D   N   D
sobre su cuello./ y besóle.// Y el hijo le dijo: Padre,/ he
                       D   N
pecado contra el cielo,/ y contra ti,/ y ya no soy digno de ser
                  N   R
llamado tu hijo.// Mas el padre dijo a sus siervos:/ Sacad
                  R   R
el principal vestido,/ y vestidle;/ y poned un anillo en su
      R   R   R
mano,/ y zapatos en sus pies./ Y traed el becerro grueso,/ y
                  R   N   N
matadlo,/ y comamos, y hagamos fiesta:// Porque este/ mi
          D   R   D   R
hijo/ muerto era,/ y ha revivido;// habíase perdido,/ y es
          N
hallado.// Y comenzaron a regocijarse.

Cada lector tendrá que hacer su propia interpretación del pasaje. No pretendemos que el arreglo dado anteriormente sea lo único que se podría hacer con la parábola del hijo pródigo: pero de una cosa estamos seguros: si el predicador se toma la molestia de hacer semejante preparación para su lectura, habrá un marcado aumento de interés de parte de su congregación.

Antes de dejar este punto, queremos señalar un error demasiado común en la manera de manejar la palabra "dijo" en la lectura pública de las Escrituras. Tomemos por ejemplo las palabras de Lucas 15:17: "Y volviendo en sí, dijo: ¡Cuántos jornaleros en casa de mi padre..." La manera común de leer este trozo es como sigue:

> "Y volviendo en sí, dijo:
> ¡Cuántos jornaleros en casa de mi padre..."

Tal manera de leer coloca un énfasis desmedido en la palabra "dijo". La lectura correcta se haría de este modo:

> "Y volviendo en sí,
> dijo: ¡Cuántos jornaleros en casa de mi padre..."

En esta forma la palabra "dijo" está en la posición débil que realmente le corresponde en vista de que su función es simplemente la de indicar que las palabras que le siguen constituyen una cita directa.

d. La ofrenda.

En toda nuestra discusión del culto público de adoración, hemos estado insistiendo en que debe haber la más amplia participación congregacional posible. La adoración cristiana es esencialmente la respuesta sentida e inteligente que el alma redimida da a la revelación que el Padre hace en el Hijo por medio del Espíritu Santo. En el culto público los medios por los cuales Dios se revela son principalmente dos: la lectura de las Escrituras y el sermón. La respuesta humana a esta revelación divina se hace por medio del canto, las oraciones y la ofrenda.

En el sentido más amplio, el término "ofrenda" abarca todo cuanto es dedicado al servicio de Dios — tiempo, talentos, influencia y bienes materiales. Desde este punto de vista podríamos decir que la meta de todo el culto es precisamente la de persuadir al alma a ofrendarse a sí misma sobre el altar de Dios. En tal sentido, la ofrenda constituye el acto final del culto: constituye la respuesta a la invitación con que el sermón termina.

Pero nuestro interés aquí tiene que ver especialmente con una aplicación más limitada de este concepto general. Estamos pensando más bien en aquel momento en el culto cuando los hijos de Dios expresan su amor y gratitud al Señor mediante las ofrendas materiales con que contribuyen al extendimiento del Reino de Dios en la tierra. *Esta ofrenda es un acto de adoración.* Constituye verdaderamente una respuesta sentida e inteligente que el alma redimida da a la revelación que el Padre hace en el Hijo por medio del Espíritu Santo.

Para que la congregación conceptúe la ofrenda como un acto de adoración a Dios, es necesario que el ministro les ayude. Debe dar a la ofrenda toda la dignidad que merece. La ofrenda, como decía el Apóstol Pablo, es "olor de suavidad, sacrificio acepto, agradable a Dios".[26] El ministro debe ayudar a sus hermanos a abrigar este mismo concepto.

Esto se puede lograr, en parte cuando menos, de la siguiente manera. Primero, coloque la ofrenda en una parte prominente en el programa de adoración. Generalmente esto querrá decir que precederá al sermón. Segundo, tenga cuidado en instruir a las personas encargadas de levantar la ofrenda para que sepan hacerlo con la dignidad propia de un acto de adoración. Insista en que estén sentadas en la primera banca para estar listas en el momento indicado, o que juntos marchen hacia adelante al compás de una música apropiada en el momento escogido para ello. Tercero, si la iglesia cuenta con instrumento musical y con quien lo toque, arregle con la pianista u organista para que ejecute una música *apropiada* durante el acto. Si no hay instrumento musical, procure que la congregación guarde una actitud de reverente silencio. Finalmente, cuando los encargados hayan dado a todos la oportunidad de ofrendar y después de que hayan pasado juntos al frente de la nave, dedíquese la ofrenda en oración.

---

[26] Filipenses 4:18.

e. Una palabra final acerca de los avisos.

Estos, de ser posible, deberían ser eliminados totalmente. Pero como tal ideal no es posible en la práctica, digamos dos cosas: Procure que sean reducidos a un mínimo absoluto; hágalos en la forma más concisa posible. El uso sabio del boletín de la iglesia ayudará mucho para resolver este problema.

(2) En segundo lugar, es posible preparar un medio ambiente propicio para la persuasión por medio de una sabia atención a ciertos detalles físicos. No queremos decir, por supuesto, que el poder persuasivo de un sermón está determinado totalmente por la situación física en la cual es presentado. Tampoco queremos dejar sembrada la idea de que no se debe predicar a menos que las circunstancias sean del todo favorables para la presentación del mensaje. Muchas veces el predicador tiene que conformarse con una situación mucho menos que ideal. Un verdadero profeta de Dios tendrá gusto en predicar bajo la sombra de un árbol, en un mercado público, a orillas de un río, o una choza con techo de paja y piso de tierra. Nunca pensará que la "dignidad" del ministerio exige que oficie en un templo. Es llamado de Dios para dar a conocer el mensaje divino y aprovechará cada oportunidad para hacerlo. A la vez, cuando le sea posible, procurará que el ambiente físico contribuya lo más posible a producir un reverente espíritu de adoración entre sus oyentes. Con atención a los siguientes puntos puede lograr, cuando menos en parte, este fin.

a. Tenga cuidado de que haya una escrupulosa limpieza y un positivo orden en los enseres del santuario.

b. Procúrese que los asistentes se sienten de tal manera que formen el grupo más compacto posible.

Es notorio el hecho de que generalmente es más fácil predicar bien cuando el templo está lleno que cuando muchas bancas están vacías. De este hecho se ha desprendido la idea de que la facilidad con que se predica aumenta en proporción directa al número de personas que componen la congregación. En consecuencia, es frecuente que el predicador sienta algo de desaliento cuando descubre que un número pequeño de personas ha tenido suficiente interés en su asunto para venir a escuchar. Cuando le sobreviene esta tentación de des-

animarse, hará bien en recordar las siguientes palabras de
un eminente orador cristiano del siglo pasado:

> **Muchas veces la gente me pregunta: ¿No le parece que es mucho
> más inspirador hablar a una concurrencia grande que a un grupo
> pequeño? Yo digo que no; puedo hablar tan bien a un grupo de
> doce personas como a una congregación de mil con tal de que las
> doce personas estén reunidas cerca de mí en un grupo tan com-
> pacto que puedan tocarse mutuamente. Pero sería lo mismo que
> tener un salón vacío si en una congregación de mil personas hu-
> biera un espacio de un metro entre cada dos.**[27]

Así es que en vez de perder el entusiasmo frente a una
congregación pequeña, lo que el predicador debe hacer es simplemente invitar a los presentes a juntarse en el menor espacio posible cerca del lugar en que él mismo está parado.
Naturalmente no es posible *obligar* a los oyentes a cambiar de
lugar. A veces habrá madres con niños pequeños que por razones obvias necesitarán estar cerca de la puerta de salida.
Es posible también que haya todavía otras personas que tengan motivos justos por no querer estar muy cerca del púlpito.
Pero por regla general el predicador hallará que cuando hace
su súplica con la debida cortesía y cuando tiene cuidado en
pedir que el cambio se haga en conjunto, sin poner en evidencia a ningún individuo en lo particular, la congregación
mostrará un buen espíritu de cooperación. La proximidad mutua de los oyentes y su cercanía al predicador constituyen
factores psicológicos muy favorables para los fines de la persuasión.

c. Haga lo posible por evitar las temperaturas extremadas
dentro del salón.

El calor excesivo suele distraer la atención del oyente, haciéndole pensar más en la comodidad de su cuerpo que en el
hilo del discurso que está escuchando. Por otra parte, el frío
en demasía hace que la circulación de la sangre disminuya,
entorpeciendo las operaciones mentales. En cualquier caso el
resultado es desfavorable para los intereses de una comunicación persuasiva.

d. Debe dar atención a la buena ventilación del salón.

El inimitable Spurgeon, con aquella gracia que le era ca-

---

[27] Henry Ward Beecher, *op. cit.*, p. 73.

racterística, hizo hincapié en esta necesidad de la siguiente manera:

> ...si el aire no puede entrar al salón, si están cerradas todas las ventanas, los oyentes respirarán con mucha dificultad y no podrán pensar en otra cosa. Cuando la gente haya aspirado repetidas veces el aire exhalado de los pulmones de otras personas, toda la maquinaria de su ser se trastornará y será probable que de ahí resulte una fuerte jaqueca más bien que un corazón contrito. La mejor cosa como auxilio del predicador, después de la gracia de Dios, es el oxígeno en abundancia. Rogad que os sean abiertas las ventanas del cielo, pero empezad por abrir las de vuestros templos.[28]

e. Procúrese una iluminación adecuada.

Hay positiva ventaja en tener una iluminación buena en el salón de cultos. Por una parte tal arreglo facilita la participación de la congregación en los cantos y en la lectura bíblica, y por otra parte ayuda a crear un espíritu cooperativo entre los presentes. Cuando la iluminación es tenue el individuo tiende a aislarse más de la colectividad. Sin embargo, hay que tener cuidado de evitar que haya luces colocadas de tal manera que deslumbren al predicador o a su congregación. Una lámpara por ejemplo, que pende directamente sobre el púlpito y a poca distancia de la cabeza del predicador, lastima los ojos de los oyentes e impide que le presten la debida atención al que habla.

f. Hasta donde sea posible, elimínense los defectos acústicos del salón.

En la construcción de muchos de nuestros templos evangélicos se pueden advertir dos defectos capitales. Por una parte, con demasiada frecuencia se descuida la necesidad de proveer espacio educativo para la congregación. Se desea un salón amplio para la predicación del evangelio, y se echa en saco roto el hecho de que por regla general la asistencia a los cultos de predicación está en proporción directa al número de personas comprendidas en el programa de enseñanza que la iglesia patrocina. Por otra parte, en el afán de tener un bonito salón de cultos a veces se les olvida a los hermanos que el

---

[28] C. H. Spurgeon, *op. cit.* p. 230.

propósito principal de dicho salón es el de proveer un lugar apropiado para que el mensaje de Dios sea *escuchado con claridad*. En la construcción de cualquier templo, cuando surge un conflicto entre las demandas de la estética y las de la buena acústica, éstas deben tener la positiva prioridad.

La acústica de un salón es ideal cuando el sonido alcanza al oyente con suficiente fuerza y claridad para ser distinguido fácilmente, no importa en qué parte del salón esté. El principal defecto acústico que suele presentarse en los templos consiste en una excesiva sonoridad (la producción de ecos y resonancias) a causa de la desnudez en que se encuentran de ordinario las paredes. Esta circunstancia se hace más grave en buena parte de nuestro medio latinoamericano debido al tipo de materiales (ladrillo, mosaico, yeso, etc.) que suelen emplearse en la construcción de los templos. Los peritos que se han dedicado al estudio de los problemas acústicos de los salones de conferencias y de las iglesias, han descubierto que cuando una pared dista menos de ocho metros del orador, generalmente no ocasiona ecos ni resonancias. Pero cuando hay paredes que distan más de ocho metros del orador se producen a menudo disturbios acústicos muy molestos.

El anfiteatro de Física y Química del Jardín de plantas de París y el anfiteatro de Física del colegio de Francia dan a la voz una sonoridad tan enfadosa que es muy difícil hacerse oír bien. Otro tanto sucede con el hemiciclo de la escuela de Bellas Artes de París. En la iglesia de San Pablo en Boston, que presenta los mismos defectos, la voz del predicador sólo es inteligible una vez al año, el día de Navidad, porque con motivo de la fiesta la iglesia está adornada con colgaduras y tapices de una manera excepcional y las bóvedas son menos sonoras que de costumbre al amortiguarse las vibraciones en los paños.[29]

De la observación de semejantes casos se ha concluido que la mejor acústica se obtiene cuando las paredes cercanas al orador (y especialmente las que se encuentran directamente detrás de él) están hechas de materiales altamente reflectantes del sonido, y cuando las paredes cercanas a la congregación están cubiertas de materiales que absorben el sonido.

[29] "Acústica" *Diccionario Enciclopédico Hispano-Americano*, Vol. I, p. 403.

Capítulo VIII

EL SERMON EFICAZ
DEMANDA LA VARIEDAD DE SEMANA EN SEMANA

Nuestra discusión en los capítulos anteriores ha tenido que ver con el sermón como una unidad aislada. Pero en realidad ningún sermón puede ser aislado de los que le preceden o de los que le siguen. Su eficacia depende en parte, cuando menos, de la relación que sostiene para con el ministerio total al cual pertenece. Por tal motivo tenemos que insistir en que una de las demandas del sermón eficaz es que haya una saludable variedad en los mensajes que se presenten de semana en semana.

1. La Necesidad de la Variedad

La variedad es necesaria para sostener el interés de la congregación. En cierto sentido todos nos parecemos a aquellos atenienses que "no se ocupaban en otra cosa sino en decir o en oir algo nuevo".[1] No hay nada que aburra tanto como la monotonía. Faltando la variedad en nuestros sermones, no es de extrañar que falte gente en nuestros templos.

Pero no es simplemente una cuestión de interés, importante como es éste. Una predicación variada es indispensable para la conservación de la salud espiritual de la congregación. Hay enfermedades físicas que son producidas por una deficiencia en el régimen alimenticio. Lo mismo sucede en la vida del alma. La predicación cristiana debe tener en cuenta *toda* la necesidad espiritual del hombre. Como hemos visto en páginas anteriores, esta necesidad es la

> ...de ser introducido al compañerismo de Dios, de crecer en el conocimiento de Dios y en la devoción al Reino de Dios, de ser instruido en justicia en medio de situaciones morales complejas, y de ser guiado a dar expresión apropiada de la fe y vida cristianas.[2]

[1] Hechos 17:21 según la Versión Hispano-Americana.
[2] John A. Broadus, *op. cit.* p. 58.

Sólo una predicación variada puede satisfacer exigencias tan diversas como éstas.

Además debemos decir que el crecimiento intelectual y espiritual del propio ministro demanda que su predicación sea variada. Todos tenemos una marcada tendencia a caer en la rutina. Esto no es del todo malo, por supuesto. Gracias a esta tendencia nos es relativamente fácil la formación de nuestros hábitos. Pero en esta misma facilidad se esconde un peligro — el peligro de ceder a la tentación de hacer siempre las mismas cosas y de hacerlas siempre de la misma manera. Cuando el predicador cede a esta tentación se atrofia. Pero cuando se opone a su inclinación natural y se dedica resueltamente a desempeñar cumplidamente su servicio[3] entonces su propia vida espiritual es fortalecida y su ministerio fructifica en la evangelización de los perdidos y en la edificación de los creyentes.

2. La Posibilidad de la Variedad en la Predicación

La monotonía en la predicación constituye una falta tan seria precisamente porque hay tantas maneras legítimas para variar nuestros mensajes, tanto en lo que respecta a su contenido como en lo que toca a su forma. No necesita uno hacer más que recordar lo que hemos estudiado en los capítulos anteriores para convencerse de esta verdad. Podemos decir que hay cuando menos siete fuentes de variedad que el predicador puede aprovechar en la preparación de sus sermones.

(1) La primera fuente de variedad consiste en un énfasis equilibrado sobre todos los propósitos generales de la predicación cristiana. El propósito total de la predicación es el de impartir vida espiritual. Pero como la humanidad se encuentra dividida en dos grandes campos, siendo parte de ella salva y parte no, este propósito total se divide necesariamente en un mínimo de dos propósitos generales, a saber: el evangelístico y el de edificación. Los inconversos necesitan ser traídos a Cristo como Salvador, y los creyentes necesitan ser edificados en Cristo como Señor. El ministro sabio tendrá cuidado en mantener un equilibrio constante entre estos dos propósitos generales. A la vez recordará que las necesidades espiri-

---

[3] 2 Timoteo 4:5 según el Nuevo Pacto.

tuales de los creyentes son tan diversas que su edificación pide un énfasis constante sobre la instrucción doctrinal, sobre la intensificación de su amor a Dios, sobre la exhortación al servicio cristiano, sobre la orientación ética y sobre la confirmación de su fe en tiempos de prueba y de crisis.

(2) Una segunda fuente de variedad consiste en el empleo equitativo de toda clase de textos bíblicos para los sermones. Con esto queremos decir dos cosas. En primer lugar, que el ministro debe esforzarse en tomar sus textos de todas las porciones de la Biblia. "Toda Escritura es inspirada divinamente y útil para enseñar, para redargüir, para corregir, para instituir en justicia, para que el hombre de Dios sea perfecto, enteramente instruído para toda buena obra".[4] Siendo así, el predicador no debe descuidar ningún libro del canon sagrado en su búsqueda de textos. Pero además de esto, el predicador debe utilizar textos de diversa extensión. El texto del sermón siempre debe ser una unidad de pensamiento completa. Pero dentro de esta necesaria estipulación existe una gran variedad. Hay unidades de pensamiento que forman menos de la tercera parte de un solo versículo de la Biblia. También hay unidades de pensamiento que abarcan todo un párrafo. A veces un capítulo entero proveerá la unidad de pensamiento que ha de servir de texto para el sermón. En otras ocasiones la unidad de pensamiento se encuentra en un grupo de capítulos, como por ejemplo, en el caso de un sermón cuyo mensaje se basa en los hechos de la vida de algún personaje bíblico. Y muy de vez en cuando, un libro entero de la Biblia puede servir de texto para un sermón.[5]

(3) Otra fuente de variedad se encuentra en la predicación de diferentes tipos de sermones bíblicos. Aunque el que esto escribe siente una predilección muy marcada por el sermón expositivo, no por esto quiere dejar la impresión de que nunca se debe predicar otro tipo de sermón. En nuestro repertorio homilético debe encontrarse también un surtido liberal de sermones de texto, de sermones de asunto, de homilías y de "lecturas bíblicas".

(4) Pero hay todavía otra posibilidad para variar nuestra predicación. Me refiero a los diferentes principios de di-

[4] 2 Timoteo 3:16.
[5] Para una discusión completa de estos tipos de sermones bíblicos, véase Blackwood, "La Predicación de Sermones Bíblicos", Capítulos III-X.

visión que podemos aprovechar para la organización de nuestros temas. A veces el principio de división que rige en la organización homilética será el de las causas. A veces será el de los efectos. Con alguna frecuencia el tema será discutido desde el punto de vista de las razones que apoyan una tesis determinada. En otras ocasiones el predicador querrá aclarar el significado de su tema. No pocas veces creerá prudente discutir los medios que son más propios para efectuar un fin deseado. De cuando en cuando discutirá su tema desde el punto de vista de las preguntas lógicas que se pueden hacer acerca de él. En algunos casos el principio que regirá en la división de su tema será el de la yuxtaposición de dos conceptos complementarios o contrastados. Ocasionalmente se sentirá inspirado a hablar de las sugestiones naturales de alguna metáfora bíblica. Y muchas veces hará bien en presentar los aspectos de su tema que se encuentran claramente delineados dentro de los límites de su texto.

(5) Más vasta aún es la posibilidad para variar nuestros sermones, que se halla en la selección juiciosa de toda clase de materiales de elaboración. Entre los materiales que apelan al entendimiento podemos utilizar la definición, la narración, la descripción, la ejemplificación y la comparación. Para apelar a la razón podemos limitarnos sencillamente a dar razones, o bien podemos presentar una línea de razonamiento, pudiendo ésta ser de inferencias directas o indirectas. Entre las últimas no descuidemos ni la deducción ni la inducción ni el argumento por analogía. Tampoco debemos olvidarnos de cuatro tipos de argumento muy útiles en la predicación, a saber: el argumento *a fortiori*, el dilema, el argumento *ad hominem* y el argumento de reducción al absurdo. Para apelar al sentido de necesidad podemos aprovechar conocimiento de la estrecha relación que existe entre los instintos básicos del ser humano y la necesidad que el hombre tiene de amor, de poder y de seguridad. Para apelar al sentido de obligación moral podemos esgrimir con acierto la "espada del Espíritu". Y para apelar a los resortes emotivos de nuestros oyentes, podemos echar mano de la memoria, de la imaginación y de la pasión misma.

Pero además de los diversos materiales de apelación que podemos utilizar en la elaboración de nuestros mensajes, existe una gran posibilidad de variación en el empleo acertado de los nueve tipos de ilustración que hemos estudiado. Podemos emplear figuras de lenguaje, especialmente el símil y la metáfora. A veces podemos presentar una analogía. De vez en cuando podemos narrar una parábola, una fábula o una alegoría. Frecuentemente vendrá muy al caso una alusión histórica o un incidente biográfico. La experiencia personal, cuando se presenta con modestia, constituye un buen tipo de ilustración. Y no debemos olvidar la anécdota.

(6) La variedad puede ser conseguida también en la manera de introducir nuestros sermones. A veces la introducción puede estar basada en el texto del sermón; otras veces en el contexto. Frecuentemente el mismo tema sugiere material introductorio apropiado. No pocas veces la ocasión en que el sermón va a ser predicado provee al predicador de pensamientos adecuados para su introducción. No es imposible introducir el mensaje con una declaración franca del propósito que se propone lograr. De vez en cuando se puede empezar con la presentación de algún problema que el predicador espera resolver en el curso de su sermón. Los eventos contemporáneos pueden sugerir buenas ideas introductorias, y algunas veces el mensaje puede ser introducido con una descripción dramática de alguna escena que tenga estrecha relación con el tema del sermón. La introducción puede basarse también en una cita llamativa, especialmente si las palabras citadas son de algún personaje altamente apreciado por la congregación. Por último, no debemos pasar por alto la posibilidad de introducir el mensaje por medio de una buena ilustración.

(7) Para dar fin a esta enumeración de las posibilidades que existen para variar nuestro trabajo en el púlpito, debemos hacer constar que hay cuando menos siete diferentes maneras de concluir un sermón. Puede hacerse con una recapitulación de las verdades principales que el mensaje presenta. Es posible concluir también con una demostración de cómo poner en práctica el deber que el sermón inculca. A veces el mensaje puede ser concluido con la presentación de un contraste marcado entre dos posibles cursos de acción. De cuando en cuando el predicador puede dar fin a su sermón con la recitación de una poesía apropiada. Frecuentemente una ilustración acertada le puede servir para cerrar "con broche de

oro". En otras veces la mejor manera de terminar es con una ferviente oración. Pero no debemos olvidar que en no pocas ocasiones el sermón debe concluir con una amorosa invitación que pida una manifestación pública de la decisión hecha en el corazón.

3. El Gran Secreto de la Variedad en la Predicación

Puesto que la variedad de semana en semana es tan necesaria para la buena predicación, y habiendo tantas maneras legítimas para variar los sermones, ¿por qué será que en muchos púlpitos esta cualidad más bien brilla por su ausencia? Quizá algunas veces es por la pereza del predicador. Pero creo que en la mayor parte de los casos es por otra razón. Creo que este defecto se debe principalmente a la falta de un plan. La variedad inteligente no es hija de la casualidad. La única manera para asegurar que nuestra predicación sea caracterizada de semana en semana por una variedad saludable es por medio de la proyección de un plan definido para nuestro trabajo en el púlpito. Este es el gran secreto de la variedad en la predicación.

Hay varias razones de peso que apoyan la idea de que el ministro debe formular un plan para su predicación. En primer lugar, sirve a un Dios que trabaja de acuerdo con un plan, y es lógico pensar que el siervo debe ser como su Señor.[6] La redención de los pecadores mediante el sacrificio de Cristo en la cruz del Calvario se efectuó de acuerdo con un plan que fue trazado antes de la fundación del mundo.[7] La idea de poner a los gentiles en pie de igualdad con los judíos, haciéndoles "juntamente herederos, e incorporados, y consortes de su promesa en Cristo por el evangelio" fue algo que existió en el pensamiento de Dios "en los otros siglos", aunque no se dio a conocer sino hasta que fue "revelado a sus santos apóstoles y profetas en el Espíritu".[8] Nosotros mismos fuimos escogidos para la salvación "antes de la fundación del mundo",[9] y cuando Cristo estaba a punto de separarse de sus discípulos, les dijo que se iba con el fin de prepararles un lugar.[10] Así es que

[6] Mateo 10:25.
[7] Apocalipsis 13:8.
[8] Efesios 3:5, 6.
[9] Efesios 1:4.
[10] Juan 14:2.

podemos decir que la cruz, la iglesia y el cielo fueron planeados con milenios de anticipación. ¿Y será injusto pedir que el predicador piense en sus sermones por más de ocho días antes de predicarlos?

En segundo lugar, el hecho de que el predicador está dedicado a la tarea más importante del mundo exige que la desempeñe de la manera más inteligente posible. Ninguna empresa humana de categoría funciona al azar. Ningún vendedor de productos comerciales deja de trazar anticipadamente su plan de ventas. Ningún general entra a la batalla sin haber ideado ya su plan de ataque. Ningún maestro de escuela que tenga conciencia de la importancia de su trabajo dará principio a su labor sin haber formulado primero un plan de enseñanza. ¿Y el predicador, hombre en cuyas manos descansan responsabilidades eternas, se atreverá a actuar como "dispensador de los misterios de Dios" sin la proyección de plan alguno?

En cierto sentido es inevitable que el predicador proyecte un plan para su trabajo en el púlpito. Cuando menos tiene que planear lo que va a hacer el próximo domingo. ¿Por qué, pues, no hacer planes lo suficientemente comprensivos para que puedan contribuir inteligentemente al desarrollo equilibrado de la vida espiritual de las almas que han sido encomendadas a su cuidado?

A veces se objeta a esta idea de que el predicador debe formular un plan para su predicación, alegando que tal procedimiento estorbaría la dirección del Espíritu Santo. Pero esta objeción, lejos de honrar al Espíritu Divino, lo deshonra. En efecto dice que el Espíritu Santo no puede guiar al predicador con más de ocho días de anticipación. Cuando menos, por lo que a mí toca, no estoy dispuesto a admitir la validez de semejante manera de pensar.

Otra objeción que se presenta a la idea que estamos proponiendo es ésta: que la proyección anticipada de un plan de predicación maniataría al predicador. Es decir, que no le dejaría en libertad para tratar con las emergencias que se presenten de improviso en la vida de su congregación. Pero hay que recordar que si el predicador hace el plan, el predicador puede modificar el plan. Cualquier plan que se haga tendrá que ser algo flexible. Es mucho mejor tener que modificar el plan a no tener un plan que modificar. Y aunque el predicador no logre llevar a cabo su plan exactamente como lo había proyectado, encontrará que el hecho de estar predicando de acuerdo con un plan hace que su ministerio sea más eficaz de lo que de otra manera podría ser.

4. Sugestiones Prácticas Respecto a la Proyección de un Plan de Trabajo Para el Púlpito

"Cada cabeza es un mundo", y cada predicador tendrá que acercarse a este asunto a su manera. Sin embargo de ser así, es posible que las siguientes sugestiones sean de valor.

(1) Sobre todo, debe haber mucha oración y una constante dependencia del Espíritu de Dios. El propósito de cualquier plan de trabajo para el púlpito es el de satisfacer mejor las necesidades espirituales de la congregación a la cual se tiene que predicar. Pero sólo Dios sabe en realidad cuáles son estas necesidades. Por tanto, es indispensable que el predicador tenga la dirección divina. Si la busca, puede estar seguro de encontrarla, porque el Señor ha dicho: "Pedid, y se os dará; buscad, y hallaréis; llamad, y se os abrirá. Porque cualquiera que pide, recibe; y el que busca, halla; y al que llama, se abrirá".[11]

(2) Para principiar sería prudente limitarse a la proyección de un plan que abarcara un solo mes. Después de tener experiencia con dos o tres planes mensuales, el predicador podría dar un paso más y formular un plan trimestral. Después de algunos meses más, si los resultados han sido alentadores, bien podría atreverse a pensar en la proyección de un plan anual.

(3) Cualquier plan debe ser proyectado con razonable anticipación. Las cosas que se hacen a última hora pocas veces resultan bien. La sabiduría, pues, aconseja que el predicador empiece a pensar en su plan de trabajo cuando menos unos tres meses antes de la fecha en que piense ponerlo en acción. De esta manera habrá tiempo suficiente para poder elaborar un plan maduro.

(4) Antes de proyectar cualquier plan, el predicador debe revisar cuidadosamente los sermones predicados durante los

---

[11] Mateo 7:7, 8.

últimos tres o cuatro meses. Tal revisión le indicará si está cayendo en una rutina, ya sea en cuanto al contenido de sus mensajes o en cuanto a la forma, y le ayudará a determinar qué es lo que debe hacer para remediar en lo futuro las deficiencias de su labor pasada.

(5) Al empezar a pensar en su plan, el predicador debe tener presente la necesidad de mantener un énfasis equilibrado sobre los seis propósitos generales de la predicación cristiana. Aproximadamente la mitad de sus sermones deben ser evangelísticos y la otra mitad de edificación. Al mismo tiempo será necesario pensar en el énfasis particular que debe darse a cada uno de los cinco propósitos de edificación. Quizá no tenemos derecho a decir que el predicador debe abordar cada uno de estos cinco propósitos cada mes. Pero si la revisión mencionada en el párrafo anterior revela que en el lapso de tres o cuatro meses no se ha presentado, por ejemplo, un solo sermón ético, entonces el predicador debe tomar medidas para rectificar esta falta de énfasis moral en sus mensajes. La salud espiritual de cualquier congregación exige un énfasis equilibrado sobre *todos* los propósitos generales de la predicación cristiana.

(6) En la formulación de su plan, el predicador debe tener en cuenta las ocasiones especiales que caigan dentro del período bajo consideración. La época del año puede ejercer una influencia legítima en la determinación de los temas del púlpito. Esto obedece a lo que se ha llamado acertadamente "la ley de la adaptación"

> La adaptación en la predicación consiste en decir algo bueno a buen tiempo y de la manera apropiada. En el discurso pronunciado desde el púlpito debe haber propiedad de materia, propiedad de momento y propiedad de método.[12]

Entre otras cosas, esto quiere decir que si el ánimo público está ocupado en determinado sentimiento que pueda ser aprovechado para lograr que se le dé atención al mensaje de la Verdad, el predicador será sabio si tiene en cuenta este estado de ánimo al pensar en su sermón. Por ejemplo, ¿qué cosa mejor que aprovechar el noble sentimiento de patriotismo que se aviva cada año al conmemorar la independencia nacional,

---

[12] Johnson, *op. cit.*, p. 147.

para predicar un sermón que trate de la libertad espiritual?[13] Lo mismo puede decirse con respecto a la celebración tradicional de los aniversarios del natalicio y de la muerte del Señor, así como de la celebración tradicional de Año Nuevo. El hecho de que estos tres eventos son celebrados en fechas de arbitraria selección y con una historia católica romana, no debe cegarnos a las tremendas oportunidades espirituales que nos presentan. Bien pueden influir en nuestro programa de predicación.

(7) Otra sugestión muy parecida a la anterior es que el predicador debe tener en cuenta el calendario de actividades de su iglesia y las actividades denominacionales en que su iglesia coopera. Por ejemplo, algunas iglesias tienen la costumbre de observar anualmente un Día de Promoción para ascender a una clase superior a los alumnos de la escuela dominical que han alcanzado una edad determinada, y para reconocer públicamente a los nuevos maestros y oficiales que en ese día toman posesión de sus puestos. ¿No sería sabio que el predicador tuviera en cuenta esta circunstancia para proyectar un mensaje alusivo a tan significativa ocasión en la vida de su iglesia? Quizá la iglesia tiene en su calendario de actividades una semana dedicada a hacer énfasis especial sobre la buena música. ¿No sería prudente que el pastor aprovechara esa ocasión para preparar un mensaje sobre la alabanza que la iglesia debe tributar a su Señor? Muchas iglesias acostumbran celebrar en el mes de diciembre una semana de oración en pro de las misiones mundiales. ¿No será lógico pensar que con meses de anticipación el pastor debiera estarle pidiendo a Dios un mensaje misionero que presentar en relación con ese evento tan importante en la vida de su congregación?

(8) En la proyección de un plan de trabajo para el púlpito, además de todo lo que se ha dicho ya, el predicador debería pensar seriamente en la conveniencia de presentar un *curso* de sermones sobre algún libro de la Biblia o de predicar una *serie* de mensajes sobre algún tema especial.

Por un "curso" se quiere decir un número de sermones predicados de semana en semana a la misma hora, sea en la mañana o en la tarde, pero no anunciados como una serie. Este otro término "se-

[13] Véanse Isaías 61:1; Juan 8:32; Juan 8:26; Romanos 8:21; 2 Corintios 3:17 como posibles textos.

rie" se refiere a un número de sermones consecutivos predicados en la misma hora en domingos sucesivos, generalmente en la noche, y anunciados previamente como un todo unificado. La diferencia entre los dos términos consiste en que en el curso se da énfasis al sermón separado, mientras que en la serie, la importancia se da al todo. En el curso el elemento de la continuidad puede ser secundario, pero en una serie debe existir tanto la continuidad como el clímax. A diferencia del curso, el cual llama poco la atención hacia sí mismo, la serie debería ser un evento especial en la historia espiritual de la congregación.

Por regla general el pastor emplea el curso con más frecuencia que la serie. Como ministro dedicado a la instrucción de su congregación es probable que esté empeñado en algún curso prácticamente todo el tiempo. Por otra parte, puede anunciar una serie especial solamente de vez en cuando, quizá una vez cada tres meses. La teoría fundamental en el fondo de todo esto es que los eventos especiales tienen mayor probabilidad de resultar efectivos si no vienen muy seguidos. Cada uno debe brillar con luz propia. A no ser que un predicador tenga dotes muy especiales como predicador de series, encontrará que en una congregación de miembros estables, una serie tras otra tiende a ser monótona.[14]

Para un ejemplo de lo que queremos decir por un *curso* de sermones sobre algún libro de la Biblia, véanse los mensajes de F. B. Meyer en *Probado Por Fuego*.[15] Este libro es un curso de exposiciones basadas en porciones consecutivas de la Primera Epístola del apóstol Pedro.

Para una idea de las diversas posibilidades que pueden ser aprovechadas para *series* de sermones sobre temas especiales, la siguiente lista de títulos puede servir de muestra:[16]

Los Milagros de Jesús	Las Parábolas de Jesús
Las Conversaciones de Jesús	Las Oraciones de Jesús
La Oración Modelo	Las Bienaventuranzas
Grandes Hombres de la Biblia	Grandes Mujeres de la Biblia
Intercesores de la Biblia	Los Apóstatas en la Biblia
Ganadores de Almas en el A. T.	Ganadores de Almas en el N. T.
Hombres de Fe en el A. T.	Hombres de Fe en el N. T.
Mártires del A. T.	Mártires del Nuevo Testamento
Los Pactos Bíblicos	Las Fiestas de Jehová (Lev. 23)
Los Avivamientos de la Biblia	Grandes Capítulos de la Biblia
Escenas Nocturnas de la Biblia	Escenas Montañesas en la Biblia

14 Blackwood, *op. cit.*, pp. 43-44.
15 F. B. Meyer, *Probado Por Fuego*, (El Paso: Casa Bautista de Publicaciones, sin fecha).
16 Perry & Whitesell, *op. cit.*, pp. 193-195. Estos autores presentan una lista de 100 títulos para series de sermones. La lista consignada aquí es una selección tomada de este material.

Las Crisis en la Vida de Jesús	Los Oficios de Cristo
Grandes Batallas Bíblicas	Los Bautismos Bíblicos
Las Siete Iglesias de Asia	Los Galardones del Santo

Esta lista es sugestiva solamente. El predicador debe estar alerta siempre para conservar en su "semillero homilético" cada idea que se le ocurra para una posible serie de sermones. Al estar formulando un plan para su trabajo en el púlpito, debe consultar las ideas que tiene anotadas en su "Semillero", y muchas veces encontrará una sugestión que querrá utilizar.

(9) Por último, cabe sugerir que en la proyección de un programa de predicación el pastor hará bien en solicitar la cooperación de su congregación. Hay dos ventajas en esta manera de actuar. Por una parte, las sugestiones que los hermanos le den a su pastor le ayudarán grandemente para saber cuáles son las necesidades espirituales más apremiantes de su grey. Por otra parte, cuando los miembros de la iglesia saben que su ministro les tiene en cuenta al pedir sus opiniones, se sentirán estimuladas a sentir un mayor interés en los sermones que él les predique.

Hay varias maneras en que el pastor puede solicitar esta cooperación. Puede distribuir entre los miembros de la iglesia una lista de veinte o veinticinco posibles temas, pidiéndoles que le indiquen cuatro o cinco de ellos que quisieran oirle desarrollar en el púlpito. También puede repartir unas hojas de papel en blanco, suplicando a los hermanos que anoten cuáles son sus diez capítulos favoritos de la Biblia, con la oferta de preparar una serie de mensajes sobre los capítulos que reciban mayoría de votos. Otra posibilidad sería la de pedir que cada miembro de la congregación le diera una lista de textos difíciles que quisiera oir explicados en un sermón. No menos provechosa sería la idea de levantar una votación para determinar sobre cuál libro de la Biblia quisieran los hermanos que su pastor les presentara un curso de sermones.

A P E N D I C E   A

PREGUNTAS DE REPASO

Capítulo I

1. Según 2 Timoteo 4:1-6, ¿cuáles fueron los motivos con que el apóstol Pablo encareció a Timoteo la primacía de la predicación?
2. Interprete usted Marcos 3:14, 15.
3. Dése la definición de la predicación que formuló Pattison.
4. Analice usted esta definición (las tres divisiones principales).
5. ¿En qué sentido hemos de entender "la verdad divina" en relación con el material de la predicación cristiana?
6. ¿Cuáles son los cuatro tipos de discurso público que encontramos en la predicación apostólica?
7. Preséntense dos pruebas neotestamentarias de la verdad de que la meta de la predicación es la de persuadir.
8. Dése la definición de sermón que formuló Johnson.
9. ¿Cómo fueron formuladas las reglas homiléticas?
10. Indique usted cuáles son las siete demandas del sermón eficaz.

Capítulo II

1. ¿Cuáles son los cuatro rasgos fundamentales que caracterizan al predicador idóneo?
2. Desarrolle usted los dos argumentos dados en el texto en apoyo de la necesidad de que el predicador del evangelio sea un hombre convertido.
3. Pruebe usted la existencia de un ministerio cristiano especializado denominado "el ministerio de la Palabra" e indique cuáles son sus cuatro características ideales.
4. Según 1 Timoteo 3:2-7, ¿cuáles son las tres cualidades per-

sonales indispensables para el buen desempeño del ministerio de la Palabra?

5. Discuta usted ampliamente cualquiera de las tres cualidades aludidas en la pregunta anterior.

6. Indique usted cuatro razones por las cuales un llamamiento divino especial para el ministerio de la Palabra, es necesario.

7. ¿Cuáles son las cinco evidencias de la existencia, en un caso dado, de un llamamiento divino especial para el ministerio de la Palabra?

8. ¿Cuáles fueron cuatro resultados específicos de la plenitud del poder del Espíritu Santo en la actuación de los predicadores neotestamentarios?

9. Interprete usted los tres siguientes pasajes:
Efesios 5:18 — Efesios 4:30 — 1 Tesalonicenses 5:19

10. Cómo podremos ser llenos del Espíritu Santo?

Capítulo III

1. ¿Cuál es el valor de la determinación del propósito específico del sermón?

2. Indique usted cuáles son los seis propósitos generales de la predicación cristiana, explicando claramente el significado de cada uno.

3. Mencione usted las cuatro características esenciales de la predicación evangelística.

4. Discuta usted la predicación doctrinal, indicando: (1) su característica fundamental; (2) las funciones que desempeña; y (3) las cualidades que le son indispensables.

5. Distinga usted claramente entre los sermones de devoción y los sermones de consagración.

6. Respecto a los sermones éticos o morales, indique usted: (1) dos evidencias de la necesidad que hay para este tipo de sermones; (2) dos clases de temas morales; y (3) dos peligros que hay que evitar en la predicación de sermones de este tipo.

7. Discuta usted la necesidad que hay para sermones de aliento e indique cómo el predicador puede infundir ánimo a los que lo necesiten.

8. Para poder formular el propósito específico de su sermón, ¿qué es lo que el predicador necesita saber y hacer?

9. ¿Cómo puede el predicador determinar cuál es la más apremiante necesidad espiritual de su congregación?

Capítulo IV

1. Defínase el mensaje bíblico

2. Dése una definición del "texto" de un sermón, indicando cuál es su función, si es indispensable o no que cada sermón tenga un texto bíblico, y cuál debe ser la extensión del texto.

3. Indique usted cinco ventajas de la práctica de basar cada sermón en algún texto de las Escrituras.

4. Presente usted siete sugestiones respecto a la selección del texto.

5. Discuta usted el "semillero homilético", indicando su función, su importancia y algunos detalles mecánicos relacionados con su uso.

6. ¿Cuáles son los dos propósitos de la recta interpretación bíblica?

7. Indique usted cuáles son los tres requisitos indispensables para la recta interpretación de las Escrituras, pudiendo discutir ampliamente cualesquiera de ellos que le sea indicado.

8. Defina usted los siguientes: (1) tema; (2) título; (3) proposición.

9. ¿Cuáles son las tres cualidades de un buen tema?

10. Distinga usted entre la necesidad de que el tema del sermón sea *vital* y la necesidad de que sea *pertinente*.

11. Hay tres maneras legítimas de relacionar un tema con un texto. Indique usted claramente cuáles son.

12. Distinga usted correctamente entre los tres procedimientos lógicos de acuerdo con los cuales un tema puede ser inferido de un texto.

13. Hay dos maneras fundamentales para desarrollar un tema. Indique usted cuáles son, dando una explicación clara de cada una e indicando cómo afecta esto la clasificación de los sermones.

14. Discuta usted el desarrollo textual analítico, indicando sus características esenciales.

15. Distinga usted entre síntesis elemental y síntesis avanzada.

16. Defina usted el sermón expositivo.
17. Explique usted lo que es una "lectura bíblica"

Capítulo V

1. Indique usted dos peligros que entraña un énfasis sobre la forma de la predicación.
2. Presente usted un argumento en favor de la necesidad de que se le dé énfasis a la forma de la predicación.
3. ¿Cuáles son las ventajas positivas, tanto para la congregación como para el predicador mismo, que aporta el buen arreglo del sermón?
4. ¿Cuáles son las cualidades esenciales del buen arreglo de un discurso?
5. Mencione los requisitos de la unidad homilética.
6. Mencione usted dos impedimentos a la unidad de tema.
7. Especifique usted las cinco maneras posibles para formular los temas homiléticos para garantizar que la discusión "hará rumbo", indicando cómo se consigue esto en cada caso.
8. Menciónense los nueve principios de división que hemos discutido en clase.
9. Dénse las cuatro reglas para las divisiones del plan.
10. ¿Cuál es la función de la "palabra clave"
11. ¿Qué es lo que determina el número de las divisiones que un sermón determinado debe tener?
12. ¿Debe el predicador anunciar sus divisiones formalmente? En caso de ser así, ¿cómo sería mejor hacerlo?
13. ¿Qué es lo que se quiere decir por "movimiento progresivo" en el sermón?
14. Indique usted cuáles son las tres funciones de la introducción del sermón.
15. Diga usted las cinco cualidades que debe tener una buena introducción.
16. ¿Cuáles son algunas de las principales fuentes de las cuales el predicador puede obtener material para la introducción de sus sermones?
17. ¿Cuáles son los cuatro requisitos del sostenimiento del movimiento progresivo del sermón?
18. Mencione cinco de los siete posibles tipos de orden que pueden ser utilizados.

19. Discútase la importancia de la conclusión del sermón.
20. Mencione los elementos que pueden entrar en la conclusión del sermón.
21. Distinga usted entre (1) hacer una invitación y (2) pedir una manifestación.
22. ¿Cuáles son las cinco características de una buena invitación?

Capítulo VI

1. Distíngase claramente entre el arreglo y la elaboración del sermón.
2. Clasifique usted los materiales de elaboración que necesita el sermón eficaz.
3. ¿Por qué son necesarios los materiales que apelan al entendimiento?
4. ¿Cuál es la esfera triple de los materiales que apelan al entendimiento?
5. Indique usted cuáles son las cinco auxiliares que facilitan la apelación al entendimiento.
6. ¿Cómo puede el predicador cultivar sus poderes de razonamiento?
7. Discuta usted la naturaleza esencial del razonamiento en la predicación.
8. Distinga usted claramente entre razonamiento deductivo, inductivo y por analogía.
9. Indique usted la naturaleza esencial de los siguientes tipos de argumento: *a fortiori,* dilema, *ad hominem* y reducción al absurdo.
10. Dénse siete sugestiones prácticas acerca de la argumentación en la predicación.
11. ¿Cuáles son las tres necesidades humanas básicas y cómo se relacionan éstas con nuestros instintos fundamentales?
12. ¿Qué funciones desempeña la conciencia?
13. ¿Qué material es el más apropiado para redargüir la conciencia humana?
14. Indique usted dos extremos que hay que evitar en relación con la apelación a los sentimientos.
15. ¿Cuál es la función doble que desempeña la apelación a las emociones en la predicación?

16. Mencione usted tres medios propios para tocar los resortes emotivos de la congregación.

17. ¿Qué advertencia importantísima tenemos que hacer en relación con la apelación a las emociones?

18. Discuta usted la importancia de la ilustración en la predicación.

19. Mencione usted nuevos tipos de ilustración.

20. ¿Cuáles son las ventajas prácticas del empleo de la ilustración en la predicación?

21. Mencione usted las cualidades esenciales de una buena ilustración.

22. Indíquense algunas advertencias oportunas respecto al uso de la ilustración en la predicación.

23. ¿De cuáles fuentes puede el predicador obtener sus materiales de elaboración?

24. ¿Qué cualidades de estilo deben ser cultivadas por el predicador?

25. ¿Cómo puede el predicador lograr un estilo claro en su sermón?

26. Indique cuatro maneras propias para lograr la cualidad de la energía en nuestra predicación.

27. Dénse cuatro sugestiones prácticas para aumentar el interés humano de nuestros sermones.

Capítulo VII

1. ¿Qué queremos decir por "la comunicación persuasiva"?

2. Indique usted cuáles son los dos factores principales que influyen en la comunicación persuasiva del sermón.

3. Menciónense los tres aspectos abarcados por la preparación cabal que el predicador debe hacer para cada ocasión en que tenga que predicar.

4. ¿Qué dos cosas son incluidas bajo el aspecto físico de esta preparación?

5. Discuta usted la preparación emocional del predicador, indicando: (1) su importancia y (2) la manera de obtenerla.

6. Menciónense los diez pasos que tienen que ser dados en una preparación homilética cabal.

7. ¿Cuáles son los cuatro métodos que se pueden emplear en la presentación de un sermón?

8. Indique usted cinco ventajas positivas del método de predicar sin depender de un manuscrito o aun de notas extensas.

9. ¿Por qué es importante que el predicador cultive buenos hábitos en cuanto al uso de la voz?

10. ¿Cuáles son las cuatro cualidades de una buena voz?

11. Describa usted el proceso fisiológico de la producción de la voz, indicando claramente cuáles son sus cinco movimientos fundamentales.

12. Indique cómo las cuatro cualidades de una buena voz tienen relación con los cinco movimientos de la producción de la voz.

13. Indique usted algunas medidas prácticas que el predicador puede tomar para disminuir en algo los efectos de una mala acústica.

14. Discuta usted "la acción" en el púlpito, indicando: (1) su importancia en relación con la comunicación de ideas y sentimientos; (2) peligros que hay que evitar; y (3) los principios fundamentales que deben guiar al predicador en relación con ella.

15. ¿Qué dos consideraciones afectan la preparación de un ambiente propicio para la persuasión?

16. Discuta usted la responsabilidad del predicador en relación con cualquiera de los siguientes elementos del culto de adoración pública: (1) el canto congregacional; (2) la oración; (3) la lectura de las Escrituras; y (4) la ofrenda.

17. Mencione usted seis detalles físicos que afectan en algo la comunicación persuasiva del sermón.

Capítulo VIII

1. ¿Por qué incluimos la cuestión de la variedad de semana en semana en nuestra lista de las demandas del sermón eficaz?

2. Discútase la necesidad de la variedad en nuestra predicación.

3. Indique usted en forma de bosquejo cuán grande es la posibilidad de variar nuestros sermones.

4. ¿Cuál es el "gran secreto" de la variedad en la predicación?

5. Refute usted las principales objeciones en contra de la

idea de la proyección de un plan para nuestro trabajo en el púlpito.

6. Indique usted tres razones positivas que exigen la proyección de un plan para nuestra predicación.

7. Mencione usted los nueve principios generales que deben guiar al predicador en la proyección de un plan para su trabajo en el púlpito.

APENDICE B

EJERCICIOS
PARA LA VIGORIZACION DE LA VOZ

Dos Palabras del Autor: Como el material consignado en este apéndice es de índole técnica, me he sentido obligado a consultar varias fuentes autorizadas para poder presentar a mis lectores las sugestiones más prácticas posibles. Con el doble fin de dar justo reconocimiento a los autores consultados y de recomendar sus libros al estudiante que desee ampliar más sus conocimientos de los asuntos aquí tratados, me permito decir lo siguiente:

Los diagramas que ilustran el mecanismo fisiológico de la respiración diafragmática (costal-abdominal), la acción de la glotis en la fonación y el conjunto de órganos que intervienen en dicha fonación, la amplificación y la articulación, fueron tomados del excelente libro *Reaching People From the Pulpit* (Llegando Hasta el Pueblo Desde el Púlpito) por Stevenson and Diehl (New York: Harper and Brothers Publishers, 1958).

Los ejercicios de respiración costal-abdominal, de tonicidad muscular y de resonancia representan una selección y adaptación de material encontrado en *Arte Cristiano de la Predicación* por Angel M. Mergal (México: Casa Unida de Publicaciones, 1951) y *El Arte de Hablar en Público* por N. D. Lafuerza (Buenos Aires: Editorial Hobby, 1951). Este último libro es lo mejor que he encontrado en español sobre el tema general que trata. Presenta una discusión muy amplia de la vigorización de la voz, basada toda en la vasta experiencia del autor con numerosas clases en diferentes países de la América Latina. No vacilo en recomendar este libro como un magnífico texto para el estudio del arte de hablar en público *desde un punto de vista meramente secular*.

Los destrabalenguas que se encuentran en los ejercicios de

articulación son tomados del libro *Hacia la Elocuencia* por
Héctor Pereyra Suárez (México: Impresiones Modernas, S. A.,
1958). Hago notar sin embargo que parte de ellos se encuentran también en *Manual de Pronunciación Española* por T.
Navarro Tomás (Madrid: Publicaciones de la Revista de Fi-
lología Española, 1953).

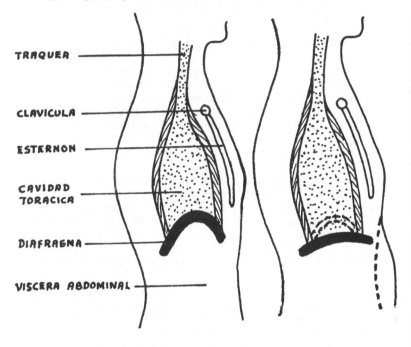

ESPIRACION　　　ASPIRACION

**Figura No. 1 La Respiración Diafragmática. En el esquema del lado
izquierdo se puede apreciar la posición normal del diafragma en
la espiración. En el esquema del lado derecho su posición normal
en la aspiración. Obsérvese que para aspirar, el diafragma se extiende hacia abajo. Este movimiento disminuye la presión atmosfé-
rica dentro de la cavidad toráxica haciendo posible la introducción
de aire a los pulmones. Al mismo tiempo hace que el abdomen se
ensanche. En la respiración correcta el abdomen se ensancha tanto
o aún más que el mismo pecho.**

Figura No. 2 La posición respectiva de la glotis, durante la fonación, el cuchicheo y la respiración.

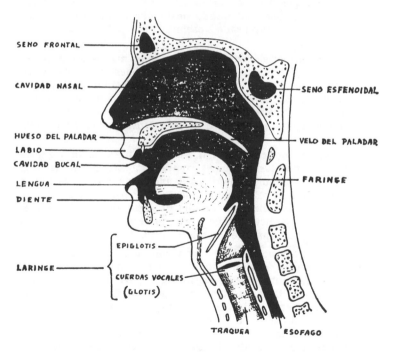

Figura No. 3 Sección vertical de la cabeza y del cuello indicando la posición respectiva de los órgano de fonación, amplificación y articulación.

I. Ejercicios de Respiración Diafragmática
o sea Costal - abdominal

1. En pie en posición de reposo. Póngase la palma de la mano derecha sobre el vientre, y la de la izquierda sobre el costado. Al respirar, note el abultamiento del vientre y la acción de las costillas. Téngase cuidado de no encogerse de hombros y de respirar por la nariz, no por la boca.

2. En pie en posición de firmes y con las manos sobre la cadera. Aspire el aire lentamente por las narices hasta llenar completamente los pulmones. Luego, sin hacer ningún sonido, deje escapar el aire lentamente por la boca. Procure que la espiración sea controlada por la acción del diafragma. Siga exhalando hasta que la presión del diafragma haya expulsado absolutamente todo el aire de los pulmones.

3. En pie en posición de firmes y con las manos sobre la cadera. Aspire hasta llenar los pulmones completamente. Luego, de manera pausada empiece a contar y siga contando hasta donde pueda sin tener que tomar aliento nuevamente. Repítase varias veces. Tenga cuidado de que el diafragma ejerza una presión lenta y continua hacia arriba.

4. En pie en posición normal para hablar en público. Aspire hasta llenar los pulmones completamente. Luego empiece a leer el Salmo Primero, siguiendo hasta tener que tomar nuevo aliento. Es posible que la primera vez no alcance a llegar más allá que "la silla de escarnecedores". Pero si repite el ejercicio diariamente, no será imposible llegar a leer todo el salmo de un solo aliento.

5. En pie en posición de firmes y con las manos sobre la cadera. Aspire profundamente hasta llenar los pulmones completamente. Luego, en forma explosiva y con energía moderada, diga: Ja - je - ji - jo - ju. Al pronunciar cada sílaba, en vez de que el diafragma empuje hacia arriba con un movimiento lento y continuo, haga que se contraiga bruscamente, como si los músculos del abdomen estuvieran bombeando el aire hacia afuera. Repita el ejercicio con un gradual aumento de fuerza al pronunicar las sílabas indicadas.

II. Ejercicios de Tonicidad Muscular

1. En pie en posición de firmes, pero con la cabeza ligeramente inclinada hacia adelante. Afloje los músculos de la quijada y del cuello. Luego mueva la quijada vigorosamente de lado a lado hasta sentirla columpiar libremente con todos los músculos en un estado de aflojamiento. Deje que el movimiento sea regido por los músculos del cuello. El objeto de este ejercicio es el de permitirle experimentar la sensación que es producida cuando los músculos de la quijada están en un debido estado de aflojamiento.

2. Manteniendo la misma posición indicada arriba, con la cabeza ligeramente inclinada hacia adelante y la quijada en un estado de aflojamiento, bostece varias veces.

3. Manteniendo todavía la misma posición, pronuncie pausadamente las cinco vocales: a - e - i - o - u. Aspire profundamente, y pronuncie largamente cada vocal, procurando que la garganta esté abierta. No se preocupe por el volumen. Piense en cada sonido como si fuera una larga cinta que va saliendo suavemente de la boca.

La práctica diaria de estos ejercicios ayudarán al alumno a aprender a hablar con "una garganta abierta", es decir, con los músculos de la laringe en un verdadero estado de tonicidad. La principal causa de la ronquera y de la aspereza en la voz consiste precisamente en una excesiva tensión de estos músculos.

Cuando el predicador siente que la voz se le empieza a poner ronca, hará bien en detenerse momentáneamente, espirar hasta sacar todo el aire de los pulmones, aspirar profundamente y obligarse a aflojar totalmente los músculos del cuello y de la quijada. Este aflojamiento momentáneo de dichos músculos hará maravillas en la eliminación de la ronquera.

III. Ejercicios de Resonancia

1. En pie en posición de firmes. Aspire profundamente y luego mientras susurra suavemente, deje escapar el aire de los pulmones expeliéndolo a través de la cavidad nasal, es decir, mantenga los labios cerrados mientras sostiene el

sonido de la letra "m". Permita que la quijada baje hacia el pecho e incline la cabeza ligeramente hacia adelante. Con la cabeza en esta posición piense en las cavidades nasales y procure expeler el sonido al través de las fosas nasales. Haga esto repetidas veces, no muy fuerte y teniendo cuidado de sostener el tono lo más que se pueda. Debe oir y sentir la vibración en la cavidad nasal.

2. Repítase el ejercicio anterior. Esta vez empiece a susurrar suavemente y vaya aumentando el volumen progresivamente. Alterne el murmullo con palabras en las cuales predominan las consonantes labiodentales como sigue:

m - m - m - m - ma - ma - mía
m - m - m - m - bo - la - bo - la
m - m - m - m - vie - ne - la - bo - la
m - m - m - m - mues - tra - mel - ti - ro
m - m - m - m - ti - ra - la - bo - la.

Repítase este ejercicio varias veces procurando aumentar progresivamente el volumen y la intensificación de las vibraciones en las cavidades bucal y nasal.

3. Léase varias veces la siguiente oración dándole a la "n" una repercusión nasal.

NIÑA NIEVAS NIETA DE DOÑA NEMESIA NO TIENE AFICION A JUEGO DE MUÑECAS Y COCINAS, PERO SIENTE GRAN PREDILECCION POR EL VIOLIN Y EL ACORDEON.

IV Ejercicios de Articulación

1. En pie en posición de firmes. Respire teniendo cuidado de hacerlo en la forma correcta ya indicada. Luego diga en voz clara lo siguiente:

Ba - be - bi - bo - bu
Ca - que - qui - co - cu
Cha - che - chi - cho - chu
Da - de - di - do - du
Fa - fe - fi - fo - fu, etc., hasta terminar

de usar cada consonante del alfabeto con cada una de las

cinco vocales. Si el predicador dedica unos 10 minutos diarios a este ejercicio en voz alta, empezará a eliminar muchos de los defectos más radicales de cualquiera mala pronunciación.

2. Lea con la mayor rapidez posible, sin faltar a la enunciación clara y distinta, las siguientes oraciones:
RETUMBA EL TRUENO CON TRAGICA Y TETRICA REPERCUSION, — REPITIENDO SU ECO CON RESONANCIA PROLONGADA. — LALO ES LEAL A LOLA PERO LOLA LO RELEGA AL OLVIDO.

3. De igual manera léanse los siguientes destrabalenguas:

1). Pedro Pérez Castro Calvo de la Villa; Pedro Pérez Castro Calvo de Sevilla, Pedro Pérez Castro Calvo de Aragón; ¿cuál de estos tres Pedros Pérez Castro Calvo conozco yo?

2). A Juan Crima le dio grima
al quemarse ayer con crema.
Zulema dijo: "No quema
si la comes por encima",
y tiene razón Zulema,
mucha crema come Crima.

3). Paco Pico, cura rico,
afirma que poco peca
prestando al catorce y pico
porque al quince presta Meca,
y ayer le dijo un babieca:
"Pecas poco Paco Pico".

4). Buscaba el bosque Francisco
un vasco bizco muy brisco,
y al verlo le dijo un chusco:
"Busca el bosque, vasco bizco".

5). Magdalena de Magdeburgo
con gran magnanimidad
hizo un magnífico ramo
para el magno general.

6). Me han dicho que has dicho
(un dicho
que han dicho que he dicho yo;
el que lo ha dicho, mintió
y en caso que hubiese dicho
ese dicho que tú has dicho
que han dicho que he dicho yo,
dicho y redicho quedó,
y estaría muy bien dicho
siempre que yo hubiera dicho
ese dicho que tú has dicho
que han dicho que he dicho yo:

7). Yo quiero que tú quieras
que yo te quiera
como querría quererte
si me quisieras;
y aunque no quieras,
te querré porque quiero
que tú me quieras.

8). Al decir lo que dices
te contradices
porque dices que dices
lo que no dices;
y si lo dices,
desdices lo que has dicho
con lo que dices.

9). Estando Curro en un corro
con Esquerra y con Chicorro,
dice: "Amigos yo me escurro";
en un carro ve a Socorro
y hacia el carro corre Curro

10). El cielo está encapotado
¿Quién lo desencapotará?
El que lo desencapote
buen desencapotador será.

11). Si su gusto gustara del gusto que gusta mi gusto, mi gusto
gustaría del gusto que gusta su gusto; pero como su gusto no
gusta del gusto que gusta mi gusto, mi gusto no gusta del
gusto que gusta su gusto de usted.

12). Va rico coco comiendo
y escapa Pepe Pereyra;
lo atrapa papá Patricio
y brama mamá Mamerta

13). María Chucena su choza
(techaba;
un techador que atento
la acechaba le dijo:
—¿Qué haces María Chucena?
¿Techas tu choza
o techas la ajena?
—No techo mi choza ni techo la
(ajena,
techo la choza de María
(Chucena

APENDICE C

EL ARCHIVO HOMILETICO

Una de las demandas del sermón eficaz es una elaboración adecuada. Para que la verdad bíblica central del sermón produzca cambios espirituales en los oyentes, el predicador necesita reforzarla con explicaciones, argumentos, ilustraciones, aplicaciones prácticas y apelaciones a la voluntad. Esta es una tarea difícil. Y cuando recordamos que un pastor atareado tiene que hacer tal cosa varias veces por semana, año tras año, comprendemos que se enfrenta con un reto formidable. En tales circunstancias, ¿cómo logrará que sus mensajes sean siempre interesantes y provechosos?

Aparte de la triple necesidad de tener una íntima comunión diaria con Dios, de conocer a fondo las necesidades de su congregación y de mantener una disciplina semanal de estudio, es indispensable que el predicador tenga algún sistema de archivar que le permita disponer oportunamente de los frutos de su estudio y de su observación. Sólo así podrá evitar que sus sermones estén cargados de aburridas repeticiones e insípidas generalidades.

Las Cualidades de un Buen Sistema

Cada predicador tendrá que escoger el sistema que mejor se adapte a su personalidad y a las demandas de su ministerio particular. Pero al seleccionar o elaborar su propio sistema, conviene que tenga las siguientes cualidades:

1. *La sencillez*. El manejo provechoso de cualquier sistema exigirá cierta inversión de tiempo y trabajo. Si se cuenta con los servicios de un secretario, ¡qué dicha! Pero como la mayoría de nosotros no contamos con tal ayuda, nos conviene un sistema de archivar que sea sencillo. Y si confiamos en la maravillosa ley mental de la asociación de

ideas, veremos que es posible elaborar un plan que satisfaga nuestras necesidades sin maniatarnos a procedimientos complicados.

2. *La flexibilidad*. El sistema adoptado debe prestarse tanto para agregarle materiales nuevos como para quitarle aquellos materiales cuya utilidad haya caducado.

3. *La economía*. Debe ser posible iniciar y mantener el sistema con poco dinero. No debe exigir el empleo de materiales que no estén disponibles en el mercado local o que no puedan ser elaborados en casa.

Un Archivo Doble con Doble Clasificación

Para elaborar un sistema de archivar que facilite al máximo el encuentro oportuno del material que más se necesite en un momento dado, hay dos cuestiones preliminares que resolver. La primera es una cuestión de forma: ¿En qué forma física guardaré el material? La segunda es una cuestión de fondo: ¿Cómo clasificaré el material?

En cuanto a la conservación física de los materiales, las principales posibilidades son dos: (1) en hojas sueltas de papel tamaño carta, y (2) en tarjetas o papeletas de una medida menor, como, por ejemplo, de quince por diez centímetros. La ventaja de las hojas tamaño carta es que les caben apuntes más extensos. Por otra parte, la tarjeta o papeleta se presta mejor para la anotación de citas o datos breves que el predicador quiera llevar en su Biblia para leer desde el púlpito.

En cuanto a la manera de clasificar los materiales conservados, también existen dos posibilidades: (1) de acuerdo con el tema o asunto tratado, y (2) de acuerdo con el pasaje bíblico con el cual el material tenga estrecha relación. Ambos principios de clasificación son útiles.

Una juiciosa combinación de estas cuatro posibilidades dará por resultado un archivo doble con doble clasificación. Veamos algunos detalles.

El Archivo para Hojas Sueltas

En esta parte del archivo doble se conserva una variedad de materiales: recortes, artículos tomados de revistas, apuntes diversos, material reproducido a mimeógrafo, folletos, bosquejos de sermones o de estudios bíblicos y manuscritos breves.

Los materiales que se relacionan mejor con la interpretación y exposición de las Escrituras deberán colocarse en carpetas rotuladas según el libro bíblico correspondiente. Estas carpetas se archivarán en orden alfabético (véase la figura #1), y el contenido de cada carpeta se ordenará consecutivamente por capítulos y versículos.

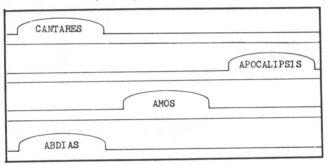

Figura # 1

Después de algún tiempo es probable que usted tendrá material útil que archivar para cada libro de la Biblia. Pero no se preocupe si todavía no es así. Basta con que vaya agregando carpetas para los distintos libros al paso que sus estudios lo ameriten.

En el caso de los libros más extensos de la Biblia, es posible que llegue el día en que el material acumulado no quepa bien en una sola carpeta. Cuando así suceda, reparta el material entre dos o más carpetas. Rotule cada carpeta de modo que se vea tanto el nombre del libro como los capítulos que le corresponden a cada carpeta. Por ejemplo: *Juan, Capítulos 1—12; Juan, Capítulos 13—21.*

Los materiales que se relacionan mejor con el estudio de temas especiales deberán colocarse en carpetas rotuladas según el tema correspondiente. Estas carpetas se archivarán en orden alfabético (véase la figura #2). El orden del material guardado en cada carpeta no importará mucho al principio. Pero cuando aumente considerablemente, convendría agrupar las hojas de acuerdo con las subdivisiones lógicas del tema.

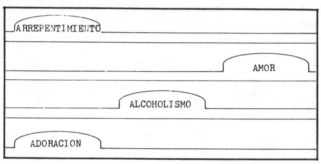

Figura # 2

Tomemos como ejemplo el tema "Espíritu Santo". Cuando comience a aumentar el material acumulado sobre este tema, se podría subdividir en grupos como sigue: Espíritu Santo—Su Deidad y Personalidad; Espíritu Santo—Su Obra en la Salvación; Espíritu Santo—Sus Dones; Espíritu Santo—Su Plenitud. Y si es bastante el material, se le podría dar a cada una de estas subdivisiones su propia carpeta.

No es recomendable que uno procure incluir todos los posibles temas de estudio en su archivo. Debería empezar únicamente con aquellos que juzgue más importantes para la efectividad inmediata de su ministerio. Con el tiempo podrá subdividir algunos temas y agregar otros. Para dar una idea

de las múltiples posibilidades, presentamos la siguiente lista
parcial. Los temas que llevan asterisco (*) probablemente
tendrían que ser subdivididos con el tiempo.

Posibles Temas de Estudio

Administración
Adoración*
Alabanza
Alcoholismo
Amor
Angeles
Ansiedad (Preocupaciones)
Apostasía
Apóstol
Arqueología
Arte
Arrepentimiento
Autoridad
Avivamiento
Ayuno
Bautismo
Bautistas[1]
Biblia*
Catolicismo Romano
Celibato
Cena del Señor
Cielo e Infierno
Ciencia y Religión
Comunión
Comunismo
Conciencia
Conversión
Creación

Credos
Cristo*
Cruz
Dedicación
Denominaciones*
Denuedo
Derrota
Desarrollo Espiritual
    (Discipulado)
Día del Señor
Diablo y Demonios
Diácono
Días Especiales*
Diezmo
Dios*
Disciplina
Dispensacionalismo
Divorcio
Drogas
Duda
Educación Religiosa*
Educación Secular
Elección
Encarnación
Enseñanza*
Escatología*
Espíritu Santo*
Estudios Demográficos

---

[1] Los lectores no bautistas probablemente querrán omitir este tema, sustituyéndolo
por el nombre de su propia denominación en el sitio alfabético correspondiente de
su archivo.

Evangelio
Evangelización*
Familia (Hogar)*
Fe
Fidelidad
Filosofía
Glorificación
Gobierno Civil
Gozo
Gratitud (Acción de Gracias)
Guerra
Hambre
Hermenéutica
Himnología
Hombre (Persona Humana)
Humildad
Idolatría
Iglesia*
Incredulidad
Inspiración
Instintos
Ira
Judaísmo*
Justicia
Justificación
Juicio
Juventud
Lenguas
Ley y Legalismo
Libertad
Libre Albedrío
Materialismo
Matrimonio
Mayordomía*
Milagros
Milenio

Ministerio Cristiano
        General
Ministerio Pastoral
Misiones*
Muerte
Mujer
Música Sagrada
Navidad
Niñez
Obediencia
Oración*
Ordenación
Paciencia
Pactos
Parábolas
Patriotismo y Nacionalismo
Paz
Pecado*
Perdón
Persistencia
Pobreza
Poesía
Predicación*
Prejuicios
Problemas Sociales*
Profecía Mesiánica
Profeta
Providencia
Reconciliación
Redención
Regeneración
Reino de Dios
Religiones No Cristianas*
Resurrección
Revelación
Riqueza

Sábado y Sabatismo
Sacerdocio
Sacramento
Sacrificio
Salvación*
Sanidad Divina
Santidad
Sectas*
Segunda Venida del Señor
Seguridad
Sexo
Soledad
Sufrimiento
Suicidio

Tabaco
Tabernáculo y Templo
Temor
Tentación y Prueba
Teología*
Testimonio
Tiempo
Tipología Bíblica
Trabajo
Trastornos Emocionales*
Unidad Cristiana
Vida Eterna
Vocación
Voluntad Divina

El Fichero para Tarjetas o Papeletas

La segunda parte del Archivo Doble de Doble Clasificación es el fichero para tarjetas o papeletas. Este se presta especialmente para la conservación de los frutos de la observación o del estudio personal, así como de los materiales encontrados en revistas y libros prestados, o aun en libros que forman parte de la biblioteca de uno mismo.

Para conservar el material, se transcribe en una tarjeta o papeleta de medida conveniente[1] y se le rotula de acuerdo con el asunto tratado o el pasaje bíblico con que se relaciona. Si no se trata de un pensamiento o estudio propio, se indica la procedencia del material. Veamos algunos ejemplos.

Estando en la Ciudad de México, conviene que uno visite la Biblioteca Juárez, ubicada en el Palacio Nacional. Sobre una puerta interior de dicha biblioteca está puesta en letras de bronce parte de una carta que el presidente Juárez escribió el 25 de agosto de 1865 a su yerno, don Pedro Santacilia.

---

[1] Las tarjetas son más durables que las papeletas. La medida aproximada de 10 cms. x 15 cms. ofrece una superficie bastante amplia para la transcripción de notas. Esta medida se halla disponible en la mayoría de las papelerías.

México vivía los días más inciertos de la intervención francesa. No faltaban personas que pensaran que sólo una intervención norteamericana podría echar fuera a los franceses. Ante esa situación Juárez escribió las líneas a que nos referimos. El sentimiento que expresó no puede menos que llamar poderosamente la atención de un pastor que anhela que su iglesia sostenga su propio trabajo sin depender de subvenciones económicas procedentes del extranjero. Así es que el visitante hará bien en tomar nota para transcribir sus apuntes después como sigue.

MAYORDOMIA CRISTIANA

"TODO LO QUE MEXICO NO HAGA POR SI MISMO PARA SER LIBRE, NO DEBE ESPERAR, NI CONVIENE QUE ESPERE, QUE OTROS GOBIERNOS U OTRAS NACIONES HAGAN POR EL."

Palabras tomadas de una carta escrita por el Presidente Juárez el 25 de agosto de 1865 desde El Paso del Norte, Chihuahua, y dirigida a su yerno, don Pedro Santacilia quien se hallaba en Nueva York. Se halla la cita en letras de bronce sobre una puerta interior de la Biblioteca Juárez en el Palacio Nacional, sobre el Zócalo en la Ciudad de México.

La llamada "Traducción del Nuevo Mundo de las Sagradas Escrituras", publicada por los Testigos de Jehová, traduce el primer versículo del Evangelio de Juan como sigue: "En (el) principio la Palabra era, y la Palabra estaba con Dios, y la Palabra era un dios." Esta incalificable adulteración de la Palabra de Dios me obligó a hacer un estudio personal que después transcribí en una tarjeta de la siguiente manera:

CRISTO, Deidad de (Juan 1:1c)

Y el Verbo era Dios. Declaración más enfática de la deidad absoluta de Jesucristo no puede encontrarse. Véanse Ro. 9:5; 1 Ti. 3:16; Tit. 2:13; He. 1:8; 2 P. 1:1 y 1 Jn. 5:20.

En vano pretenden los falsos "Testigos de Jehová" con su Biblia adulterada que aquí se debe traducir: "Y la Palabra era un dios." Tal modo de traducir acusa una de dos cosas: ignorancia o perversidad.

En el griego el orden textual de la frase es "Dios era el Verbo". El sustantivo "Dios" aparece *sin artículo* y *antes del verbo.* Todo estudiante elemental del griego sabe que en tales construcciones el sustantivo indica cualidad más bien que identidad, y que su colocación antes del verbo hace más enfática la declaración. Por tanto, la forma inspirada en que Juan escribió era la más indicada para hacer especial énfasis sobre la esencia divina del Verbo, y la traducción de nuestra Versión de Valera resulta intachable.

¿Se habrá preguntado usted alguna vez por qué Jonás no quiso ir a Nínive, y por qué, cuando Dios bendijo su predicación con el arrepentimiento de la ciudad entera, se apesadumbró en vez de regocijarse? Entonces es posible que la siguiente cita de un conocido libro de consulta le ayude a resolver el enigma. De ser así, merece ser incluido en su archivo.

> ## ASIRIA, Crueldad de
>
> Fue política asiria desterrar a los pueblos vencidos, a otros países, para así destruir su solidaridad nacional y hacerles más fáciles de sojuzgar. Los asirios eran grandes guerreros. Siempre andaban en incursiones y asaltos. En aquel entonces casi todas las naciones vivían del saqueo, y los asirios parecen haber sido de los peores. Levantaron su imperio con el botín de otros pueblos. Eran crueles. Desollaban vivos a sus prisioneros, les cortaban las manos, pies, orejas o narices; o les arrancaban los ojos o la lengua, y levantaban montones de cráneos humanos, todo para inspirar terror.
>
> H. H. Halley, *Compendio Manual de la Biblia* (Chicago: Editorial Moody, sin fecha), pág. 195.

En nuestro mundo moderno la tensión nerviosa constituye un serio problema. Así es que me interesó bastante la siguiente anécdota que apareció en el boletín semanal de la iglesia a la cual actualmente pertenezco.

TENSION NERVIOSA, Cómo Mitigarla

Al eminente psiquiatra, el Dr. Gualterio Menninger, se le preguntó sobre lo que hacía para mitigar las tensiones inherentes a su trabajo. Su respuesta fue: "Participo en los ensayos del coro de mi iglesia. Tengo un horario agotador que empieza a las 7:30 A.M. y sigue hasta las 6:00 P.M. No sé si el secreto está en el compañerismo, o en la música, o en la oportunidad para expresarme como parte de algo hermoso, o si consiste en la conciencia de estar involucrado en algo que es sagrado. No sé. Pero si fuera posible embotellar el efecto, se vendería mejor que el más conocido tranquilizante."

Tomado de "Notas Musicales" por el Dr. W. J. Reynolds, Director de Música de la Iglesia Bautista Gambrell Street, Fort Worth, Texas, E.U.A. en el boletín correspondiente al 26 de noviembre de 1981. Traducción mía.

Hace poco encontré un libro sobre diversos aspectos de la vida cristiana un breve capítulo sobre la adoración. Me ayudó particularmente el análisis que el autor hizo de los elementos fundamentales de la adoración a Dios. Y como el autor los presentó en forma ascendente, decidí conservar su percepción para referencia futura bajo el concepto de "niveles" de la adoración. La tarjeta que redacté quedó como sigue.

ADORACION CRISTIANA, Niveles de

A. W. Tozer señala cuatro elementos progresivos de la adoración a Dios: (1) acción de gracias; (2) admiración; (3) asombro o maravilla; y (4) amor extático.

A. W. Tozer, *Ese Increíble Cristiano* (Harrisburg, PA: Christian Publications, Inc., 1979), págs. 123-129.

Los cinco ejemplos dados arriba ilustran distintos tipos de material que pueden ser conservados en el fichero para tarjetas: (1) los frutos de la observación; (2) estudios bíblicos breves; (3) citas textuales tomadas de libros de consulta; (4) datos interesantes encontrados en fuentes efímeras; y (5) resúmenes concisos de discusiones más extensas.

Los Dos Indices del Fichero

Las tarjetas archivadas en el fichero se reparten entre dos índices alfabéticos. El primero se emplea para guardar lo que se relaciona con distintos temas o asuntos. Por ejemplo, de las cinco tarjetas arriba descritas, todas menos una le corresponden a este índice. La primera debería colocarse bajo la letra "M", la tercera y la quinta bajo la letra "A", y la cuarta bajo la letra "T".

En el índice para asuntos de mi propio fichero, bajo la letra "A", a la fecha tengo guardadas cuarenta y cuatro tarjetas, como sigue: Adopción - 1; Adoración - 8; Adversi-

dad - 1; Alcoholismo - 4; Amor - 11; Analfabetismo - 1;
Ansiedad - 1; *Apanggello* (voz griega) - 1; *Apeitho* (voz
griega) - 2; Apóstol - 3; Asiria - 1; Astronauta - 1; Atletismo -
1; Autoridad - 1; Ayuno - 4; y Aztecas - 3. Cuando tengo
varias tarjetas sobre el mismo asunto, las junto con una liga o
con un sujetapapeles.

El segundo índice del fichero se emplea para archivar el
material que se relaciona directamente con pasajes bíblicos.
Volviendo a las cinco tarjetas ya descritas, es cierto que la
segunda trata del tema de la Deidad de Cristo. Pero como
discute directamente la traducción correcta de Juan 1:1, es
mejor guardarla en el índice para pasajes bíblicos, colocándo-
la bajo la letra "J".

En este índice los libros de la Biblia se incluyen en orden
alfabético. Por ejemplo, bajo la letra "A" se colocan las
tarjetas para Abdías, Amós y Apocalipsis. Las tarjetas para
cada libro se ordenan por capítulos y versículos. Cuando son
varias, conviene sujetar las tarjetas correspondientes a cada
libro con una liga.

Una Palabra Final

La siguiente exhortación apostólica tiene aplicación a la
formación y al uso de un archivo homilético. "Llevad a cabo
vuestra propia salvación con temor y temblor" (Fil. 2:12b,
Versión Hispano-Americana.)

Si usted no tiene ningún sistema de archivar, esperamos
que las ideas aquí expuestas le ayuden a establecer uno que se
adapte a su personalidad y a las demandas de su ministerio.
Si ya tiene un sistema, pero no le satisface, tal vez algún
concepto aquí presentado le sugiera modificaciones que
pueda aprovechar sin desperdiciar los buenos materiales que
ya tiene acumulados.

BIBLIOGRAFIA SELECTA

Obras en Español

Anderson, Justo C. *Manual de Homilética para Laicos.* Buenos Aires: Junta Bautista de Publicaciones, Tercera edición, 1979.

Barth, Karl. *La Proclamación del Evangelio.* Salamanca: Sígueme, 1969.

Blackwood, Andrés W. *La Preparación de Sermones Bíblicos.* El Paso: Casa Bautista de Publicaciones, Sexta edición, 1981.

Broadus, Juan A. *Tratado sobre la Predicación.* El Paso: Casa Bautista de Publicaciones, Novena edición, 1981.

Brown, H. C. *Sus Sermones: Cómo Prepararlos y Comunicarlos.* El Paso: Casa Bautista de Publicaciones, Tercera edición, 1982.

Costas, Orlando E. *Comunicación por Medio de la Predicación.* San José, Costa Rica: Editorial Caribe, 1973.

Crane, James D. *Manual para Predicadores Laicos.* El Paso: Casa Bautista de Publicaciones, Octava edición, 1984.

Franco, José Santander. *Homilética: Un Curso Programado.* Asunción: Instituto Teológico Bautista, 1973.

Hawkins, Tomás. *Homilética Práctica.* El Paso: Casa Bautista de Publicaciones, Séptima edición, 1983.

Johnson, Herrick. *El Ministerio Ideal.* México: Casa Presbiteriana de Publicaciones, 1940.

Lafuerza, N. D. *El Arte de Hablar en Público.* Buenos Aires: Editorial Hobby, 1951.

Mergal, Angel M. *Arte Cristiano de la Predicación.* México: Casa Unida de Publicaciones, 1951.

Pereyra Suárez, Héctor. *Hacia la Elocuencia*. México: Impresiones Modernas, S. A., 1958.

Pineda Ramírez, Ildefonso. *Jesús, Maestro de los Predicadores*. México: Editorial Jus, 1967.

Ríos T., A. *La Predicación a Su Alcance*. Maracaibo: Editorial Libertador, 1977.

Spurgeon, Carlos Haddon. *Discursos a Mis Estudiantes*. El Paso: Casa Bautista de Publicaciones, Quinta edición, 1982.

Tizard, Leslie J. *Arte de la Comunicación*. México: Editorial "La Aurora", 1962.

Trenchard, Ernesto. *Consejos para Jóvenes Predicadores*. Madrid: Literatura Bíblica, 1961.

Treviño, Alejandro. *El Predicador*. El Paso: Casa Bautista de Publicaciones, Décima edición, 1983.

Vila, Samuel. *Manual de Homilética*. Barcelona: CLIE, 1981.

White, Douglas M. *Predicación Expositiva*. El Paso: Casa Bautista de Publicaciones, Segunda edición, 1982.

Whitesell, Faris D. *Variedad en la Predicación*. Maracaibo: Editorial Libertador, 1974.

Woodworth W., Floyd. *La Escalera de la Predicación*. Miami: Editorial Vida, 1974.

Obras en Inglés

Blackwood, Andrew W. *Planning a Year's Pulpit Work*. New York: Abingdon-Cokesbury Press, 1942.

Blackwood, Andrew W. *The Fine Art of Public Worship*. New York: Abingdon-Cokesbury Press, 1939.

Blackwood, Andrew W. *The Preparation of Sermons*. New York: Abingdon-Cokesbury Press, 1948.

Broadus, John A. *On the Preparation and Delivery of Sermons*. 2d. ed. rev. Nashville: Broadman Press, 1944.

Brown, H. C., Clinard, H. Gordon y Northcutt, Jessie J. *Steps to the Sermon: A Plan for Sermon Preparation*. Nashville: Broadman Press, 1963.

Brown, H. C. *A Quest for Reformation in Preaching*. Waco: Word Books, 1968.

Dargan, E. C. *A History of Preaching*. 2 tomos. Grand Rapids: Baker Book House, 1954.

Garrison, Webb B. *The Preacher and His Audience*. Westwood: Fleming H. Revell Company, 1954.

Gibson, George Miles. *Planned Preaching*. Philadelphia: The Westminster Press, 1954.

Hastings, Robert J. *A Word Fiftly Spoken*. Nashville: Broadman Press, 1962.

Sangster, W. E. *The Craft of Sermon Construction*. Philadelphia: The Westminster Press, 1951.

Sangster, W. E. *The Craft of Sermon Illustration*. Philadelphia: The Westminster Press, 1951.

Stevenson, Dwight E. y Diehl, Charles F. *Reaching People from the Pulpit*. New York: Harper & Brothers Publishers, 1958.

Stott, John R. W. *Between Two Worlds: The Art of Preaching in the Twentieth Century*. Grand Rapids: William B. Eerdmans Publishing Company, 1982.

Webber, F. R. *A History of Preaching in Britain and America*. 3 tomos. Milwaukee: Northwestern Publishing House, 1955.

INDICE DE PERSONAS

INDICE DE PASAJES BIBLICOS

INDICE DE ASUNTOS